U0513413

总第 **9** 辑
（2016年第一辑）

Journal of
ASIAN AND
AFRICAN STUDIES

孙晓萌 主编

亚非
研究

社会科学文献出版社
SOCIAL SCIENCES ACADEMIC PRESS (CHINA)

《亚非研究》编辑委员会

主　　　　任：孙晓萌

副　主　任：金京善　佟加蒙

委　　　员：（以姓氏笔画为序）

王国平　王泽壮　孔建勋　冯玉培　米　良

许利平　华黎明　李安山　李绍先　李丽秋

吴宗玉　谷昭民　张宏明　张晓君　陈云东

陈利君　陆蕴联　范宏伟　杨保筠　罗　刚

贺圣达　徐中起

主　　　　编：孙晓萌

执 行 主 编：米　良

副　主　编：傅聪聪

编　　　辑：米　良　傅聪聪　周利群　黄立志

英 文 审 校：张　榕

刊 名 题 词：李　波

目录
CONTENTS

目录 CONTENTS

Southeast Asian Area Studies

African Area Studies

东南亚地区研究

从建构主义视角看冷战后俄罗斯对东南亚地区的外交

张旭东 *

【摘　要】 建构主义国际关系理论认为，国际体系结构和单位施动者之间
是相互构成关系，进而进一步影响施动者的对外行为。由于冷
战后体系结构变化和俄罗斯国内政治的变化，在这两个因素影
响下，俄罗斯对东南亚地区的外交也发生了变化。同时，冷战
后俄罗斯对东南亚地区的外交分为两个层次：双边层次和俄罗
斯与东盟的多边层次。

【关键词】 建构主义　俄罗斯　东南亚　外交

俄罗斯作为一个地区大国，横跨欧亚大陆，这不仅是俄罗斯独有的
地缘政治特征，而且也是它无可争议的优势。它的这种地缘特点决定了俄
罗斯在西部方向和东部方向都具有十分重要的地缘利益。作为一个欧亚大
国，俄罗斯的国家利益形成于"特定的地缘政治、经济、社会和文化环境
中，使得其既不能绝对地关注西方，也不能绝对地关注东方"。① 俄罗斯

---

　* 张旭东，厦门大学南洋研究院副教授。
　① Mohiaddin Mesbahi, ed., *Russia and the Third World in the Post-Soviet Era*, University Press of
Florida, p.250.

前外长伊·伊万诺夫指出："既介入欧洲事务也介入亚洲事务，不仅是俄罗斯独有的地缘政治特征，而且是它的无可争议的优势。正是欧洲大西洋标准和亚洲太平洋标准辩证统一和相互交织，而不是相互对立，构成了俄罗斯在世界上和地区层面的对外政策本质。"①

在国际关系研究中，究竟体系方法还是单元方法更适于解释国家的对外行为偏好，长期以来学界争论不休。沃尔兹指出，体系理论要远比还原理论能够更好地解释国际政治。"体系理论试图解释为什么不同的单元在行为表现上惊人地相似，尽管这些单元各自是远不相同的，但其行为结果均处于一个可以预期的范围之内。与之相反，还原理论则试图告诉我们：为什么体系中位置相同或相近的行为体行为表现却极不相同。"② 与沃尔兹的新现实主义不同，建构主义认为，施动者与结构体系始终相互构成，"建构主义与物质主义不同，认为人类团体的结构主要是文化现象，而不是物质现象；建构主义也与理性主义不同，认为这样的结构不仅制约行为体的行为，而且建构行为体的身份和利益"，"对国家身份来说，体系结构既有因果作用，也有建构作用，虽然这些作用可能比国内结构的作用要弱，并且，一个完整的国家身份应该包括大量国内因素的成分"。③ 本文从建构主义这一角度出发，从国际体系结构与施动者两个角度研究冷战后俄罗斯对东南亚地区的外交变化。

一　体系结构：冷战后国际体系的变化

冷战结束后，美苏两极格局终结，世界格局发生了重大变化，由两极转向了多极化趋势。世界多极化局势伴随着冷战结束 20 多年来的历史进程的发展，大致可分为前后两个阶段。

第一阶段，大致为 20 世纪 90 年代的十年。20 世纪 90 年代初，随着

---

① 〔俄〕伊·伊万诺夫：《俄罗斯新外交》，陈凤翔等译，当代世界出版社，2002，第106~107 页。

② Kenneth Waltz, *Theory of International Politics*, Addison-Wesley, 1979, p.175.

③ 〔美〕亚历山大·温特：《国际政治的社会理论》，秦亚青译，上海人民出版社，2000，第33 和247 页。

苏联的解体，两极格局自然崩溃，美国成为唯一的超级大国，霸权欲望急剧膨胀，意欲挟冷战和海湾热战胜利的余威缔造美国"单极独霸"的"单极世界"。美国在小布什任总统的 10 年间，单极独霸的思想和行为发挥到了极致。在这 10 年间，在单极化和多极化的较量中，单极趋势略占上风，多极化趋势遭受阻滞或挫折。冷战结束后，欧洲失去了原来防范的对象，苏联威胁的减小，使得欧洲国家在安全上求助于美国核保护伞的状况相对减弱，在这种背景下，西欧国家独立自主趋向更加明显，"欧洲要成为欧洲人的欧洲"的呼声越来越响，尽管美欧之间仍存许多共同点，如意识形态和社会政治制度的一致性，经济上的相互依赖、外交上的相互借重等仍在发挥作用，但欧美矛盾在新形势下日益公开化、明显化是不可避免的。1993 年 11 月 1 日开始《欧洲联盟条约》正式生效，宣告欧洲联盟的正式成立。1993 年欧洲联盟正式成立后，成员国间的合作开始逐渐按照盟约的内容，向各国间的司法与内政、外交与安全以及刑事警察和司法方面的合作转变。世界两极格局瓦解没有在亚太引起类似在欧洲那样的剧烈震动，但是亚太地区的多极化趋势也开始出现。由于苏联解体，取代而之的俄罗斯致力于国内和西方问题，无暇东顾，亚太地区成为美国、日本、中国、东盟甚至印度等多极力量角力的地区。这一时期，日本和东盟地区的经济发展成为世界的焦点。

第二阶段，大致为 2001 年"9·11"事件至今。2001 年"9·11"事件后的反恐战争，特别是 2008 年全球性金融危机和经济衰退，使国际力量对比发生此消彼长的重大变化，世界多极化趋势明显增强。美国虽然仍然是唯一超级大国，而且还将保持相当长一段时间，但它的总体实力相对下降了。2008 年开始的国际金融危机不仅使美国损失约达 27 万亿美元，严重削弱了美国的经济实力，而且导致各国对当前美国主导的国际金融制度和机制产生了高度不信任感。[①] 但是，随着美国在金融和经济领域的改革，从 2014 年起，美国经济出现复苏势头。随着欧盟进一步东扩，欧盟作为有着 27 个成员国的国家联合体在国际事务中的作用越来越大，越

---

① 秦亚青：《世界格局、国际制度与全球秩序》，《现代国际关系》2010 年庆典特刊。

来越展示为 21 世纪世界上一支不可忽视的主要力量。尽管欧盟遭受全球性金融危机和经济衰退的严重打击，目前确实面临主权债务危机等很多问题，相应地削弱了欧盟的国际地位和影响力，但是，目前欧盟是世界最大经济体，其经济规模还略大于美国。随着区域内新兴市场国家和发展中大国的快速兴起，尤其是中国的高速发展，亚太地区持续成为拉动世界经济增长的主引擎。自 2008 年爆发国际金融危机以来，亚太地区的地缘政治格局出现两个重大变化：全球地缘政治板块出现"西降东升"的大调整，世界经济重心乃至地缘重心东移亚太地区的趋势日益明朗，国际社会普遍认为，一个新的"亚洲—太平洋世纪"正在形成。另一个重大变化是各国都逐渐开始寻求多边合作，更加重视国与国之间的联盟和各种双边或多边合作机制的建立，其中多边经济合作组织受到各国的广泛关注。这些多边经济合作组织中最抢眼的是亚太经合组织、东盟经济共同体、东盟 10+3（中、日、韩）机制、东盟 + 中国、东盟 + 日本、东盟 + 韩国、东盟地区论坛、东亚共同体等。

二 施动者：俄罗斯国内政治变化

苏联解体前，俄罗斯称俄罗斯苏维埃联邦社会主义共和国。1992 年 4 月，俄罗斯第六次人民代表大会决定将国名改为"俄罗斯"，从而恢复了历史上的名称，最后决定使用两个同等地位的正式国名"俄罗斯联邦"和"俄罗斯"。

苏联解体后，俄罗斯国内政治转型在以叶利钦为首的民主派主导下展开。在政治上，以叶利钦为代表的俄罗斯民主力量主张走"西化"道路，即彻底摒弃苏联宪法，从西方引进宪法制度。此后，一系列以西方民主制为原则的政策措施开始在俄罗斯推广，其政治制度构建的总体趋势是由苏联时期的高度集权向分权制过渡。叶利钦政治体制改革的演进可以 1993 年"十月事件"为界，分为前后两个时期。第一个时期为"激进"的改革时期。叶利钦期望政治体制的改革可以如同经济体制的转轨一样，通过"休克疗法"，实现政治体制从社会主义向资本主义的尽快转轨，选择使用与"民主"相悖的过激手段。第二个时期是俄罗斯资本主义政治体系确立时期。"十月事件"后的 1993 年 12 月 12 日，俄罗斯以全民公决的方式通过了一部新的《俄罗斯宪法》，确认俄罗斯的国体是民主的联邦制的国家，并以根本法的形式确立了总统不可动摇的权威。新宪法地位的确立，是俄罗斯结束混乱，走上正轨的起点。[①] 从 1993 年 12 月新的宪法通过到 1999 年 12 月叶利钦辞职，俄罗斯的政治转型进入了叶利钦时期。在这一时期，以俄共为代表的反对派对叶利钦执行的政策进行了猛烈批评，尽管政治斗争与对立与前一阶段相比有增无减，但是基本上还是在宪法和法律的框架内进行的，新的政治体制得到接受和认同。政治斗争已从街头暴力转向议会讲坛，政党政治初步形成，政党成为政治舞台上的重要力量。俄罗斯宪法既为立法、行政和司法权力机构的活动规定了制衡机制，同时也树立了叶利钦个人的权威，总统超越于三权之上，两者的关系是"叶利钦政权的运行既要依靠权势和专断，又需要合法的民主形式"[②]。叶利钦在俄罗斯确立了西方民主制，但付出了国力陡降、民众生活恶化的惨痛代价。持续动荡成为叶利钦任期内的主要特征：尖锐的政治对立、频繁的政治斗争导致政治不稳定，政治不稳定又成为经济改革难以为继和频繁发生经济危机的原因。晚年的叶利钦体弱多病，国家治理与经济发展已完全让位于对个人权力的维系。

从 1999 年底至 2008 年 5 月，俄罗斯政治转型在经过了叶利钦时期的混乱与动荡后，进入了普京时期的调整与完善阶段。普京上台后摆脱了西方"民主至上"的束缚，围绕加强联邦中央与总统权力实施了一系列措施，强调要走俄式的民主道路也就是他所称的"主权民主"道路，形成了普京式民主。普京的这一执政方式被俄罗斯学者解读为"可控民主"[③]，后被各国学者广泛采用。"主权民主论"反映了俄罗斯政界和理论界对当今政治发展道路的最新探索。既是对西方推行民主、发动"颜色革命"的回

① 潘德礼、许志新主编《俄罗斯十年：政治、经济、外交》（上卷），世界知识出版社，2004，第 19 页。
② 范建中等：《当代俄罗斯：政治发展进程与对外战略选择》，时事出版社，2004，导言。
③ 刘晓艳、宣金山：《普京时期俄罗斯政治体制——"主权民主"含义阐释》，《内蒙古民族大学学报》（社会科学版）2008 年第 1 期。

应，同时也是表明要与戈尔巴乔夫时期的"西化、民主化"和叶利钦时期的"寡头式的自由"划清界限。主权民主的思想体现了当今俄罗斯社会的政治共识：消除政治混乱，实现政治稳定，通过政治治理、完善体制、巩固国家，使民主化有序地、自主地实行。[①] 伴随政治转轨的步子落定，经济也开始复苏回暖，同时，国际市场上石油、天然气等资源的价格步步高升，由资源带动的俄罗斯经济出现蓬勃发展的迹象，俄罗斯成为世界经济大格局中的"新贵"。

2008 年，时任俄罗斯第一副总理的梅德韦杰夫与时任总统的普京在俄罗斯总统大选中实现王车易位，俄罗斯进入梅德韦杰夫时期。梅德韦杰夫任期并不长，政治体制改革主要也是延续普京路线。2012 年 3 月，普京第三次当选俄罗斯总统，尽管这次选举前普京遭遇种种非议，但他依然以 63.75% 的绝对优势当选。然而，种种迹象表明，普京此次当选的社会背景和趋势正在发生微妙的变化。2011 年 12 月，俄罗斯杜马选举之后爆发了反普京游行，这次游行几乎是苏联解体以来最大规模的游行，民众对普京新的政治体制改革施加了前所未有的压力。2008 年世界金融危机的爆发，让俄罗斯认识到出口原材料的粗放型经济发展模式不是长久之策，从 2014 年开始，石油和天然气价格逐步走低，俄罗斯经济出现了危机。

三　体系结构与施动者的互动：冷战后俄罗斯对东南亚地区的外交变化

俄罗斯与东南亚地区的关系历史悠久，由于东南亚地区扼守交通要道，地理位置十分优越，具有重要的战略意义，所以自苏联特别重视同东南亚地区的联系。冷战后，随着国际体系的变化和俄罗斯国内政治的变化，俄罗斯对外政策发生变化，俄罗斯对东南亚地区的外交也发生了

---

①　张树华：《俄罗斯的主权民主论》，《政治学研究》2006 年第 4 期。

变化。俄罗斯对东南亚地区的外交大致可以分为以下几个阶段。

第一个阶段，从 1991 年底到 1993 年，冷落时期。冷战结束后，俄罗斯最初实施了"一边倒"的亲西方外交政策，目的是想以平等的一员加入以美国为首的西方"文明大国俱乐部"。但是"一边倒"外交政策效果并不理想，亲西方外交的推行，不仅未使俄罗斯的国际环境得到任何改善，反而使其日益恶化。1992 年，除了有限的人道主义援助和食品外，西方的援助协议和承诺几乎没有兑现，俄罗斯的经济危机不断加重。由于它在整体外交战略上追随西方，使得俄罗斯并不具有十分明确的东南亚政策。但是，这一时期，俄罗斯与东南亚地区也有一些外交接触。1992 年 7 月，俄罗斯成为东盟磋商伙伴国。

第二阶段，从 1993 年到 1999 年，恢复和初步发展时期。自 1993 年开始，叶利钦政府开始调整俄罗斯的对外外交战略，实施东西方兼顾的"双头鹰"战略。虽然它的政治、经济、文化中心基本在欧洲，但毕竟有三分之二以上的国土属于亚洲，俄罗斯与亚太地区的联系密不可分。冷战结束后，俄罗斯的地缘战略环境发生巨大变化，在亚太地区虽然没有受到直接威胁，但是俄罗斯并未深入参与到如火如荼的亚太区域合作中去，面临丧失世界大国地位的危险，而亚洲区域一体化对转型期的俄罗斯经济以及远东和西伯利亚经济发展和振兴却有着极为重要的意义。1993 年出台的俄《对外政策构想》提出国家利益至上、经济优先和东西方均衡等对外关系原则，试图重振俄罗斯的大国地位，因而，向经济发展迅速的亚太地区拓展，成为俄罗斯外交的重点之一。1994 年，俄调整亚太政策的力度加大，俄外交部把这一年称作"亚洲年"。俄副外长帕诺夫说，"不在东方执行积极而全面的政策，就不可能保障俄联邦的国家利益"。[①]"双头鹰"外交战略的实行虽然在一定程度上纠正了"一边倒"外交战略的错误，但也并未给俄罗斯带来实质性的外交突破，客观上仍未能根本改变其国际地位和影响力继续下降的趋势。俄罗斯虽然开始重新重视亚洲地区，并且也强调

---

① 俄通社—塔斯社莫斯科 1994 年 11 月 15 日电。

其"欧亚主义"身份和"双头鹰"战略，然而其外交重点仍是西方，双头鹰的两个"头"仍有主从之分。俄罗斯在与西方的交往和较量中越来越处于不利地位和被动态势，对世界热点地区乃至对东欧及独联体国家的影响力也在继续下滑。面对错综复杂的国际形势，为进一步提升综合国力，挽回其国际形象，俄罗斯自1996年开始实施"全方位"的外交政策，将世界多极化和推动多极化世界定为其外交战略目标之一。当时的俄罗斯外长普里马科夫认为，"冷战结束后，两极对抗的世界向多极世界过渡的趋势得到发展"，西欧、日本、中国都显示出成为独立一极的潜力，但多极世界尚未形成，向多极世界过渡也不会轻而易举，因为"有些人希望看到的是单极世界"，俄罗斯的任务就是稳定世界局势，建立世界政治经济新秩序，顺应和促进世界多极化发展趋势。[①] 但这一外交政策受制于俄罗斯国力和国际力量的对比，俄罗斯不仅没能从根本上提升自己的国际地位，与西方的矛盾也加深了。

随着叶利钦调整外交政策，俄罗斯对东南亚地区的外交开始恢复和初步发展。越南曾经是苏联的盟国，俄越关系在经历了20世纪90年代初的某种衰退以后，从1994年开始逐渐恢复正常。俄越双方都认为两国"在过去年代里积累下来的"多方面经济联系的"资本"不仅应当保存下来，而且应当增大。[②] 1997年，俄总理切尔诺梅尔金对越南进行冷战后的首次访问。1995年，俄罗斯与老挝也签署了友好关系基础条约和一系列经贸协议。与此同时，俄罗斯与柬埔寨的经贸联系也开始恢复。1997年7月，俄罗斯外长普里马科夫出访马来西亚、泰国。同年9月，俄罗斯邀请菲律宾总统拉莫斯访俄。1997年，叶利钦会见菲律宾总统拉莫斯时就指出："俄罗斯不应该只围绕欧洲和西方转，还应该发展与亚洲地区国家的合作。亚洲对俄具有重要的意义。这不仅因为俄罗斯有三分之二的领土在亚洲，还因为俄罗斯致力于参加这一地区的进程。"[③] 同时，俄罗

---

① 顾烨丽：《叶利钦时代俄罗斯外交政策的反思》，《西伯利亚研究》2009年第2期。
② 薛君度、陆南泉：《新俄罗斯：政治·经济·外交》，中国社会科学出版社，1997，第384页。
③ 冯绍雷、相蓝欣主编《俄罗斯与大国及周边关系》，上海人民出版社，2005，第354页。

斯开始与东盟进行接触和交往。1993 年，俄罗斯外长科济列夫在东盟外长会议上表示，俄罗斯在该地区的利益已经改变，"从现在起，我们在这里的主要象征将是货船取代导弹巡洋舰，联合投资取代核潜艇"①。1994 年，俄罗斯参加了首届东盟地区论坛。俄罗斯认为，东盟地区论坛是亚太地区在安全和稳定问题上最合适的对话机制。1995 年，俄罗斯主办了东盟地区论坛第二轨道会议。1996 年，俄罗斯与中国、印度一起成为东盟地区的全面对话伙伴国，标志着俄罗斯与东盟的整体性交往进入一个新阶段。1997 年 12 月，叶利钦电贺东盟最高级会议，称赞东盟地区论坛已"成为探索亚太地区加强政治稳定的重要机制"，俄罗斯准备与东盟"发展积极对话"。②

第三阶段，2000 年至今，稳步发展时期。2000 年普京当选总统以后除了秉承叶利钦时期的"全方位"外交政策以外，还对"全方位"外交进行了多处调整，较过去更加灵活和务实，其中最突出的一点就是更加重视和加强与亚太地区的联系，除了加强与中国、日本、朝鲜、韩国、印度、越南等国的双边外交以外，还积极介入亚太地区的各种事务，参与并充分发挥在亚太经合组织、上海合作组织、东盟等多边组织中的作用，逐步融入亚太地区的政治、经济一体化进程，形成了以维护俄罗斯国家根本利益为核心的多边外交模式。他特别强调："必须优先发展同亚太地区国家的关系。亚太地区已成为世界上最具活力的经济发展中心，俄罗斯同中国和印度的关系具有很大的发展潜力。应将深化与亚太国家的关系同开发西伯利亚和远东地区的经济潜力联系起来，实施'西伯利亚'国际工程。应最大限度地吸引外国公司参加对乌拉尔以东地区的重新开发，如果不这样，这个地区就不能为俄罗斯服务，而且还会变成一个地缘经济真空，会在某个时候被某人所填补。"③2008 年梅德韦杰夫当选总统以后，继承和发展了普京时期的外交政策，进一步扩大了俄罗

---

① 转引自唐霖《俄罗斯东南亚政策演变及其对南海问题的影响》，《太平洋学报》2012 年第 11 期。

② 俄通社—塔斯社莫斯科 1997 年 12 月 14 日。

③ 俄塔社莫斯科 2004 年 7 月 12 日电。

斯在亚太地区的影响力。梅德韦杰夫政府出台了俄第三个《对外政策构想》，继续强调平衡、全方位原则；在亚洲除了继续发展与中国、印度的战略关系外，还积极参与东盟有关的各种地区合作机制，并有针对性地加强同东南亚国家的关系。2012 年普京再次当选总统，从他的施政纲领中不难看出，在未来一段时间里俄罗斯将继续以维护国家利益、彰显"欧亚大国"的地位为基点，实施全方位、东西方平衡的外交政策。2012 年 9 月初，亚太经合组织峰会在俄罗斯远东的符拉迪沃斯托克召开。其间，普京称俄"在历史和地理上都是亚太地区不可分割的一部分"，"全面走向亚太地区是俄罗斯辉煌未来及西伯利亚和远东地区发展的最重要砝码"，"与亚太地区邻国的广泛合作是我国对外政策方针的优先方向之一"，"俄罗斯愿意积极参与亚太地区的经济一体化进程，特别是建立自由贸易协定机制"。[1]

随着俄罗斯外交政策的调整，俄罗斯对东南亚地区的外交进入稳定发展时期。一方面，俄罗斯与东南亚地区国家的外交发展取得了各方面的成果。2001 年 2 月，普京总统访问越南，双方签署了《战略伙伴关系联合声明》以及一系列军事、油气以及科技领域的合作协议，俄罗斯成为第一个与越南建立战略协作伙伴关系的世界大国。2002 年，俄罗斯宣布撤出越南的金兰湾基地，但是两国关系并未受到影响。2006 年，普京再次访问越南，进一步加深双方的合作。2010 年，梅德韦杰夫总统访问越南，再次与越南签署了使用金兰湾基地的协议，显示出俄罗斯对越南战略位置的充分重视。2012 年 7 月，越南国家主席访问俄罗斯，两国关系进入全面战略伙伴关系阶段。同年 11 月，俄罗斯总理梅德韦杰夫访问越南。俄罗斯与印尼的关系发展迅速。2006 年 11 月 29 日至 12 月 1 日，印尼总统苏西洛访问俄罗斯，双方就太空研究、原子能和平利用、军事技术合作计划、军事技术合作的知识产权保护以及双方检察院互谅、旅游合作互谅、俄罗斯外交学院与印尼外交中心互谅等签署了一系列文件，会谈后发表了共同宣言。2007 年 9 月 6 日俄罗斯总统

---

[1] 转引自李新《试析俄罗斯亚太新战略》，《现代国际关系》2013 年第 2 期。

访问印尼，双方一致认为，有很多共同的原因促使俄印（尼）成为天然伙伴，确认了 2003 年两国在 21 世纪友好伙伴协议中明确的原则，表达了为深化两国关系而加强合作的意愿，希望以能源合作和互利发展为基础，使两国的伙伴关系达到一个新的水平。俄罗斯和印尼双方在军事领域合作逐步加深。2007 年、2011 年以及 2012 年俄罗斯与印尼签署了武器购买协议，俄罗斯成为印尼的主要武器出口国之一。俄罗斯与马来西亚的关系也值得关注，2003 年 8 月普京访问马来西亚，双方在防务、经贸、航天等领域达成一系列合作协议，标志着两国关系进入一个新阶段。马来西亚是伊斯兰会议组织的重要成员，在其积极推动下，2005 年俄罗斯被该组织接纳为观察员。2007 年 7 月马来西亚总理阿卜杜拉·巴达维访问俄罗斯。俄罗斯与缅甸关系发展也很快。俄罗斯是第一批向 2008 年遭受飓风损失的缅甸提供人道帮助的国家之一。2012 年以来，俄罗斯外长和防长先后对缅甸进行访问，双方就加强全面合作达成一致。2013 年 1 月，俄罗斯外长在访问缅甸期间表示，俄罗斯支持解除针对缅甸的制裁措施，并且愿意与缅甸开展各个领域的合作。时隔两月，俄罗斯国防部长在 50 年内首次访问缅甸，并与缅甸高层就两国深化各领域的合作进行了探讨。进入 21 世纪以后，俄罗斯与老挝关系逐渐恢复正常，2003 年 7 月老挝总理访问俄罗斯，2004 年俄罗斯外长拉夫罗夫访问老挝，2007 年老挝副总理和外长访俄，两国关系也进入了积极发展的阶段。2011 年 10 月，老挝国家主席首次访问俄罗斯。同时，俄罗斯加深了与东盟组织的发展。俄罗斯在 2003 年表示了加入《东南亚友好条约》的愿望，2004 年正式加入了该条约。2005 年 12 月，首届俄罗斯与东盟峰会举行，双方签署了《关于发展全面伙伴关系的联合宣言》和《2005~2015 年推进全面合作行动计划》，全面落实各个领域的具体合作。2007 年，东盟地区国家签署了《东盟宪章》，全面落实东盟地区的共同体建设计划。俄罗斯积极评价这一协议的产生，立即委任俄罗斯驻印尼大使兼任东盟地区全权代表，并且准备接受东盟在俄罗斯设立代表处。2010 年 10 月，第二届俄罗斯与东盟峰会在越南河内举行。峰会期间，双方签署了多个领域的合作协议，为今后双方的合作奠定了良好的基础，指出了合作方向。2013年6月22日，俄罗斯—东盟经贸论坛在俄罗斯圣彼得堡中心举行，此次论坛的主要目的是探讨俄罗斯与亚太地区国家尤其是东盟国家之间经贸关系的发展。

四　结语

2008年全球金融危机以来，随着欧洲地区金融危机的加深，亚太地区的发展开始受到越来越多的关注。俄罗斯也不断提高对亚太地区的关注度，致力于实施战略东进，加大对其远东地区的开发力度，并加强核力量和海空军力在东部方向的部署，通过政治、军事、外交等一系列动作彰显其在亚太地区的战略威慑力。2014年"乌克兰危机"爆发后，俄罗斯遭到西方国家的抵制和制裁，俄罗斯也越来越需要亚太地区国家的外交支持。

随着冷战后国际体系结构和俄罗斯国内政治变化，俄罗斯对东南亚地区的外交也发生了变化，因此，这是结构与施动者两个因素相互影响产生的必然结果。从国际体系结构来看，冷战后，世界体系结构从单极世界逐渐向多极世界演变；从施动者——俄罗斯来看，俄罗斯国内政治转型稳步发展，俄罗斯国力也逐步发展。在体系结构和施动者的相互影响下，俄罗斯对东南亚地区的外交会更加积极和深入。但是，从2014年起美国经济出现复苏，欧洲政治经济危机迭出，2015下半年开始石油天然气国际价格逐步下滑，导致俄罗斯政治经济出现危机端倪，这些因素可能在未来一段时间内都会影响俄罗斯对东南亚地区的外交。

俄在继续加强与独联体、欧盟、美国交往的同时，也在积极开展"向东看"的亚太外交，俄罗斯对东南亚地区的外交是其全方位外交的重要组成部分。从冷战后俄罗斯对东南亚地区外交的变化中，我们可以看出，俄罗斯对东南亚地区的外交分为两个层次。第一个层次，俄罗斯对东南亚地区国家的双边外交。双边外交是俄罗斯对东南亚国家外交的基础。冷战后，俄罗斯不仅恢复和发展了与苏联亲密国家——东南亚地区印支三国——的外交，而且积极发展与泰国、马来西亚、缅甸等其他东南亚地区国家的外交往来。第二个层次，俄罗斯对东盟这一地区组织的外交。俄罗斯十分重视对东盟的外交，加入东盟论坛，举行俄罗斯—东盟峰会，还与东盟签订了一系列条约，例如《东南亚友好合作条约》《东盟—俄罗斯经济与发展协定》《东盟—俄罗斯全面合作联合宣言》等。

责任编辑：米良

Studies on Russia Diplomacy Policy in Southeast Asia after the Cold War from Constructivism Perspective

Xudong Zhang

Abstract: Constructivism of international relations emphasizes international structure and actors are mutually constitutive, thus the actors' external policy being affected by this interaction. Due to changes in the international structure and the Russian domestic politics after the Cold War, the Russian diplomacy policy in Southeast Asia has also changed Russia's post-Cold War diplomacy in Southeast Asia is divided into two levels: bilateral level between Russia and nation states respectively and multilateral levels between Russia and ASEAN.

Keyword: constructivism; Russia; Southeast Asia; diplomacy

"一带一路"视阈下柬埔寨华人华侨的群体特征分析与政策选择

【摘　要】柬埔寨共有近 30 个民族，其中高棉族为主体民族约占总人口九成，而华人数量次于越侨，排名第三。华人数量约为总人口的 5%，却在柬埔寨政治、经济等多个方面占据重要地位。习主席提出共建"一带一路"倡议之后，柬埔寨政府反应积极。对于广大柬华而言也是重要契机。长期以来，柬华人与柬埔寨人共同建设柬埔寨国家，共同经历了艰难的历史时期，情谊难分彼此。"一带一路"建设需要当地人民的参与，尤其是华人华侨群体。究竟如何引导柬华人参与建设？本文拟通过总结柬华人的历史贡献，分析华侨华人群体的特征，为引导华人华侨参与"一带一路"建设提供政策建议。

一　引言与文献综述

柬埔寨地处东南亚的中心，是古代海上丝绸之路的重要中转站，中国

---

* 顾佳赟，北京外国语大学亚非学院讲师、博士候选人。

与东南亚古国建立邦交肇始于此。优越的地理位置和繁荣的古代贸易使得柬埔寨成为华人华侨大量移居之地。数百年来，华侨移居柬埔寨的总量难以估计，经商是华人华侨在柬最主要的谋生手段。

2013年，习主席提出与国际社会共建"一带一路"战略构想。2014年，习主席在APEC 2014年峰会上再次强调要积极推进"一带一路"建设，通过务实合作促进合作共赢。2015年博鳌亚洲论坛年会上，习主席表示，中国提出的丝绸之路经济带和21世纪海上丝绸之路倡议将促进中国与沿线国家的贸易与投资，促进沿线国家的互联互通与新型工业化，促进各国共同发展，人民共享发展成果。对此，柬埔寨政府反应积极。柬埔寨是亚投行57个意向创始成员国之一。柬公共工程与运输部国务秘书林希德宁（Lim Sidenine）曾表示，柬方制定了包括六大战略的规划，配合"一带一路"战略。

"一带一路"倡议为柬埔寨政府带去共赢的机会，也是柬华人华侨发挥历史作用的契机。国务院侨办主任裴援平多次强调：华侨华人可以在"一带一路"建设中发挥独特甚至是突出的作用。柬埔寨的华人华侨群体在经济、政治等诸多领域占据重要地位。他们与柬埔寨人共同建设国家，经历苦难，做出过突出的历史贡献，也形成了一定的群体特征，笔者认为，在"一带一路"倡议下，柬埔寨华人华侨将成为重要参与者。

目前，在"一带一路"视阈下对柬埔寨华人华侨进行研究的成果极为鲜见，因此，有关文献回顾主要着眼于两个方面：一是柬埔寨华人华侨历史研究；二是柬埔寨华人华侨社会现状研究。

首先，就华人华侨历史研究而言，海内外已有一定的研究成果。史如林曾对中国开展的柬埔寨华侨史的研究进行过综述。[1] W. E. Willmott较早地提出在扶南和真腊时期，没有证据证明有华侨定居柬埔寨的情况，有文字记载的华人华侨在柬情况出自《真腊风土记》。他同时认为，直至公元15世纪以降，柬埔寨经济才由于大量华人华侨的迁入从小农经济转而依赖贸易经济。[2] 周中坚先生也认为，宋代以

---

[1] 史如林：《柬埔寨华侨史研究在中国》，《印度支那》1985年第2期，第40~46页。

[2] W. E. Willmott, "History and Sociology of the Chinese in Cambodia Prior to the French Protectorate," *Journal of Southeast Asian History*, 7, 1966, PP. 15-38.

前，中柬关系限于使节、僧徒和商人的来往。他将华人移居柬埔寨分为三个时期，宋元是滥觞期、明清是发展期、鸦片战争以后至1949年是兴盛期，而影响华人移居的因素则主要为开展贸易、逃避政治迫害和经济破产。①②

关于社会现状研究主要体现在华文教育、宗教信仰、社会形态等方面。台湾学者林志忠将华人柬教育描述成马蹄形发展态势，他认为1950~1969年是一个华人教育的高峰，但由于社会动荡等原因曾一度消失，1990年后华人教育逐步恢复，再次形成热潮。③日本人类学者野泽知弘认为，柬埔寨华文教育发展很大程度上要受柬埔寨政府的对华关系、政策以及对华人态度等问题的影响。柬华人社会的发展依赖于与新华侨社团、驻柬中国大使馆、中国国务院侨办以及柬埔寨政府等各方势力的积极联系。④而罗杨从人类学的角度，以娘达神灵、祖位与神位和后土神为研究重点，研究了柬华人的土地和祖灵崇拜情况。⑤ W. E. Willmott、野泽知弘和周中坚先生都曾对柬埔寨的华社组织进行过研究，讨论了从"帮"到"会馆"的变迁和之后的发展情况。⑥

在前人研究的基础上，本文将从分析柬华人华侨的历史贡献和群体特征特点入手，探讨在"一带一路"战略背景下，引导华人华侨发挥自身作用的政策选择。

---

① 周中坚:《华侨移居柬埔寨的历史过程及其原因》,《学术论坛》1985年8月,第41~46页。
② 其他关于柬埔寨华人华侨史方面的研究主要参阅：周中坚:《柬埔寨华侨华人主要事件述略》,《东南亚》2003年第4期,第42~50页；邢和平:《柬埔寨的华人华侨》,《东南亚纵横》2002年第9期,第25~28页；王士录:《柬埔寨华侨华人的历史与现状》,《华侨华人历史研究》2002年第4期,第49~54页；等等。
③ 林志忠:《近百年来柬埔寨华校教育发展之探讨》,《东南亚学刊》2008年第2期,第3~34页。
④ 野泽知弘、乔云:《柬埔寨的华人社会——华文教育的复兴与发展》,《南洋资料译丛》2012年第3期（总第187期）,第66~80页。
⑤ 罗杨:《柬埔寨华人的土地和祖灵信仰——从"关系主义"人类学视角的考察》,《华侨华人历史研究》2013年第1期,第60~67页。
⑥ 具体参见：W. E. Willmott, "The Chinese in Kampuchea," *Journal of Southeast Asian Stuides*, Vol. 12, No. 1, Ethnic Chinese in Southeast Asia (Mar., 1981), pp. 38-45；野泽知弘:《柬埔寨的华人社会》,司韦译,《南洋资料译丛》2007年第3期,第61~64页；周中坚:《华侨移居柬埔寨的历史过程及其原因》,《学术论坛》1985年8月,第41~46页。

二 华人华侨的历史贡献回顾

华人华侨移居柬埔寨的最早记载出自《真腊风土记》，"余乡人薛氏，居蕃三十五年矣"。据周中坚先生推算，薛氏是在公元1261~1262年，即南宋理宗景定年间移居真腊的。[①] 随后，"唐人之为水手者……往往皆逃逸于彼"。1840年鸦片战争以后到1949年中华人民共和国成立，这一百多年是华侨移居柬埔寨的兴盛期，奠定了现代华侨的基础。据统计，1949年，柬埔寨华人华侨人数达到42万人，占总人口的10.8%，[②] 到1963年达到约42.5万人，占总人口的7.4%[③]。但关于华人华侨在柬人口的确切数据缺乏官方统计，大部分柬埔寨人认为有华人血统的人口应在半数以上。野泽知弘曾考据，截至2002年8月，柬埔寨有70万名华人，占总人口的5.2%。[④] 而柬埔寨驻华大使馆教育处估算目前在柬华人华侨人数也约为70万，占柬埔寨总人口的5%。华人华侨移居柬埔寨以后，继承中华传统，参与地方建设，为中柬两国的发展做出了贡献。

1.对柬埔寨商业贸易的贡献

《真腊风土记》记载，真腊国"买卖易为"，"国人交易皆妇人能之，所以唐人到彼，比先纳一妇人者，兼亦利其能买卖"。赴柬谋生的华人华侨绝大部分从事商贸。殖民时期，法国人入侵印度支那后，面临的是繁荣的商务、人数众多的华侨及活跃的华人经济。[⑤] 1953年柬埔寨独立以后，据1960~1961年的统计，柬埔寨私营工厂中99%的工厂由华人开办。[⑥] 到

---

① 周中坚：《华侨移居柬埔寨的历史过程及其原因》，《学术论坛》1985年8月，第41~46页。

② 周中坚：《华侨移居柬埔寨的历史过程及其原因》，《学术论坛》1985年8月，第41~46页。转引自威廉·伊·威尔摩特《华人移居柬埔寨概况》，《南洋文摘》1969年第11期。

③ W. E. Willmott, "The Chinese in Kampuchea," *Journal of Southeast Asian Studies*, Vol. 12, No. 1, Ethnic Chinese in Southeast Asia (Mar., 1981), pp. 38-45.

④ 野泽知弘、乔云：《柬埔寨的华人社会——华文教育的复兴与发展》，《南洋资料译丛》2012年第3期（总第187期），第66~80页。

⑤ 吴凤斌主编《东南亚华侨通史》，福建人民出版社，1993，第61页。

⑥ 周中坚：《战后五十年柬埔寨华人的曲折历程》，《南洋问题研究》1996年第1期，第24~35页。

了1963年，在全柬经商人数中，华人约占95%。[1]在朗诺和民柬时期，华人经济遭受了毁灭性打击，20世纪90年代初的华人华侨数量仅剩60年代的一半。1993年新政府上台以后，华人经济迅速恢复。2001年，时任柬埔寨新闻大臣吕来盛曾表示，80%的柬华人是商人，柬华人控制了柬埔寨80%的经济命脉。[2]同时，柬埔寨政府还曾向大约20名华商颁授"勋爵"称号，以表彰其对柬埔寨经济做出的贡献。该头衔由政府提名，国王批准生效。[3]

柬埔寨流传着一句谚语，"当华人被卡住脖子的时候，柬埔寨人会伸出舌头"，意思是政府如果向华人征收重税，作为消费者的柬埔寨人才是受影响最大的。可见，华人早已占据柬埔寨商贸的主体地位。

2.对柬埔寨土地开发的贡献

明末清初，抗清失败的明朝官兵大量从海路移民下高棉地区，也就是现在越南境内的湄公河三角洲地区。比较著名的有两次，其一是在1671年，以莫玖为首的中国侨民四百余人来到柬埔寨。柬埔寨国王吉塔四世同意莫玖一行定居蛮兔地区。在莫玖的带领之下，中国侨民与越南流民一道开垦荒地，兴修水利，兴建方城，把蛮兔建设成为一个港口城市。蛮兔后更名为河仙。其二是在1679年，明朝总兵杨彦迪、陈上川，副将黄进、陈安平等率领三千余人，分乘战船五十余艘前往越南避难，越南阮氏王朝将他们安置在当时柬埔寨的东浦地区（今西贡一带）。他们同样辟地开荒，商贾交通，使东浦也成为贸易中心。[4]此外，随杨彦迪登陆印支的还有几批难民，今天在贡布省种植胡椒的海南裔华侨，其先祖系经由莫玖家族介绍而至。[5]在17世纪末18世纪初，下高棉地区逐渐被越南吞并，但是莫玖、陈上川、杨彦迪等华侨先辈与当地人民共同开拓蛮荒的功绩仍然受到柬埔

---

[1] W. E. Willmott, "The Chinese in Kampuchea," *Journal of Southeast Asian Stuides*, Vol. 12, No. 1.Ethnic Chinese in Southeast Asia (Mar., 1981), pp. 38-45.

[2] 王士录：《柬埔寨华侨华人的历史与现状》，《华侨华人历史研究》2002年第4期，第49~54页。

[3] 邢和平：《柬埔寨的华人华侨》，《东南亚纵横》2002年第9期，第25~28页。

[4] 周中坚：《华侨移居柬埔寨的历史过程及其原因》，《学术论坛》1985年8月，第41~46页。

[5] 周中坚：《华侨移居柬埔寨的历史过程及其原因》，《学术论坛》1985年8月，第41~46页。

寨人民的怀念。而到了19世纪中后期，柬埔寨沦为法国殖民地，大量华人劳工也曾被招徕帮助柬埔寨开拓园区种植橡胶、胡椒。[①]

3.对继承和传播中华文化的贡献

《真腊风土记》中记载，（真腊）"十二生肖亦与中国同"。夏鼐先生在注释中提到："伯氏注云：'按柬埔寨与占波、暹罗并用十二生肖，与中国同。其合干支为一甲子，与中国制无异，似由中国输入者也。'"[②]可见当时中国移民已经将属相传统输入柬埔寨，并广为传播使用。如今在吴哥王城之中，还保存着十二生肖塔。

华人华侨保留着春节、清明等节庆习俗。春节期间，柬埔寨华人华侨会组织舞狮、采青等传统活动。清明时节，开展祭拜祖先活动。如今，柬埔寨社会公认的新年有三，即元旦、宋干和春节，是同样重要的节日。

华人学校为继承和传播中华文化做出了贡献。20世纪初柬埔寨出现了早期的华人学校，金边端华学校、波罗勉省冠华学校、马德望省中华学校、贡布省觉民学校等都是早期华校的代表。据2008年统计，柬埔寨全国华校共70多所，学生5万余人。在华校小学部开设的课程包括华文、历史、会话、常识等，中学部则增设作文、应用文写作等课程。[③]此外，随着中文热的兴起，就读华校的已经不局限于华人华侨子女，也有本地学生和越南裔学生。柬华理事总会的数据显示，1999年4月，全柬华校在校生4万人，其中柬籍学生占30%~40%。[④]

三　柬埔寨华人华侨的群体特征分析

1.融入本土，通晓语言

自古以来，高棉民族对华人华侨客居柬埔寨非常包容。不仅给予华人

---

① 王士录：《柬埔寨华侨华人的历史与现状》，《华侨华人历史研究》2002年第4期，第49~54页。

② 夏鼐：《真腊风土记校注》，中华书局，2000，第127页。

③ 刘瑶、丁春雪：《柬埔寨华校教育初探》，《中国科教创新导刊》2008年第36期，第69页。

④ 林志忠：《近百年来柬埔寨华校教育发展之探讨》，《东南亚学刊》2008年第2期，第3~34页。

较高的地位，甚至在法令上偏向华人。《真腊风土记》记载："往年土人最朴，见唐人颇加敬畏，呼之为佛"。《事林广记》真腊条中记载，"蕃杀唐人，即依蕃法偿死；如唐人杀蕃至死，即重罚金"①。因此，与马来和印尼相比，华人华侨更容易融入柬埔寨土俗和信仰，与本地人通婚结合。1956年初，柬埔寨颁布了《柬埔寨王国第 NS 九〇四号法令》，设定了宽松的外侨入籍条件，绝大多数华侨陆续加入柬籍，②其子女成也为具有合法身份的柬籍华人。入籍后的华人更深程度地融入当地政治、经济、军事和文化生活，在各个领域涌现出一批杰出的华人代表。现任柬埔寨工业与手工业大臣兼国务大臣的占蒲拉西（中文名：黄裕德虎）和现任柬埔寨副首相兼外交大臣贺南丰都是华人政治家的典范。洪森夫人文拉妮也是中国海南人后裔，中文名字为文蝉香。著名的侨领、柬华理事总会会长兼柬埔寨潮州会馆会长杨启秋是在柬开办实业、兴办华文教育的著名人物，其长子杨宗勋现为柬埔寨王家军三军总司令顾问、洪森亲王警卫队副总司令。柬埔寨无线电视台 CTV8HD 与 PPCTV9 有线电视台主持人丘敏金是柬埔寨年轻的华人后裔，曾多次代表柬埔寨华校参加汉语桥和世界华人夏令营等活动。

柬埔寨独立以后，柬政府非常重视普及柬文教育，要求华校讲授柬语课程的数量要达到每周五节。1957 年增加至 10 节，并增补柬埔寨历史、地理课程，后来干脆增加至每周 20 节。朗诺时期，华校被全部取缔，民柬时期更不允许华人说华语，只能使用高棉语。华文教育恢复以后，华校与当地学校共用校舍，柬校课程和华校课程各占半天。华人或者柬人学生，通常也是半天读柬校，半天读华校。因此，大部分华人子弟在接受华文教育的同时，也接受了当地的语言文化教育，如今在柬出生的华人母语都是柬埔寨语。

2.华裔子女有接受华文教育的需求

早期移居柬埔寨的华侨先祖保留着传统习惯，操各地乡音，身在海外，心系家乡，也希望自己的后代学习中文，传承祖制。华人教育的早期形式以私塾为主，讲授《三字经》《千字文》《百家姓》等，有时也教授珠

---

① 周中坚：《华侨移居柬埔寨的历史过程及其原因》，《学术论坛》1985 年 8 月，第 41~46 页。
② 廖小健：《柬埔寨华侨华人政策的发展变化》，《东南亚研究》1996 年第 6 期，第 39~43 页。

算和书信等实践课程。① 随后，从私塾发展成为华校。1958年中柬建交之后，柬政府放宽了对华校的限制，华校的发展迎来了黄金期。据统计，华校数量最多的时候，全柬达到231所，仅金边就有50所，全柬华校学生人数达到5万名。② 但是华人教育在20世纪70年代至80年代中期几乎被取缔殆尽，直到80年代末期才逐渐解禁。1992年，端华学校复课，随后崇正学校、广肇学校、民生学校等也陆续复课。第一届王国政府成立以后，对华文教育进一步放宽，华文教育迅速复兴和发展。到2000年，全柬华校已达75所，学生人数达4万人。③ 据野泽知弘统计，2003年，全柬华校学生人数有5.6万余人，其中中学生近1万人。

关于华人子女受教育情况，野泽知弘认为，进入90年代后，柬埔寨政府开始重视华人的地位和华语的实用价值。华人子女的华校就学率因没有第一手资料而不能算出，但是一般来说，华人家庭对子女的教育抱有非常高的热情。④

3.华人社团是华人华侨的"精神家园"

第一，华人组织的形成发自团结互助、缔结乡情、携手创业的情感凝聚，主要以方言和籍贯作为划分。法国人为了在华人中大量征税，实施监管，将华人主要分成了潮州、福建、海南、客家和广肇五个"帮"作为代办机构，并规定新华侨入境必须由帮公所收容，代办居留手续。因此，新华侨入境必须入帮寻找依靠，也加深了其情感上的依赖关系。第二，1990年恢复成立的柬埔寨华人理事总会成为凝聚柬埔寨华人的最高代表机构。总会的主要职能就是增进全柬华侨华人团结，率领华人逐步融入柬埔寨社会，促进中柬友谊，维护华侨华人正当权益，恢复华人文化传统，恢复和发展华文教育等。1995年初，总会在当时19省中的14个建立了分会。总会

---

① 林志忠:《近百年来柬埔寨华校教育发展之探讨》，《东南亚学刊》2008年第2期，第3~34页。
② 野泽知弘、乔云:《柬埔寨的华人社会——华文教育的复兴与发展》，《南洋资料译丛》2012年第3期（总第187期），第66~80页。
③ 王士录:《柬埔寨华侨华人的历史与现状》，《华侨华人历史研究》2002年第4期，第49~54页。
④ 野泽知弘、乔云:《柬埔寨的华人社会——华文教育的复兴与发展》，《南洋资料译丛》2012年第3期（总第187期），第66~80页。

属下五个醒狮团，负责参加传统庆典。[①]国务院侨办网站显示，截至2010年，总会已经拥有5大会馆、13个宗亲会和省市县柬华理事分会等140多个基层单位，并创办了代表华社华人根本利益的柬华理事总会机关报——《柬华日报》。第三，华人社团具有较强的号召力。1994年，总会响应马德望省分会的呼吁，寄去900多万瑞尔的救济物资救济当地难民和伤兵。同年，金边大火，烧毁房屋数千，数万人无家可归，华人社团也曾组织募捐，救济灾民。柬华理事总会会长杨启秋勋爵在总会成立20年之际接受新华社记者采访时表示，"当祖国人民遇到强烈地震等严重自然灾害时，我们也感同身受，会发扬中华民族'一方有难、八方支援'的优良传统，提供力所能及的帮助"。第四，华人社团热心华文教育。早期华校很多是在五大会馆的资助下兴办起来的，1914年创立的金边端华学校由潮州帮创办，1927年福建帮创办了民生学校，1929年广肇帮创办了广肇惠学校，1941年海南帮创办了集成学校，1942年客家帮创办了崇正学校。90年代华校复校之时，柬华理事总会直接成立"金边华校复课委员会"，负责与政府协调兴办华校事宜。[②]此外，2002年，柬华理事总会还成立"柬埔寨华人文教基金会"，支持柬埔寨华文教育事业。2014年12月，柬埔寨华理事总会文教基金处决定拨款3.07万美元，赞助39所华校。

但是柬埔寨华人华侨群体毕竟长期远离祖国，经历艰难的历史变故之后，迫于生活压力，也形成了一些值得注意的特征。

第一，长期脱离语言环境，用母语和普通话沟通能力和理解力已经减弱。一方面，柬埔寨华人社会的主体是潮州、广肇、客家、海南和福建五个方言集团，以潮州籍人数最多。他们的祖辈大部分在法属时期——或者更早——到达柬埔寨谋生，很多人母语为南方地方话，没有接受过教育，不认识汉字。第二代、第三代华人继承的也是方言和乡音而已。旅柬先祖迫于生计，长期远离祖国，脱离语言环境，子孙中也鲜有人能够回到中国，鲜有人能在中国教育接受。与此同时，在新中国成立以后，推广普通

---

① 廖小健：《柬埔寨华侨华人政策的发展变化》，《东南亚研究》1996年第6期，第39~43页。

② 林志忠：《近百年来柬埔寨华校教育发展之探讨》，《东南亚学刊》2008年第2期，第3~34页。

话成为长期国策。普通话以北方话为基础，与南方方言体系有着极大的差距，在柬华人保留下来的乡音与普通话严重脱节，导致交流产生困难，文化理解上自然产生障碍和距离。这些在柬埔寨华人华侨中保留的地方话，鲜有汉字相对，流传方式主要为口口相传。对于只会说不会写的华人后裔而言，中文与一门外语无异。

第二，华文教育质量较低，华裔子女接受华文教育的意愿不足，生源流失严重。柬埔寨的华校虽然有华人社团、中国大使馆和社会其他各界的支持，依然存在资金不足、师资质量不高、生源数量下降等棘手问题。首先是资金问题。据柬华理事总会统计，2007年全柬华校仅有两家收支平衡。杨启秋勋爵曾在2010年2月华文教育紧急会议上表示，由于资金问题，复课后的华校数量已经由高峰期的83所锐减至2010年的50多所。其次，华文学校里的很多教师没有接受正规训练，教学质量得不到保障。2001年，端华学校的230位师资中，有74.3%为高中以下学历。尽管中国为培养在柬华文师资开展过多种培训活动，开设过多种培训班课程，依然难以满足需求。柬籍教师很多是二代或者三代华人，存在严重的语音问题。还有一些师资来自中国籍商人，同样缺乏培训、方言浓重。最后，虽然柬政府发放华校毕业证书，但是并不承认华校学历，在华校毕业的学生无法参加政府组织的统一升学考试，降低了华人子女接受华文教育的愿望。另外，随着柬埔寨旅游业的发展，世界各国的旅游者络绎不绝，英语等其他外语语种课程的兴起很快对华文教育形成冲击，学生可选择范围扩大。这些外语学校的教学质量都要比处境窘迫的华校高很多。2010年，杨启秋勋爵就曾提到，全柬华校入学学生数已从高峰期的5万多人骤减至2万多人，其中1.1万余人就读端华学校，近80%的生源在金边。

第三，高度同化，存在急功近利的心理。中柬在信仰风俗等方面不存在绝对抵触的问题，华人华侨与柬人通婚的比例较高。根据1961年的统计，柬埔寨华人与当地人通婚率在金边占10%，在暹粒省则已高达25%。[①]如今，经过数代通婚，柬人与华人的界限已经非常模糊，难以分辨，华人

---

① 王士录:《当代柬埔寨》，四川人民出版社，1994，第54页。

华侨的子嗣遂都以柬埔寨人自称。周中坚先生认为，经过长期的共同生活，柬埔寨华人已经同柬埔寨人民比较密切地融合在一起，荣枯与共，兴衰并同。柬埔寨华人与全体柬埔寨人民共同走过一条曲折的道路。[①] 在共同经历了复杂恶劣的历史环境之后，华人与柬人已经难分彼此。

1993 年以来，柬埔寨政府相继出台刺激经济政策，旅游业成为拉动经济发展的重要产业。近年来，赴柬旅游的中国游客数量激增。据统计，2011 年赴柬中国游客数量为 24.7 万人次，2014 年已经增长至 56 万人次。而 2015 年仅上半年，中国游客数量已达 33.5 万人次。[②] 中国游客数量增加，提升了对华文的需求，也使得华文教育逐渐升温。但贫困始终是柬埔寨面临的首要问题，快速减轻生活压力成为大部分普通华裔家庭子女的迫切愿望。目前，柬成衣工人最低工资标准仅为每月 160 美元，高校中层的月薪也仅为 200 美元，但是如果懂汉语就可以找到月薪 500 美金左右的工作。因此，汉语被视作谋生技能。很多年轻华人为了追求早挣钱而放弃深造，中学甚至小学毕业以后就开始用汉语工作。2014 年柬政府组织的统一高考合格率只有 25.72%，以致柬教育部不得不组织第二次全国考试。而 2015 年的合格率也仅为 55%。这种急功近利的情绪也引发了不少极端案例，腐败问题自不必说，最典型的就是因购买假宝石而产生的纠纷，而笔者亲历的几家宝石店铺均为华人开设。

四　引导华人华侨参与"一带一路"建设的政策建议

1.鼓励尊重本土文化信仰

华人华侨有中华血脉，与祖国有着天然的感情联系。但是在长期的海外生活中，华人华侨群体已经形成了复杂的文化信仰。一方面，他们继承着中华传统的节庆风俗，也保留了祭祖，拜妈祖、三宝公、关公等习惯；另一方面，华人华侨中有很多人笃信柬埔寨的国教——上座部佛教，同时

---

① 周中坚：《战后五十年柬埔寨华人的曲折历程》，《南洋问题研究》1996 年第 1 期，第 24~35 页。

② 数据来自中国驻柬埔寨经济商务参赞处网站，http://cb.mofcom.gov.cn/。

也信仰柬埔寨本土的祖灵"耐特"（Neak Da）或者其他宗教。中华传统的价值观与柬埔寨的本土文化在华人华侨身上发生融合，他们对事物的理解和行为方式符合本地环境和国情需要，情感上与本地人更为趋近，与中国当代的价值理念和行为模式则相距甚远。因此，在与华人华侨交流的过程中，应当鼓励尊重当地风俗习惯，包容华人华侨与中国之间的文化差异，对涉及历史古迹、庙宇、宗教塑像等问题的案例，处置时要予以慎重考虑。

2.加大教育援助力度

"一带一路"战略构想离不开华人华侨的参与。柬埔寨的华人华侨一方面是中华文化的天然载体，他们与柬埔寨人相处融洽，历史上在柬埔寨没有发生过与印尼、越南类似的排华事件；另一方面，华人华侨在柬还享有较高的政治地位和社会地位。正如有学者指出的，第二届王国政府内阁中有超过一半的成员有华人血统……要是从未受到柬埔寨人排挤，进而掌控柬埔寨政治、经济方面来看，显然柬华是最值得庆幸的（海外）炎黄子孙。[1] 这些精英华人一般具备较高的学历和宽阔的国际视野。因此，很有必要吸引一批有潜力的华裔来华留学。为此，国家自20世纪90年代开始，每年向柬埔寨提供奖学金名额。截至2015年8月，中方已向逾700名柬方留学生提供政府奖学金，享受政府奖学金的在华柬籍学生总数已经达到330人。

据柬埔寨教育大臣韩春那洛统计，2015年在柬参加高考的应届毕业生共83325人，如果按照5%[2]的比例进行测算，其中有4166人为华人学生。因此，在本科层次适当增加奖学金名额，能够为华人子弟提供更多来华留学体验的机会。应重点关注硕士、博士层次奖学金生培养的数量和质量，培养出一批既富潜力，又知华、友华的华裔群体。

3.鼓励提供就业机会

在"一带一路"建设进程中，中国对柬埔寨投资迅速增长，已经成为柬最大的外资来源国。截至2015年上半年，中国累计对柬协议投资已达

---

① 王士录：《柬埔寨华侨华人的历史与现状》，《华侨华人历史研究》2002年第4期，第49~54页。

② 依据野泽知弘在2002年的测算。详见野泽知弘、乔云《柬埔寨的华人社会——华文教育的复兴与发展》，《南洋资料译丛》2012年第3期（总第187期），第66~80页。

102.7亿美元。中国在柬投资企业超过500家，主要投资电站、电网、制衣、农业、矿业、开发区、餐饮、旅游综合开发等领域，遍布全柬。除华电、大唐、中水电等国企投资的水电站外（以BOT方式投资6个水电站，总额27.9亿美元），约三分之二的对柬投资来自民营企业，投资领域主要是制衣业。[①] 应重视鼓励中国企业和商人为当地提供较多的就业机会，履行社会责任，特别要吸引华人子女就职：一方面，华人家庭重视教育，子女普遍接受华校和柬校双重教育，在语言和文化上便于沟通，同时也继承了先祖吃苦耐劳、勤奋上进的优良品质，是比较好的招募选择；另一方面，华人了解当地风俗和民众所想，能在参与"一带一路"建设的过程中起到促进沟通的作用，也能够减少因文化和理解差异而造成的阻碍。

4.清醒看待柬华人的不足

华人华侨虽然具有中华情怀，很多人也能流利使用汉语交流，但是，应当注意的是，他们是柬埔寨公民，从小浸淫的生活环境使得他们被深度同化。他们虽然继承了先祖的优良品质，有着与当地人类似的宽厚性格，但同样也长期受到不良习气的影响和熏陶。腐败是柬埔寨极大的社会问题，深入政治、经济、人民生活等方方面面，这其中，华人及后裔也难脱干系。因此，在鼓励华人华侨参与建设的同时，也要清楚认识到华人华侨群体的不足。用人所长，避人所短，才能更好地发挥华人华侨群体的作用，更好地服务"一带一路"建设大局。

责任编辑：黄立志

---

① 数据来自中国驻柬埔寨经济商务参赞处网站，http://cb.mofcom.gov.cn/。

An Analysis on Characteristics of Chinese in Cambodia and Policy Advices under the Perspective of "One Belt, One Road"

Jiayun Gu

Abstract: Cambodia owns around 30 ethnic groups, in which the Khmer Group makes 90% of the total population. The Chinese Group, which has a less number than the Vietnamese one, is the third largest one with around 5% of the population in Cambodian. However, the Chinese Group has occupied quite important position both in Cambodian politics and economics. After the "One Belt, One Road" initiative was proposed by President Xi Jinping, the Cambodian government offered a very positive response, which would bring good developing opportunities to the Chinese in Cambodia. About one thousand years ago, the Chinese and the Khmers founded this country together and experienced the tough times together in the history, which breeded some tight and deep integrating relations. The practice of "One Belt, One Road" needs supports from the local, especially the Chinese. How to guide the Chinese in Cambodia to take part in the practice? This paper will try to analyze the characteristics advice of the Chinese in Cambodia and provide policy a about how to involve the Chinese Cambodiam into "One Belt, One Road" practice by summarizing their historical contributions to the local development.

Keywords: One Belt, One Road; Cambodia; Oversea Chinese

试论中国—东盟关系中的"安静外交"

周士新 *

【摘　要】　近年来，安静外交正越来越被国际社会所重视。安静外交在东南亚地区相当盛行存在多种原因，如东南亚国家领导人高度重视"面子"和声誉问题；东南亚国家大都具有较强的现代性；许多传统安全问题短期内看不到解决的希望，以及东南亚国家希望保持团结，以更好地与域外大国打交道。东盟的安静外交至少表现在东盟国家间、东盟层面和东盟（国家）与域外国家三个层次，并显示出东盟国家高度重视主权独立的现代性，处理传统安全问题上的非干预性，和在非传统安全领域上的开放性等特征。安静外交是维持中国与东盟维持和发展良好合作关系的众多途径之一。双方具有进行安静外交的传统和经验，并得到了双方的认可，但当前也受到了一定的压力，主要表现在处理南海领土主权争议、促进地区安全形势稳定、增进地区安全信任和信心及在非传统安全领域加强合作等方面。中国与东盟国家的安静外交将处于继续发展的态势，将为促进和提升双方战略伙伴关系做出应有的贡献。

---

*　周士新，上海国际问题研究院助研室主任。

【关键词】 安静外交　中国—东盟关系　南海问题　管控分歧

在当今国际问题安全化和国际社会信息化日益加剧的变革时代，维持国际关系的传统外交路径正面临越来越多的机遇和挑战。非国家行为体的崛起及其相互之间的互动，以及许多跨国界、跨领域的非传统安全问题的增多，都要求以往致力于处理和解决国家之间传统安全问题的外交必须改变既有的僵化理念，转变成更具灵活性和柔性的外交方式，迎合更加广泛、更多层次的利益群体的需要。另外，民族性格和宗教信仰等超越国家主权的文化认同，往往影响着国家之间在政治文化上的迥然差异或高度雷同，形成了许多以地缘邻近国家之间能够依赖国际上其他地区国家不太认可的外交方式，处理相互间存在的历史矛盾与现实问题的模式。从这个角度来看，安静外交作为一种非主流的外交方式，虽然似乎尚未跟上国际社会对外交要保持高度透明的要求，但也可以是国际关系中的重要互动途径。通常来说，安静外交指的是通过幕后接触，促进以和平方式解决问题的外交活动。① 虽然安静外交往往并不被外界所了解，但其发挥的重要作用往往会逐渐地，甚至以不经意的方式显示出来，成为影响国际关系的关键因素。

从全球范围来看，东亚地区，特别是东南亚地区可谓安静外交的主要集中区域，也是安静外交效果发挥最好的地方。东南亚国家具有安静外交的传统。近年来随着东盟地区一体化态势的加强，东盟国家间的安静外交也随之呈现出增多的态势，对促进东盟共同体进程的稳健推进及地区和平与繁荣产生了一定的积极作用。东盟国家领导人之间通过各种渠道，建立了比较密切的私人关系，为搁置领土主权争议、避免冲突和缓解危机、增进安全信任和信心，都产生了相当良好的效果。另外，东盟外长会议和防长会议框架下还建立了东盟国际战略研究所（ASEAN-ISIS）和东盟

---

① George Abel Mhango, "Is Quiet Diplomacy in Consonance with Meaningful Peacemaking in SADC? Lessons from Zimbabwe", *South African Peace and Security Studies*, Vol.1, No.1, 2012, p.16.

防务与安全研究院（NADI）等讨论地区安全问题的二轨对话网络，也成为东南亚地区安静外交的重要组成部分。因此，尽管东盟在许多问题上的政策都呈现出越来越透明的迹象，但安静外交在背后的推进作用仍然值得关注，成为中国发展和促进与东盟及其成员国关系时需要考虑的重要因素。

一　安静外交的理论维度

尽管观点比较相近，但许多学者仍从不同角度对安静外交进行了阐释。艾琳·巴比特认为，安静外交指的是不因为对方的行为而公开批评和嘲弄对方，但以私人磋商和交换信件等方式提供建议。[1] 安娜·路易斯·斯特拉坎认为，安静外交指的是进行私人协商和通过密函交换意见，而不是嘲笑对方的行为。[2] 丹尼尔·余认为，安静外交是指决策者经常能够相互尊重地进行协商，进行妥协，最终达成共识。[3] 作为外交的一种形式，安静外交总是带有一种非常神秘的色彩，其表现形式和实际效果也极容易引起外界极富想象力的猜测。首先，安静外交总是以非常隐蔽的方式进行。一般来说，只有为数不多的当事人才知道事情的经过或来龙去脉，相关信息并不公开。其次，许多敏感问题通过安静外交得到了妥善解决，外界非常想了解其中具体的运作进程。再次，安静外交的当事人显然在相关问题上故意低调，不愿引起国际社会的关注，可能与其一贯的风格相差太大，反而容易引起国际社会的兴趣。最后，安静外交的渠道多种多样，外界获取的信息并不完全，希望通过了解其中的原委和真相，能更准确地预测未来的类似活动，从而掌控局势。因此，对安静外交进行细致分析，探讨其产生的主要原因和运行中的主要特点，更全

---

[1] Eileen F. Babbitt, "Preventive Diplomacy by Intergovernmental Organisations: Learning from Practice", *International Negotiation*, Vol. 17, No. 3, 2012, p. 374.

[2] Anna Louise Strachan, "Preventive Diplomacy and Conflict Prevention", *GSDRC Helpdesk Research Report 1047*, Birmingham, UK: GSDRC, University of Birmingham, 2013, p.3.

[3] Daniel Seah, "The ASEAN Charter", *The International and Comparative Law Quarterly*, Vol. 58, Iss.1, Jan. 2009, p.198.

面和客观地分析其在国际关系中所发挥的作用，从而对安静外交做出非常理性的判断，已经成为势所必然的事情。从目前来看，国际社会主要关注安静外交的以下四个方面。

第一，透明度——安静外交虽然保持着相当高的私密性，但并不是见不得阳光。从本质上讲，安静外交仍符合外交概念的所有基本特征，只是可能出于某种不便说明的原因，完全没有向外界公开，或者没有完全向外界公开，以免引起国际社会的高度关切，招惹没有必要的麻烦。然而，这并不意味着安静外交行为本身是错误的，传达的信息是"邪恶"的，或者说整个过程是一种阴谋，会对第三方甚至国际社会造成极大的伤害。换句话说，安静外交传递的信息必须是正面的，建设性的，是任何一方都可能接受的，在必要的时候甚至可以公布于众，昭告天下的，而且不应引起不良后果。从某种意义上讲，当前国际社会上普遍存在的双边和多边闭门会议都具有安静外交的某些特征。鉴于有些闭门会议讨论的内容可能会存在较长的保密期，且会后释放出来的信息与会议真实内容相差较大，在一致性上甚至还不如安静外交。当然，如果当事方讨论的内容涉及针对第三方的内容，并因此而不愿公开信息，就会使其沦为一般意义上的秘密外交。因此，可以说，透明度低并不完全是安静外交的劣势，在某种情况下反而是其他类型的外交难以比拟的优势，没有曝光或曝光度低并不会损害其行为的有效性。

第二，倾向性——安静外交有助于预防冲突升级，避免局势失控。当国家之间出现因争议或矛盾引发的冲突时，任何一方都可能将首先让步视为软弱的表现，并导致各方在以后的外交互动中处于下风，从而受到更多的损害。在这种情况下，如果公开的外交活动仍无法缓解紧张态势，推进局势朝着更趋稳的方向发展，当事方完全有可能和理由通过私下沟通的方式，采取更柔性的措施，在避免双方都遭受尊严、声誉和利益损失的情况下，进行讨价还价。如果双方就具体问题达成一致，就完全可以将安静外交转变为公开外交，并形成具有约束力的文件，让国际社会了解其内容，并监督执行情况。因此，出于方便，安静外交虽然更多是以双边的方式进行，但也有可能表现为小多边，甚至多边的形式，或者双边加上第三方的形式。这样一来，安静外交就有了非常高的管理效力，促进各方了解和理解其他方的政策和利益关切，在相互协商中逐渐找到各方都可以接受的具体方案，并在执行过程中促进各方的信心和信任，从而为在类似问题上再次运用安静外交奠定基础。

进一步看，安静外交有助于营造和平的氛围，为促进妥善解决问题提供有利条件。安静外交的最终目的就是鼓励各方养成以和平方式处理问题的习惯，避免争议问题成为影响各方关系的负能量，破坏未来合作的可能性。从这方面来看，各方都需要认识到，即使突发事件的根源因各种因素暂时无法消除而会继续存在下去，但只要不爆发为冲突，不影响有利于各方和整个国际或地区的发展环境，仍然是可以接受的。当然，这只是安静外交的起点，仅意味着安静外交已经发挥了效用。各方通过安静外交还需要传达一些解决问题的具体方案或措施，让其他方在心平气和的状态下理性思考解决途径的利与弊，相互之间最终在友好气氛的讨价还价中找到中间或妥协途径。当然，即使各方都坚持利益底线，从而阻碍问题的解决，并导致谈判最终失败，也可以采取冷处理的方式，将这些问题暂时搁置起来。一旦各方利益冲突尖锐化，并引发公开辩论或争执，就意味着安静外交的结束或失败。

第三，时效性——安静外交既可能是一种长期的外交习惯，也可能因具体问题而进行。通常来说，一次性的安静外交很难产生直接的效果。如果对方不愿意改变初衷，安静外交就不能达到预期的目标。在这种情况下，各方需要认识到，必须保持足够的战略耐心，与其他方进行多次的政策协调，才可能建立互信，继而释放出处理问题的积极意愿或信号。从信息论的角度来看，一次性的信息传递很难具有足够的说服力，重复的信息沟通才会有助于传递出肯定的信号，提升接受者对信息的信心度。然而，如果当事方之间原本就具有安静外交的习惯，并将之作为传递信息的重要渠道之一，信息接收者就更容易产生积极接受的倾向性，一次性的信息沟通发挥效果的可能性也会增大，减少没有必要的纠缠。当然，如果一方完全没有解决问题的诚意，或者传递的信息并不具有建设性，提出的政策建议距离对方可以接受的政策底线太远，即使信息再明确、沟通渠道再畅通，最后的结果都有可能不理想。这种情况更多体现在突发性问题上，当事方有可能因一时气愤而感情用事，要价太高，对方难以满足，导致安静外交最终遭到失败。

第四，正式性——安静外交的主渠道依然体现在政府层面，但非正式渠道呈现出增多态势。一般来说，具有政府背景的安静外交，特别是当事国领导人之间的信息沟通，具有更高的权威性和可靠性，产生的效果也会更直接一些。也正因为如此，安静外交往往被认为是国家领导人的专利。最高决策者是安静外交容易发挥作用的关键，但也会使其更容易引起外界的关注。然而，由于待处理问题的性质不同，安静外交得以进行的渠道和介质也会存在差异，其正式性也具有层次和本质上的差别。首先，国家领导人的界定本身就比较模糊，最高领导人绝不是安静外交的唯一主体。其次，安静外交强调的是外交过程和方式，而不是最终结果，不一定需要最终决策人参与。再次，非完全官方背景的主体之间进行的多轨外交也可能是安静外交的形式，并可能因为待处理问题的敏感性太强，使其更容易成为各方先行沟通的探路人；最后，正式或首脑外交要比不太正式的安静外交更具刚性，当事方之间回旋的空间更小一些，因而有时成为各方处理棘手问题的非首要选择。在这种情况下，纠结安静外交的正式性往往会陷入一种认知误区，将之当作维系国家关系的一种外交常态，反而会减弱公开外交所产生的积极效果。

总的来说，尽管安静外交的成功很少被公开，但绝不是一般意义上的秘密外交。联合国参与的一些行动也明确显示，通过分析、预警、快速反应和伙伴关系等措施，可以在不断升级的危机中缓解紧张局势，有助于各方和平解决争议。[①] 联合国前秘书长佩雷斯·德奎利亚尔曾指出，"没有人会知道在著名的玻璃大厦里进行的接触避免或限制了多少冲突，这座大厦在需要时可以变得相当不透明"。安静外交在联合国、区域组织

---

① 《预防性外交：取得成果》，S/2011/552, 26 August 2011, p.2, http://peacemaker.un.org/sites/peacemaker.un.org/files/SGReport_PreventiveDiplomacy_S2011552%28chinese%29.pdf。

或某个长老理事会口头传承，但其错综复杂很少诉诸笔端。[①] 作为一种外交策略，"安静外交"侧重于使用低风险的政策倡议，但核心是使用非冲突、非军事的战略。[②] 然而，通常情况下，安静外交在没有冲突的环境下确实更容易发挥作用，倾向于合作的谈判伙伴更愿意做出妥协。在冲突主导政治环境，不信任程度更高的情况下，安静外交实际上是不可能产生效用的。[③] 一般认为，如果一个国家不对自己的谈判伙伴使用强制手段，就很难实现自己的目标，也意味着安静外交可能失败。安静外交能避免相互之间采取单边强制措施，不会对国家之间的关系造成负面影响。[④] 因此，在现实生活中，只有当谈判伙伴愿意被说服时，安静外交才可能发挥作用。

二 东盟的安静外交

人们通常认为，东南亚地区是安静外交最为普遍和常见的地区，主要原因在于：首先，东盟成员国之间的许多交往信息是不透明的，特别是在共同应对敏感问题期间，闭门会议往往成为常态，但明显起了很好的协调作用；其次，东盟成员国之间存在很多难以调和的矛盾和需要解决的问题，有时甚至会突然爆发，引发国际和地区的高度关注，但这些似乎并没有升级为危机，影响它们之间合作的主旋律；再次，东盟地区一体化和共同体建设缓慢而有序，说明了相互之间的协调仍存在一些问题，但各成员国之间广泛的联系渠道，维持了这种让它们都比较满意的状态；最后，东盟成员国领导人之间具有密切联系的渠道，甚至建立了良好的个人关系，信息沟通比较顺畅、频繁，似乎超过了媒体和官方公开报道的范围。在这

---

① 《预防性外交：取得成果》，S/2011/552, 26 August 2011, p.2, http://peacemaker.un.org/sites/peacemaker.un.org/files/SGReport_PreventiveDiplomacy_S2011552%28chinese%29.pdf。

② David Potter & Sudo Sueo, "Japanese Foreign Policy: No Longer Reactive?" *Political Studies Review*, Vol.1, Issue 3, 2003, pp.321-322.

③ Simon Hubert Presley, "Japan and Quiet Diplomacy", 5 August 2014, p.24, http://rudar.ruc.dk/bitstream/1800/16152/1/Thesis%20complete.pdf.

④ S. Javed Maswood, *Japan and East Asian Regionalism*, Routledge, 2004, p.111.

种情况下，深入研究东盟的安静外交对理解地区形势的现状和演进前景，可能具有非常重要的启示意义。

比较而言，东南亚盛行安静外交，主要源于以下几方面的情况。首先，东盟国家领导人高度重视"面子"和声誉问题。[1] 非冲突行为与让其他国家"保住面子"是密切相关的，这是一种尊重规范的表达方式。[2] 如果"面子"不要了，冲突也就爆发了。[3] 东南亚地区相当强调社会和人情关系，形成了高度复杂的感情网络，社会道德规范的约束在某种情况下甚至超过规则的限制，成为许多人不愿意冒险触碰的红线。在这种情况下，社会中的精英分子也难以摆脱各种社会习俗的制约，对不利于自己声誉和利益的任何信息都高度敏感。当然，这也跟国家声誉密切相关，任何人都不愿成为损害国家利益的历史罪人，坚决不愿做让国家蒙羞的事情，或者不让外界看到自己做了让国家蒙羞的事情。其次，东盟成员国大都具有较强的现代性。东盟大多数国家都是通过民族解放运动推翻殖民统治而获得独立的，在发展对外关系时特别强调国家领土完整和主权独立的重要性。任何一届政府都宁愿采取私下沟通的方式，也会竭尽全力维护国家核心利益，避免此类问题影响自己执政的合法性。再次，许多传统安全问题没有在短期内得到解决的可能。无论是泰国和柬埔寨之间的领土边界问题，还是其他地区国家之间的领土问题，都因为历史纠葛太深和现实利益太多而需要相关方进行长期谈判才可能得到妥善处理。冲突和战争只能让形势变得更糟，因而已经不再是它们应对此类问题的首要选择。最后，东盟成员国希望保持整体团结，稳步推进地区共同体建设，以更有信心地与域外大国打交道。东盟国家目前仍缺乏与大国博弈的实力、能力和经验。因此，通过各种方式保持及时的政策沟通，对稳健推进东盟一体化进程以及维持东盟在地区合作中的中心地位至关重要。近年来，随着各大国在诸如东亚

---

① Jürgen Haacke, *ASEAN's Diplomatic and Security Culture: Origins, Development and Prospects*, Routledge, 2005, p.7.

② Jürgen Haacke, *ASEAN's Diplomatic and Security Culture: Origins, Development and Prospects,* Routledge, 2005, p.7.

③ Kishore Mahbubani, "The Pacific Way", *Foreign Affairs*, Vol.74, No.1, January/February 1995, p.117.

峰会中的博弈程度提高，东盟国家感受到了较大压力，安静外交成为各成员国促进沟通的重要渠道之一，也有助于避免大国对东盟产生偏见。

整体而言，东盟的安静外交至少存在三个层次。第一，东盟成员国之间的安静外交，主要是处理双边关系问题，或者是与第三方有关的问题。从双边关系上看，东盟成员国特别强调通过双边谈判的方式处理领土主权问题，不会轻易接受其他国家的建议和干涉，任何国际干预只会让情况变得更为复杂。当然，如果没有传统安全争议，安静外交通常会进行得更加顺畅一些，更多是如何夯实和推进相互间的密切合作。从第三方的情况来看，涉及两个方面，一是第三方可能对冲突当事双方提供建设性意见，希望他们能和平解决争议；二是反过来，冲突当事方对第三方政策建议的态度，以及相互之间的互动。这其中也涉及一定量的三方互动问题。第二，东盟层面上的安静外交。尽管这仍主要体现为东盟国家之间的互动，但多边主义的特征更明显一些。东盟国家围绕共同关心的议题进行讨论，寻求解决问题的途径和办法。当然，在东盟国家形成集体决议后，对各成员国会具有一定的约束力，一些暂时无法落实决议的成员国会通过安静外交的途径，寻求其他成员国的谅解，减轻自己承受的压力。第三，东盟与域外国家的安静外交。这不仅体现在东盟地区论坛、"东盟+X"领导人会议和东亚峰会期间，东盟国家与域外大国的相互沟通中，还表现在其他场合或渠道的交流中。这有助于东盟维持与域外大国保持总体稳定的合作关系。

因此，东盟的安静外交主要具有以下特征。第一，东盟各成员国高度重视主权独立的现代性。这是东盟成员国发展对外关系时的基本底线，也是其他国家与之进行合作的基础。从这点来看，东盟国家对外政策虽然具有一定的倾向性，但依然是在预计核心利益不会受到损害的情况下进行的。通俗地说，东盟国家都坚决反对外部力量干涉自己的内政，同时希望通过对外交往促进国家利益。第二，尤为关注在处理传统安全问题上的非干预性。这既与安静外交的定义相联系，也说明了东盟国家在处理传统安全问题上的基本态度。在泰国和柬埔寨多次爆发边境冲突期间，东盟其他成员国及域外大国都通过双边方式对两国关系进行协调，但并没有发挥多大作用。柬埔寨甚至申请东盟和联合国参与争议解决，但遭到了泰国的拒绝。2014 年，菲律宾与印度尼西亚关于棉兰老海和西里伯斯海的专属经济区划界，以及新加坡与印度尼西亚关于新加坡海峡东段的海域划界，都通过双方直接谈判达成了协议。近年来，东盟国家宁愿寻求国际仲裁也不愿其他国家干预自己与其他国家的领土主权争议，如新加坡和马来西亚之间的白礁（岛）争议问题，缅甸和孟加拉国之间的领海争议等。第三，倾向在非传统安全领域进行合作的开放性。东盟大多数成员国都不具备独立应对大规模自然灾害、跨国犯罪、反恐、传染病防治等问题的能力，需要相互协调和帮助才可能改善安全环境，有效解决这些方面的问题。无论是 2004 年的印度洋海啸、2008 年的缅甸热带风暴，还是 2013 年的菲律宾台风等，都曾成为东盟地区论坛、东盟防长（扩大）会议和其他地区多边安全机制讨论的重要议题。第四，特别重视东盟作为一个集体加强团结的包容性。这是东盟进行安静外交的初衷，也是最终目标。加强内部团结对东盟维持和提升在国际和地区合作中的地位和作用至关重要。如果没有东盟，东盟国家在诸如二十国集团、联合国等全球性多边平台就难以获得引人关注的存在度和代表权。

具体来看，最令人称道的安静外交是东盟国家对待缅甸前军政府的"建设性接触"政策。东盟通过以协商和对话为基础的非正式和渐进合作方式，符合缅甸军政府的舒适度，[1] 使双方保持着适度合作。从东盟历史上看，印度尼西亚一直作为地区内的安静领导地位而得到称颂。在印尼前总统苏哈托的领导下，印尼在 20 世纪 60 年代改变了原先的扩张政策，联合一些国家共同推动建立了东盟。在此后的 30 多年里，随着印尼经济的持续增长，其外交姿态仍然相当温和，使东盟成为各成员国平起平坐的论坛。[2] 事实上，在东南亚地区，安静外交的概念经常被界定为"东盟方式"，安静外交的原则形成了所谓"东盟方式"的重要元

---

[1] Maung Aung Myoe, "Regionalism in Myanmar's Foreign Policy: Past, Present, and Future", *ARI Working Paper*, No. 73, September 2006, p.28.

[2] Michael Vatikiotis, "Indonesia's Quiet Diplomacy Triumphs in the Region", *The Jakarta Globe*, August 6, 2012, http://thejakartaglobe.beritasatu.com/archive/indonesias-quiet-diplomacy-triumphs-in-the-region/.

素。① 通过这种方式,"每个成员都不会公开批评其他成员的政策",反过来,这也"让东盟成员国避免在双边关系紧张时屈从外界的压力"。② 东盟并不是解决争议和冲突的正式机制,而是营造一种环境,让这些问题不会出现或容易得到管理和控制。③ 东盟的安静外交主要体现在东盟成员国更倾向于通过非正式的途径管理冲突和解决争议上。④ 当成员国间出现问题时,各国政府并不公开发表它们的不同意见。相反,它们会密切合作,通常通过闭门商谈消除分歧,并尽力避免媒体参与。更为重要的是,东盟国家严格禁止评论对方的内部问题或内部环境。

三　中国与东盟的安静外交

中国与东盟国家是近邻,从任何角度看,发展和维持良好的合作关系对双方都有利。首先,双方都将与对方的关系视为最重要的对外关系之一。作为东盟的最大近邻,中国的内外政策都会扩散并影响到东盟国家,而东盟国家也是中国发展对外关系时优先综合考虑的对象。第二,双方对对方的认知路径比较相似。双方都具有比较相近的东方文化价值观,都经历过被殖民的历史,当前都仍处于推进国家现代化建设的紧要阶段。第三,双方历史上就具有较为密切的联系,当前正在建设面向和平与繁荣的战略伙伴关系。中国已经多年为东盟第一大贸易伙伴,而东盟也已成为中国的第三大贸易伙伴,双方对对方的发展都相当重要。第四,双方之间也存在一些难以解决的问题。这不仅体现在中国与部分东盟国家的领土主权

① Hiro Katsumata, "Reconstruction of Diplomatic Norms in Southeast Asia: The Case of Strict Adherence to the ASEAN Way", *Contemporary Southeast Asia*, Vol. 25, No. 1, April 2003, p.107.

② Hiro Katsumata, "Reconstruction of Diplomatic Norms in Southeast Asia: The Case of Strict Adherence to the ASEAN Way", *Contemporary Southeast Asia*, Vol. 25, No. 1, April 2003, p.107.

③ Michael Leifer, *The ASEAN Regional Forum: Extending ASEAN's Model of Regional Security*, Adelphi paper No. 302, London: IISS, 1996, p. 16.

④ Rizal Sukma, "ASEAN and Regional Security in East Asia", *Security Politics in Asia and Europe*, pp.115-116, http://www.kas.de/upload/dokumente/2010/06/PolDi-Asien_Panorama_02-2010/Panorama_2-2010_SecurityPolitics_Sukma.pdf.

争议上，双方在互动过程中会受到现实利益和矛盾的影响，而且体现在东盟成员国大多为中小国家，对中国会本能地产生一种担忧心理上。因此，东盟处于中国周边外交的首要位置上。中国与东盟国家的外交可谓全方位、宽领域、多层次和高水平的，但同时也是极度复杂的。安静外交是维持双方合作关系的众多有效途径之一。

　　中国与东盟国家具有安静外交的传统和经验，并得到了双方的认可。2007 年，在针对缅甸前军政府问题上，中国一直在缅甸与东盟之间进行安静外交，以避免联合国安理会通过对其施加正式制裁的决议。① 尽管中国劝服缅甸接受联合国驻缅甸特使易卜拉欣·甘巴里访问缅甸，但同时与东盟保持对话，关注其是否会达成关于缅甸问题的集体决议。② 因此，当新加坡提出甘巴里需要在第三届东亚峰会上向 16 个国家的领导人做报告时，中国认为这似乎偏离了"安静外交"的路径，因为东亚峰会领导人达成的主席声明，与联合国大会的主席声明在本质上是相似的。在这种情况下，根据缅甸军政府的请求，中国对新加坡的提议表达了反对意见，最后东亚峰会未让甘巴里进行通报。③ 部分原因是倾向于安静外交，部分是为了维持自己在南海问题上协调人的角色，同时也希望中国重视其在地区的领导作用，尊重自己在纳土纳群岛的利益，不要危及两国的关系，印度尼西亚与中国一直不愿让外界知道双方在南海争议海域曾发生一些小摩擦。④ 由于倾向于使用安静外交，马来西亚对中国在曾母暗沙投放主权碑，进行主权宣示，并没有采取任何行动，原因就是不希望引起国际社会的关注。然而，这并不意味着马来西亚软弱或会在南海争议中让步。马来西亚坚信和

---

① Khun Sam, "Burmese Opposition Welcomes US, Junta Meeting in Beijing", *The Irrawaddy*, 2 July 2007.
② Chenyang Li and Liang Fook Lye, "China's Policies towards Myanmar: A Successful Model for Dealing with the Myanmar Issue", *China: An International Journal*, Vol. 7, No. 2, 2009, p.269.
③ Lee Jones, "ASEAN's Albatross: ASEAN's Burma Policy, from Constructive Engagement to Critical Disengagement", *Asian Security*, Vol. 4, No. 3, 2008, p. 286. Christopher B. Roberts, "Changing Myanmar: International Diplomacy and the Futility of Isolation", *Security Challenges*, Vol. 7, No. 4, Summer 2011, pp. 86-87.
④ Ann Marie Murphy, "The End of Strategic Ambiguity: Indonesia Formally Announces Its Dispute with China in the South China Sea", *PacNet*, No. 26, April 1, 2014, p.2.

平管理会最终解决南海问题，并不想引发"以牙还牙"的恶性循环。① 由于历史因素，越南与菲律宾不相信中国在南海问题上的政策立场，导致立场僵化和冲突升级。尽管三国政府都需要在争议问题上显示强硬立场，以迎合国内民族主义，使得和平解决南海领土主权争议变得更加困难，但各方仍在通过一定形式的安静外交避免冲突升级，② 以维持地区安全形势的稳定。

从更广泛的范围来看，美国重返亚太，推行战略转向和再平衡战略对东盟国家和中国都构成了较大压力，而中国与东盟国家稳健的外交关系也对美国的亚太政策构成了一定程度的挑战。美国始终希望通过增加与亚洲国家的防务合作，③ 掌控亚太地区的安全局势。然而，美国认为，中国正利用自己的影响力，引诱或迫使亚太许多国家拒绝接受美国的战略介入，④ 从而影响地区形势的稳定。同时，中美两国都认识到，对东盟国家的外交需要考虑它们的舒适度和接受度，满足或至少不损害它们的战略利益，通过"润物细无声"而非"狂风暴雨"的方式和节奏，才有可能推进与它们的战略关系。因此，作为与东盟国家地理位置更近，感受更为相似的中国，为了与东盟国家维持"睦邻友好"的关系，采取安静外交的倾向性更强，在实际工作中运用得也更多。相比之下，美国更强调外交的透明度，外交手段的刚性更强，尽管不能杜绝使用安静外交，但在程度上和数量上要低很多和少很多。

从目前来看，中国与东盟的安静外交主要集中在以下几个方面。首先，中国与部分东盟国家关于南海领土主权争议的谈判。中国强调通过与直接相关的主权国家进行友好磋商和谈判，以和平方式解决这类问题，

---

① Tang Siew Mun, "The Beting Serupai (James Shoal) Incident", *ASEAN Newsletter*, April 2013, p.9.

② Lim Kheng Swe, "China-ASEAN Relations: Hamstrung Soft Power in South China Sea?" *RSIS Commentary*, No. 174, 3 September 2014, p.2.

③ Dennis Blair, "Address to Carnegie International Non-Proliferation Conference", 16 March 2000, in Jurgen Haacke, and Peter W. Preston, *Contemporary China: The Dynamics of Change at the Start of the New Millennium*, Routledge, 2003, p.287.

④ Joshua Kurlantzick, "China's New Diplomacy and Its Impact on the World", *Brown Journal of World Affairs*, Vol. xiv, Iss. 1, Fall/Winter 2007, p.229.

这在 2002 年中国与东盟国家签署的《南海各方行为宣言》第四条中得到了具体反映，并在 2011 年《落实〈南海各方行为宣言〉指导方针》中得到了肯定。中国与东盟各直接相关国家的长期谈判在很多情况下都处于相对安静的状态，但因为各方都不愿让步而进展缓慢。菲律宾因为自己理屈或不耐烦，最终退出了与中国的谈判，转而寻求通过国际仲裁的方式解决争议，导致中菲关系陷于紧张状态。其次，中国与东盟国家合作维护南海地区的安全形势。根据《南海各方行为宣言》和《落实〈南海各方行为宣言〉指导方针》的精神，中国与东盟国家通过高官会和联合工作组会议，讨论采取具体措施，包括尽早签署具有约束力的"南海行为准则"，避免南海地区安全形势出现失控。再次，中国与东盟国家合作提升地区安全信任和信心。前面两种情况在一定程度上也与国家之间缺乏信任或对解决问题的信心不足有关。在东盟国家与中国的关系上，这种情况显得格外突出。中国在与东盟国家通过东盟地区论坛、东盟防长扩大会议、"东盟+X"领导人会议和东亚峰会，以及其他层次和领域的平台加强协调的同时，也在这些会议期间与东盟国家保持着非常密切的安静外交。最后，双方在非传统安全领域的合作。自 2003 年 SARS 疫情出现以来，中国与东盟在应对诸如传染病防治等非传统安全威胁上加大了合作力度。由于处理这类问题需要快速准确的信息沟通和行动协调，有些甚至会涉及有关国家主权的敏感问题，因此包括安静外交在内的手段，都必须得到大量使用。当然，东盟部分国家之间在南海问题上也存在领土主权争议，寻求双边直接谈判也是它们的优先选择。因此，安静外交也是它们的重要选项。

从趋势上看，中国和东盟的安静外交会继续和发展，主要原因如下。首先，影响安静外交的主要因素依然存在。无论是东盟国家还是中国都高度重视"面子"和声誉问题，在维护国家利益的同时，也希望这些问题不要影响它们在国际上的正面形象。当然，在这方面，作为一个努力塑造和维护负责任形象的大国，中国经受的压力更大。因此，在现实利益仍可调和的情况下，各方都不希望撕破"面皮"，将对方逼到死角，让解决问题的道路变成死胡同，最终形成两败俱伤的局面。由于安静外交的成效通常得益于各方长期的友好沟通，任何对国家间关系构成伤害，或者试图侮辱对方的言与行，只会让对方感到愤怒，从而为下次安静外交的失败埋下伏笔。其次，中国与东盟国家都不愿让负面问题影响相互间的合作态势。在这方面，在经济领域处于领先优势的中国让东盟国家"搭便车"，将"亲、诚、惠、容"的外交理念落实到具体行动中，同时也使这些国家因忌惮失去中国市场而软化立场，提高安静外交的成功率。当然，中国也在补全自己在安全上的"短板"，发展军事实力，提高维护地区安全的能力，与东盟国家加强安全合作，让它们既感受到中国崛起的和平性，也让它们保持自我克制不触犯中国。这样，安静外交有助于东盟国家更明确地表达自己的真实意图，增强和中国进行协调与合作的意愿。再次，中国和东盟国家需要理性对待第三方的影响。近年来，东盟国家在美日等域外大国的鼓动下试图让中国在许多问题上做出更多的妥协，同时也希望美日印澳等制衡影响力日益增强的中国，从而使自己有更大的自主外交空间，推进各大国支持自己在地区合作中的中心地位。对此，中国需要与东盟国家进行沟通，既要了解对方的做法，也要理解对方的想法，同时敦促对方不要采取可能损害中国利益的行动。最后，中国与东盟需要妥善处理可能恶化双方关系的问题。中国与东盟国家在南海问题和湄公河等跨界河流问题上存在一定的矛盾，但这些都不是中国与东盟的问题，甚至不是中国与所有东盟国家的问题。有些东盟国家与中国持相同立场，甚至与中国的利益保持一致，有些其实是东盟国家之间的问题。在这些利益和立场相互纠缠形势相当复杂的情况下，安静外交实际上可以为各方通过和平途径管控分歧、弱化争议提供可能。

四　结语

得益于其和平性和长期倾向性，作为一种建设性的秘密外交，安静外交已经成为国际社会中各国处理敏感问题时比较常用的一种方式。安静外交强调不通过强制手段解决国家之间的问题，因此更容易被许多弱小国家所接受，成为它们协调相互关系以及与大国之间关系的优先选择。一般来说，大国可以使用的资源较多，手段也比较广泛，敏感性也不是很强，安静外交并不一定是它们处理相互之间问题的首要手段。然而，它们需要考虑弱小国家的特殊性，至少应该在一般情况下采取平等的政策立场，以安静外交的形式打破僵局、维持稳定或提升关系。因此，安静外交迎合了国际关系非对抗、协调合作的发展倾向，至少可以通过营造一种宽容和包容的环境，为各方进行良性互动、寻求各方都可以接受的共识提供基础。

东盟一直非常重视自己的安静外交、非冲突和避免冲突国际化。^① 这种集体性的政治文化已经成为其处理成员国之间关系以及成员国与东盟关系，甚至东盟与域外国家关系的重要动力。尽管《东南亚友好合作条约》提供了管理和解决冲突的机制，但从来没有得到具体应用。^② 东盟及其成员已经建立了多层次的对话协商渠道，为安静外交提供了非常便利的条件。作为东盟最大的近邻，中国在与东盟商签《睦邻友好合作条约》的过程中，需要妥善处理相互间存在的问题，同时更应该向前看，以更高的战略眼光和更长远的视角，更精致的外交途径搁置或弱化可能影响双方关系的负面因素，增加促进双方关系的正能量，为提升双方战略伙伴关系、促进地区安全形势的稳定做出应有的贡献。

责任编辑：米良

---

① "Concept Paper on Moving towards Preventive Diplomacy", ARF SOM, May 2013, http://aseanregionalforum.asean.org/files/Archive/20th/20th%20ARF,%20Bandar%20Seri%20Begawan,%202July2013/Annex%2015%20-%20Concept%20Paper%20on%20Moving%20towards%20Preventive%20Diplomacy.pdf.

② Mely Caballero-Anthony, "Mechanisms of Dispute Settlement: The ASEAN Experience", *Contemporary Southeast Asia*, Vol. 20, No. 1, April 1998, p. 52; HASJIM Djalal, "Rethinking the Zone of Peace, Freedom and Neutrality (ZOPFAN) in the Post-Cold War Era", 31 May 2011, The 25th Asia-Pacific Roundtable, p.3.

A Probe into the Quiet Diplomacy Applied to China-ASEAN Relations

Shixin Zhou

Abstract: Quiet diplomacy has attracted more and more attention in the international community because of its increasingly important role in recent years. There're many reasons why quiet diplomacy is popular in Southeast Asia. For example, leaders of Southeast Asian countries attach great importance to the issues about the "face" and reputation. Most Southeast Asian countries are endowed with a strong modernity. Many traditional security problems can't be solved in a short term. Southeast Asian countries want to remain united to better hedge powers outside of South-East Asia. Quiet diplomacy in Southeast Asia can be found at least three levels, among ASEAN countries, ASEAN, and ASEAN (member countries) with extra-regional countries. It has shown that ASEAN countries highligt great importance of their sovereignty, nonintervention in managing traditional security issues, and openness in cooperation concerning about non-traditional security issues. Quiet diplomacy is one of the useful ways of developing and maintaining good cooperative relations between China and ASEAN. The two parties have the tradition and experience of conducting quiet diplomacy, which has been recognized broadly. However, quiet diplomatic policy between China and ASEAN shouldered great pressure in the following issues, managing territorial disputes in South China Sea, promoting regional security and stability, enhancing regional security confidence and trust, and boosting cooperation in non-traditional security issues. Quiet diplomacy between China and ASEAN countries will continue and develop, making due contributions to promoting and enhancing the bilateral strategic partnership.

Keywords: quiet diplomacy; China-ASEAN relations; South China Sea; control disputes

马来西亚的恐怖主义因素及治理

张　榕*

【摘　要】 马来西亚的恐怖主义形势不容乐观，反恐任务艰巨。国内恐怖
主义因素不断发酵，国外恐怖主义力量虎视眈眈。如何反恐，
并且治理恐怖问题，是马来西亚亟须面对的现实。本文立足马
来西亚的现状，结合社会学、法学理论，试图找到治理恐怖主
义的有效路径。

【关键词】 马来西亚　恐怖主义　治理

在国际反恐力量的围剿下，"伊斯兰国"（IS）的势头仍然不减，甚至
出现向全球扩散的态势。马来西亚也出现了震惊全国的恐怖活动：在马来
西亚沙巴州发生多起绑架并残忍杀害人质事件；近期，又有多人涉嫌支持
"伊斯兰国"恐怖组织被扣捕调查，包括军人、警察和公务员。马来西亚
国防部长希山慕丁称，"不要以为'伊斯兰国'现象不会在本区域发生"。
目前东盟十国皆严防'伊斯兰国'恐怖组织入侵本地区。恐怖主义问题已
经威胁到马来西亚的国家安全和社会秩序，打击恐怖主义是马来西亚的艰

---

* 张榕，北京外国语大学亚非学院博士研究生，研究方向为东南亚国家法律文化。

巨任务。马来西亚国内外长期存在恐怖主义因素，这些因素随时可能在外界诱因下激化，引发恐怖事件。如何清理并弱化恐怖主义因素，治理恐怖主义问题，至关重要，本文正是对这些问题的探讨。

一 马来西亚的恐怖主义因素

（一）伊斯兰文化易被恐怖主义势力绑架

"伊斯兰国"主张恐怖主义和原教旨主义，其主要领导人均为伊斯兰教逊尼派，而马来西亚超过半数的穆斯林人口是伊斯兰教逊尼派，并且分布广泛。每年马来西亚有大批学生留学埃及，进行回教研究与学习，而埃及的宗教极端势力活动猖獗，在交流中，容易受到恐怖主义思想的影响，并将其带回马来西亚国内。马来西亚方面的数据显示，自 2013 年以来，马来西亚政府共逮捕 122 名恐怖分子，这些恐怖分子或是加入了"伊斯兰国"后，回到马来西亚时被抓捕，或是在试图离开马来西亚时被抓捕。[①]马来西亚的反恐形势不容乐观。

马来西亚的执政党巫统虽然信仰伊斯兰教，但已经旗帜鲜明地与"伊斯兰国"划清界限，大力打击"伊斯兰国"对马来西亚的渗透，然而，在马来西亚，并不是所有政党都对"伊斯兰国"持明确反对态度，比如回教党。尽管回教党没有表态，但两者对国家政治体系的定位（政教合一）高度重合，原教旨主义不断被回教党重新抬上桌面，回教党在其执政州已经通过伊斯兰刑法，回教党议员更是力推伊斯兰法普适化。日前回教党议员提出的"强奸幼女可以通过婚姻来结案"的建议，让广大非穆斯林群体十分惶恐。在皮尤研究中心的一项关于马来西亚穆斯林对"伊斯兰国"态度的民意调查中，有 67% 受访者对该组织持反对态度，21% 的受访者没有明确表态。[②]由于共同信仰所带来的文化共鸣与宽容，许多马来西亚穆斯林对恐怖势力的反对没有那么坚决，而"伊斯兰国"更是利用这一点，不断

---

① 杜松彩：《马来西亚大学加强反恐教育　防止恐怖主义渗透》，环球网，2016 年 1 月 5 日，http://m.sohu.com/n/433541436。
② 杜松彩：《马来西亚大学加强反恐教育　防止恐怖主义渗透》，环球网，2016 年 1 月 5 日，http://m.sohu.com/n/433541436。

在社交网站号召穆斯林加入"圣战"。

国外恐怖主义势力对马来西亚的侵蚀正在加深，甚至引发激烈的冲突。一个对外号称"苏禄苏丹和北婆罗洲王国"的组织（该组织已宣誓效忠"伊斯兰国"），在2013年3月突然出动约200名"苏禄王朝皇家安全部队"，从菲律宾南部入侵沙巴，声称要夺回自己曾经的领土。虽然这支平日盘踞在菲律宾南部的部队很快被马来西亚军警击溃，但这一区域的复杂局势被进一步激化，各种不受菲律宾政府控制的武装仍然随意袭扰沙巴。据《新海峡时报》称，以"伊斯兰国"为首的恐怖组织的终极目标是要设立包括马来西亚、印度尼西亚、新加坡、泰国南部、菲律宾南部在内的伊斯兰群岛或所谓"超级伊斯兰国"，从而与目前肆虐于中东、北非、西亚的"伊斯兰国"遥相呼应。马来西亚当局如果不采取有力的应对措施，国内外的恐怖主义因素可能会里外呼应，恐怖主义问题将愈演愈烈。

（二）社会不满情绪在支柱产业受挫、政局动荡中蔓延

采掘业是马来西亚的支柱产业，2014年，矿物燃料、矿物油及其蒸馏产品等位居马来西亚十大贸易商品第二位，给马来西亚带来了160多亿美元的外汇收入。但是，采掘业以小型和中型企业为主，这些中小企业在整个产业链中处于最低端，产品附加值低，生产规模较小，企业没有足够的资金和动力来进行产业的升级换代，不过，该行业的工资水平却高出全体中小企业平均工资25%，因而，采掘业吸引了大量从业人员。在巨大的经济利益和社会收益下，采掘业对从业人员和周边环境造成的隐患一直被忽略，直到重大安全责任事故和重大环境污染事故涌现，马来西亚当局才不得不采取应对措施，关闭采矿采石场及产品加工厂。失业问题随之而来。失业工人大多是没有特殊技能的下层普通民众，利益受损使他们对马来西亚政府自2010年以来推行的经济转型计划不满，很容易成为恐怖主义势力争取的对象；财税减少也不可避免，公务人员的待遇降低，其不满也在加剧，甚至出现了公务人员涉恐的案件。

《华尔街日报》对马来西亚总理涉贪的指控，更引发政治海啸。总理纳吉布改组内阁，原副总理等六名要员被撤职。但事件继续发酵。2015年

马来西亚国庆节前的周末，数万黄衫示威者，连续两天游行集会，要求纳吉布辞职。他们在游行中高喊口号，要求廉洁政府和干净选举；他们也抱怨物价飞涨、经济增长放缓以及货币贬值。纳吉布面临上任6年来最大的信任危机，政府实施的"一个马来西亚"计划遭遇了经济、政治的双重压力，在野党趁机大做文章，诟病政府的执政能力，巫统内部马哈蒂尔也进一步逼宫。民众在这样混乱的局势下，不知何去何从，国家信仰出现了松动。如果纳吉布不采取有力措施，重拾民众的国家信仰，宗教极端信仰就会乘虚而入。

恐怖主义是"来自下层的社会控制"，它是不满的一种类型，不满往往是长期的并充满政治色彩。在社会空间中，对于目标政府，恐怖主义往往是身体上接近而社会上（或文化上）远离。[①] 因此，只有当马来西亚民众发自内心地信任并支持政府，恐怖主义才会失去发酵的土壤。如何消除民众的疑虑，重建信任，是打击恐怖主义的必解之题。

二　对恐怖主义的社会控制与治理

马来西亚是一个经历过大动荡的国家，执政党从其掌权起就不得不面对纷繁复杂的矛盾，现任总理纳吉布的个人能力非常强，所以，尽管困难重重，政府治理恐怖主义的决心仍然坚定，全社会控制恐怖主义的大网已逐步铺开。

社会学家詹姆斯·克里斯把社会控制分为三种类型（法律控制、非正式控制、医学控制），那么，马来西亚的反恐措施是否也应从这三个方面发力，恐怖主义能否治理？接下来我们将逐一考量。

（一）宗教的非正式控制与善治相得益彰

宗教是社会非正式控制的最强力量。马来西亚是一个以伊斯兰教为国教的世俗国家，多元宗教并存，不同族群不同的宗教，宗教分界也代表

---

① 〔美〕霍姆斯·克里斯：《社会控制》，纳雪沙译，电子工业出版社，2012，第162页。

族群的界限。在国家中，族群利益的集中代理人表现为政党，族群性政党（往往同时也是宗教性政党）往往是本族群社会化的中介，宗教性政党通过对宗教信念、群体权益的承诺获得各自信众的支持，维护着马来亚早期社会的机械团结。① 到马来西亚现代社会，社会团结的来源虽然由集体良知转移为劳动分工与法律，社会的焦点也由群体转向个人，族群性政党（宗教性政党）的社会控制张力依然不减，它们直接或间接参政，左右或施压于国家政策、法律，帮助党员实现个体发展，所以还是能获得广泛支持的，族群性政党在马来西亚政坛举足轻重。

由于目前肆虐的宗教极端势力，与马来西亚穆斯林的信仰最为接近，后者易受到前者的影响，故我们将目光集中到穆斯林党派上，看他们如何应对恐怖主义。在马来西亚，代表穆斯林利益的党派主要是执政党的巫统和在野党的回教党。两党现在虽然不在同一战壕，但恐怖主义的渗透，促使两党搁置分歧、团结反恐。反对党联盟（人民阵线）内部政治分歧的僵化导致回教党的退出，巫统抓住时机伸出橄榄枝，纳吉布与回教党领袖哈迪实现会晤。执政党加紧"拉拢"这位伊斯兰兄弟、促进双方的"友好"，可能会加深国家的伊斯兰化程度，不过只要守住世俗国家的底线，还是利大于弊的，可以阻止境外宗教极端势力利用在野党荼毒民众。教徒对宗教组织及其领袖的虔诚与膜拜是马来西亚世俗社会中不可撼动的凝聚力量，教规与伦理控制了教徒生活的很大部分，宗教领袖的言行引导着教徒。代表温和伊斯兰的巫统与代表保守伊斯兰的回教党再度联手，释放出马来西亚国内伊斯兰主要教派的团结信号。组织间都沟通、握手言和了，各自的党员与信徒们还会反其道而行之吗？根据社会学群体遵从效应，群体越大，遵从效应越明显。应用到反恐上，在马来西亚穆斯林团结大局下，反恐的非正式控制力量将变得更大，并且更加持久，而境外宗教极端势力，会越发孤掌难鸣。

治理强调的是政府（国家）与公民社会的合作、互信、和睦。除了发挥党派的作用外，公民组织在反恐中扮演的角色也日益重要。马来西亚公

---

① 迪尔凯姆认为人类社会的形态经历了两个阶段，早期原始社会以机械团结为特点，晚期现代社会以有机团结为特点。

民组织虽然拒绝西方式的民主，但它们试图扩大市民社会组织能够活动的有限政治空间。公民组织对公共议题表现出更高的关注，追求民主化及社会公平，并采取必要的行动，包括动员、发表声明、举办教育论坛或座谈等。马来西亚的大量非穆斯林族裔有力助推着公民社会，他们追求的公民社会与伊斯兰恐怖主义是水火不容的，国家政府的反恐目标与公民社会的民主理想归根到底是一致的，华人、印度人等少数族裔自觉支持政府的反恐措施也是情理之中的事情。不仅如此，开明的马来族裔也对公民组织予以支持和响应，因为全世界正在发生一场"协会革命"，[①] 顺应世界大趋势才是明智的。公民与政府的协同合作，大大改善了发展中国家的经济生活和政治生态，反恐将成为善治的当然之义。

（二）反恐立法加强法律控制并推动治理型社会

从殖民地时期到独立后，马来西亚的刑事法律体系不断完善，《刑法典》中关于"恐怖主义有关犯罪"的规定奠定了马来西亚反恐法律的基础，现行《刑法典》（包括刑法修正案）的条文细致具体，对恐怖活动的相关概念、类型、处罚等做出了界定。《刑法典》的反恐立法有两个特点。第一，恐怖主义行为本身的立法模式采用概括式与列举式相结合的方式，恐怖主义罪部分吸收危害国家安全罪、危害公共安全罪。减少罪名间的真空地带，不让恐怖分子有漏网之机。《刑法典》第130条B（3）款将涉及侵害国家安全或公共安全的行为或威胁都纳入恐怖主义有关犯罪，恐怖主义罪成为兜底罪名。另外，部分程度上将原《内安法令》关于国家安全保护的刑法规范通过法典化的形式，在《刑法典》中统一规定，增强了刑法典的完整性及效力的合法性。[②]《刑法典》第130条B（4）款将宣言、抗议、反对、罢工行为或威胁纳入恐怖主义有关犯罪，且不论其主观意图。《刑法典》第130条B（2）款将为了实现政治、宗教或者意识形态目的所实施的行为或威胁视为"恐怖活动"。立法者将恐怖主义犯罪做了扩大解释，一方面加强了马来西亚社会控制中的法律控制，另一方面也加

① 俞可平编《治理与善治》，社会科学文献出版社，2000，第295页。
② 《马来西亚刑法》，杨振发译，中国政法大学出版社，2014，第5页。

大了对意识形态异议者的打击力度。第二，对恐怖主义的帮助行为采用列举式规定，免伤无辜，但单位犯罪从严惩处。针对恐怖主义犯罪的集团犯罪特点，哪些行为是给恐怖犯罪提供帮助的被明确下来，这些行为才可以适用"恐怖主义有关犯罪"的规定，避免恐怖分子的帽子随意扣在恐怖分子之外的人头上。不过，对单位为恐怖活动提供资助的行为，却加重单位实际管理人或者控制人的违法风险，让他们自己承担举证责任，只有当他们证明相关行为完全与自己无关时才能免责。民法上的过错推定责任被刑法借用，意在加大单位当家人的注意义务，加重单位恐怖资助行为的违法惩罚力度，体现了马来西亚立法者的权责一致理念。

除了《刑法典》，马来西亚还生效了多部涉及反恐内容的法律。在2015年，由于国内外恐怖主义活动频繁，国会加快了反恐立法的步伐，《反恐法》《对抗国外恐怖主义特别措施》横空出世，并通过了《预防犯罪法》和《安全罪行特别措施》的新修正案。法律控制的基础被加强，这些法律赋予刑事司法机关更大的反恐权力，比如，可以不经指控或审判对犯罪嫌疑人无限期拘留；马来西亚政府以联合国反恐罪犯黑名单为依据，但马来西亚有自行评估权，不会完全以国外的判断为依据；建立健全马来西亚警方的情报系统，与国际刑警组织等加强联系。

不过，上述新法律有两个问题值得思考。一是司法系统的主动性增强，法律控制的网络扩大，很多人担心人权、公平的受损风险会增加，真会这样吗？新法开始尝试覆盖全体国民的监控，传统犯罪司法系统的控制回应模式①被改变，对疑似恐怖分子主动出击，在事态严重之前努力阻止不良后果，可拘禁的门槛变低，更多人因此被推进刑事司法系统。对恐怖问题，新法在效率和公平（正义）之间优先考虑效率，这符合法律价值冲突解决原则吗？我们可以设想一下，如果为了保护嫌疑人的人权就被动等待，直到他们实施恐怖行为或被民众举报，才采取行动，行动的滞后可能使局面难以控制，久而久之，公民将丧失对公共场所的信心，从而最终导致公民社会的崩溃或瓦解，正义也将不复存在。所以，当法律发生价值冲

---

① 即当市民强烈感到必须提出投诉或报案时，警察回应大部分犯罪。

突时，应根据对象的状况，综合考虑做出选择。价值位阶原则对恐怖主义立法不宜适用，只能选择比例原则。不过，当效率的实现必须以牺牲少数恐怖嫌疑分子的公平为代价时，也应当使被损害的公平减低到最小限度。可喜的是，我们在新法中也看到了司法机关的相互制约，司法程序对被羁押人的保护、对司法权力的限制等，这些规定构成嫌疑人人权保护的最后一道防线，基本上满足了比例原则的要求。因此，实施新法的社会效果是值得期待的。

二是恐怖主义是一种全球现象，应该如何治理？由于当今的恐怖主义超越了时间和地点方面的传统理解，成功的反恐措施也必须是全球性的。我们看到，马来西亚正以更积极的态度与世界共同反恐：马来西亚呼吁与菲律宾加强地区反恐合作，前不久，马来西亚还加入了由沙特阿拉伯主导的"34国联盟"，共同打击恐怖主义。马来西亚国防部长希山慕丁表示，"34国联盟与东盟10国反恐的合作模式相同，因此，打击恐怖组织并非难事"。政府的反恐信心满满，不过，肃清恐怖主义，不仅靠打击，还要治理。笔者认为福柯的全景敞式监狱 [①] 对恐怖治理很有意义。福柯认为"全景敞式监狱实现了对个体的全面监视和类别区划，权力与人分离，权力运行的效率提高，时时都有监督，处处都是'监狱'。全景敞式监狱把惩罚程序变为教养技术，监狱群岛把这一技术从刑罚机构扩散到整个社会机体"。在该模式下，刑事司法系统（监狱群岛所象征的）将全社会置于监控中，权力被分散到社会每个角落，惩戒机制也散布于社会中。因为监控普遍化，人们被迫调整思想与行为以免被惩罚，慢慢地控制准则内化，"我不反对监视，因为我没什么可隐瞒的"会成为社会文化的一部分，自我治理产生，社会治理性条件具备，[②] 那么到时候，对恐怖犯罪、经济犯罪等大部分的违法行为，会被警察公民（即表现的像警察一样的全体公民）予以监督，违法行为将无处遁形，诸多社会问题也将迎刃而解。针对恐怖

[①]　20世纪法国社会思想家福柯在边沁"圆形监狱"的基础上演绎而成。监狱的四周是一个环形建筑，因犯分别住在其中被分割的囚室里，监狱的中心是一座瞭望塔，极少数的监督人可以瞭望到每间囚室里囚犯的一切活动，由于逆光设计，囚犯看不到监督人，囚犯因此惶惶不敢造次，监督人也处于上司的视线之中。

[②]　〔美〕霍姆斯·克里斯：《社会控制》，纳雪沙译，电子工业出版社，2012，第92~93页。

主义的国际化特点，我们可以把福柯的全景敞式监狱扩大理解，将每个国家看作个人，全世界看成社会，当每个国家都表现出执法工作者的特点、倾向、心态时，何愁恐怖主义难题不破。在全景敞式监狱下，法律控制背后的正式惩罚充其量只是备用品和权宜之计，社会治理性促使法律控制向非正式控制转变，当然这是漫长的过程。然而，恐怖主义本来就是长期困扰人类的毒瘤，长期的任务需要长期的努力是合情合理的，治理型社会的诞生注定了恐怖主义的失败下场。

（三）"恐怖分子有病吗？"引发的医学控制思考与治理思想

西方最早开启个人和社会问题医学化研究，并进一步发展为个人和社会问题的公共卫生化。犯罪或越轨行为都被当作疾病，加以预防、诊断、治疗。许多国家通过借鉴应对公共卫生事件的方法，处理公共安全问题，维护社会秩序。医学（公共卫生）控制与法律控制相比，前者侧重于恢复，后者强调惩罚。不过，医学（公共卫生）方法对丧心病狂的恐怖分子是否有效，特别是在马来西亚行得通否？

虽然现实以及部分研究显示，恐怖分子可能存在一些精神病态的行为特点或心理特征，但是迄今为止，普遍的研究成果显示，恐怖分子遵循的行为与心理规律与常人并没有太大区别，那种简单地将恐怖分子全体打入精神病患者或心理变态者队列的做法并不是科学的态度。但是，必须充分意识到恐怖分子作为一种特殊性质的行为主体，其个性心理也可能存在一些特殊性或变态性，即仇恨心理、冷酷心理、狂热心理三大重要非常性或变态性心理特征。因此，适当地以医学手段介入，对降低恐怖主义行为还是有帮助的。具体而言，通过对全体居民或存在风险的部分居民例行监控，收集数据以弄清哪些因素与恐怖主义意识、行为有关，并根据这些数据执行干预以减少或消除恐怖主义意识、行为引起的社会危害。如果医学控制系统所需要的医院、卫生行政机关、教育机构中的医疗部门、教会组织、社区医疗机构等协同发力，将可以开辟一套新的反恐模式，而且这套模式对马来西亚很适合。根据世界发展指标，2014年马来西亚的人口老龄化指数仅为22.5，也就是说中青年为人口的主体。反恐如果公共卫生化，有利于挽救失足年轻人，在经过确诊、心理干预、药物治疗等措施后，他们会康复（即放弃恐怖主义意识、行为），而不是被贴上恐怖分子的标签，无法回头，社会的对立与不满情绪也会随之下降。医学控制虽然有效，但操作起来也有困难，特别是经费问题。在"健康马来西亚"计划下，马来西亚卫生部制订了逐年降低政府医疗支出的计划，并鼓励民众动用公积金，购买私人保险公司的健康保险。[①] 在这种情形下，如果能将医学（公共卫生）控制纳入其中，将在一定程度上解决医学控制的经费难题，对买不起保险的贫困人群，可以通过公共医疗体系加以救济。

上面所描述的医学（公共卫生）控制及其运作也是与治理思想相符的。治理思想强调国家采取垄断行动能力的相对下降，私营部门和机构对各级国家行为的干预，以及市场模式的重要性。[②] 运用治理，才能解决现代政府的管理危机，解决现代社会复杂而棘手的问题，这其中当然也包括恐怖主义问题。

三　评议

恐怖主义已经成为全世界都头痛的难题，政府的控制在愈演愈烈的恐怖事件面前显得很无力，马来西亚也无法幸免。对恐怖主义，军事打击、武力镇压被实践证明是不够的，"野火烧不尽，春风吹又生"，反而招致恐怖组织更加疯狂的报复。解决的思路只能是"疏"，而不是"堵"。"疏"就要求找到恐怖问题的根源，当然每个国家可能会有差异，如马来西亚的易恐因素主要集中在宗教、经济、政治等方面。那么，是不是采取措施把这些易恐因素逐一减弱，便可高枕无忧呢？当然不是，易恐因素只是社会控制中的主要矛盾，还存在大量次要矛盾，这些次要矛盾也可能在一定条件下转化为主要矛盾，成为新的易恐因素。恐怖主义治理已成为学术界的研究热点。笔者认为应将恐怖治理融入国家治理和社会治理之中，借鉴社

---

① 马燕冰、张学刚、骆永昆：《马来西亚》，社会科学文献出版社，2011，第412~413页。

② 俞可平编《治理与善治》，社会科学文献出版社，2000，第212页。

会控制的方法和治理的理论，构建治理型社会，这种社会具有更高的自我调适和自身改造功能，国家与社会的关系更为融洽，届时，恐怖主义也会"不攻自破"。

责任编辑：周利群

Malaysian Terrorism Factors and Governance

Rong Zhang

Abstract: Malaysian anti-terrorism situation is gloomy and doomy and anti-terrorism is an arduous task.The domestic terrorism factors continuously fermentate and the foreign terrorism forces are like a tiger at its prey.How to fight against terrorism and govern terrorism activities are what Malaysia needs to face.This essay is based on Malaysian status, introducing theories on sociology and law, to analysize relevant problems and finally find an effective path to anti-terrorism.

Keywords: Malaysia; terrorism; governance

族群与国家的互动：认同视角下的新加坡族群多层治理路径[*]

范　磊　杨晓青[**]

【摘　要】　新加坡各族群的族群认同随着殖民统治的持续逐渐培养起来，在二战时期得到激励和强化，随之在战后的民族主义运动中得以爆发。这种多元的次国家认同必将会与新生的国家认同产生矛盾，造成难以避免的结构性认同张力。独立建国以后，几十年的族群治理进程有效缓解了族群与国家之间的认同张力，推动了"新加坡人"国家认同的建构。最终在由国家主导，族群与社区积极参与的族群多层治理结构中，上位的国民身份取代原有的族群身份成为首要的认同选项。

【关键词】　新加坡　族群治理　族群认同　国家认同

　　新加坡人从小就要学会背诵《公民信约》（National Pledge）。在各种公共活动中，他们要把右拳放在左胸口宣誓："我们是新加坡公民，誓

*　本文为山东省法学会2014年度重大课题"法治山东建设指标体系研究"（项目编号：SLS[2014]D2）的阶段性成果；山东政法学院科研计划项目"新加坡族群治理的法治化及对中国的借鉴意义"的中期成果（项目编号：2015Q21B）。

**　范磊，国际政治博士，山东政法学院讲师，山东省社会稳定研究中心研究员，察哈尔学会研究员，研究方向：新加坡政治、冲突与和解；杨晓青，山东政法学院传媒学院助教，研究方向：新加坡文化、文化传播、中外音乐史。

愿不分种族、语言、宗教，团结一致，建设公正平等的民主社会，并为实现国家之幸福、繁荣与进步，共同努力。"① 该信约由时任新加坡外交部长的拉惹勒南于 1966 年起草，目的在于告诫新加坡公民要有共同的价值追求和国民认同，同时该信约在另一方面也承认了新加坡各族群在种族、语言和宗教等方面的差异和次国家行为体认同，这样便赋予了新加坡国民双重的认同，即以种族、语言、宗教、文化等特征为标志的族群认同（ethnic identity）和以政治归属感为最终标志的国家民族认同（national identity）。

族群认同与国家认同是多元族群国家在认同层面的二元互构，两者既存在结构性的张力，同时又是可以相互促进，实现相互依存的，也就是在某种程度上可以实现合力。对于新加坡的族际整合与国家建构来说，认同层面的族群治理是其核心变量，尤其是在新加坡的多元族群架构中，族群与国家在认同上的张力与合力具有较为典型的特点，所以加强对新加坡族群治理认同层面的探究具有深刻的现实意义。

一 认同概念：族群与国家的双重向度

认同是有意图的行为体的属性，是个人或群体在情感上、心理上从异质逐渐走向趋同的过程，"这个过程中，自我—他者的界限变得模糊起来，并在交界处产生完全的超越。自我被'归入'他者"。② 就个体而言，认同体现着行为体的动机和意图，"会赋予一种个人的所在感，让行为者的个体性拥有稳定的核心"，③ 同时也意味着"自我确证的形式，在某一社会背景中，它意味着对某一特别的民族或种族的归属感"。④ 而集体层面的认同注重的是自我与他者关系的互动，通过持续的社会化互动来形成特定

---

① "Your Official Source of Information on Singapore"，http://app.singapore.sg/about-singapore/national-symbols/national-pledge.

② 亚历山大·温特：《国际政治的社会理论》，秦亚青译，上海人民出版社，2000，第287页。

③ Jeffrey Weeks, "The Value of Difference", in Jonathan Rutherford ed., *Identity: Community, Culture, Difference*, Lawrence & Wishart, 1990, p.188.

④ 卡尔·博格斯：《政治的终结》，陈家刚译，社会科学文献出版社，2001，第298页。

意义上的集体身份，以此来弱化自我与他者的边界，并在互动中实现行为体自我与他者的超越，完成自我与他者的相互融入，达致系统内部的有机整合，亦即认同就是"行为体所固有和呈现出来的借助与'他者'的关系而塑造的特有属性以及形象接纳"。[①]

就不同人类共同体的内在属性而言，社会角色属性与自然生理属性是共有的特质。在人类社会的发展进程中，族群身份同样是这两种特质的结合，在对彼此共同的生理属性产生自发认知的基础上，通过共同体内部的认知强化以及对其他共同体的认知对比，最终形成对本群体身份的社会归属感，从而为族群烙上深刻的社会属性。在安德森"想象的共同体"中，民族作为一个人为建构出来的概念蕴含了对特定族体的共同认知，并在这种认知基础上产生相应的利益诉求从而使其被赋予更多政治色彩与义务。[②]所以，在多元族群社会中，不同的行为体所固有的政治理念、文化价值以及经济利益和社会规范等如果遭逢某种异于自我的价值体系，极易勾勒出自我与他者的边界，造成彼此之间的良性互动受阻，从而引发认同危机甚至陷入认同困境。如何突破这种群体边界，实现自我与他者的融入是解决问题的关键。

族群认同的强弱决定着族群边界的清晰还是模糊，在族群沙文主义者的认同体系中有着清晰的族群边界。如果族群精英通过扩大政治参与来拓展本族群在国家政治权力分配格局中的版图，以追求更多的族群特权为目标，必然会强化本族群成员的族体认同，但是将极大地弱化对国家的政治认同。此时，国家处理此类矛盾的能力和政策将面临重大考验。如果国家在面临族群张力持续扩大的情况下无能为力，各族群的离心倾向就会增大；如果政府此时在化解族群矛盾的时候不能很好地坚持族群平等，那些感到被歧视或者剥削的族群就会加深对国家的认同危机，激化族群矛盾，产生

① Ronald L. Jepperson, Alexander Wendt & Peter J. Katzenstein, "Norms, Identity and Culture in National Security", in Peter J. Katzenstein eds., *The Culture of National Security: Norms and Identity in World Politics*, ColumbiaUniversity Press, 1996, p. 54.

② 本尼迪克特·安德森：《想象的共同体：民族主义的起源与散布》，吴叡人译，上海人民出版社，2003，"导读"。

族群分离主义。对国家而言，良好的治理能力是其整合多元族群的基础性保障，能平等地对待各个族群，可体现国家拥有公共治理的合法性。族群特权的存在将严重影响国家认同的基础，任何试图将某一个或者几个特定族群的利益和认同上升为国家利益和认同的政策和行为都必然会扩大族群与国家之间的结构性张力，激化族群之间的矛盾，并考验国家的政治合法性。

对于多元族群国家来说，建立一个开放包容的多元文化要比狭隘封闭的文化更有助于推动族际整合与族群和谐。多元族群国家认同的建构如果摆脱不了对族群特权的追求，缺少开放包容的和谐理念，最终引发的将不仅仅是族群歧视与族际裂痕。在化解这种多元与一体的结构性张力实践中，人类社会发展出了三种模式：一是同化模式，即以主体族群的认同来同化少数族群的认同，变多元族群国家为单一族群国家；二是平等模式，即对不同族群的认同基础给予平等的承认，建构起多元的认同体系；三是复合模式，即一方面尊重多元族群的族体认同，另一方面又在此基础上以各族群的共性来建构上位的超族群的国家认同体系。第一种模式已经被实践证明是不可取的，第二种模式也因为其所具有的先天性缺陷而无法弥合多元族群与国家之间的张力。所以，当今世界比较成功的族群治理实践一般都采取复合型的国家认同建构路径，即一方面尊重多元族群的文化传统，确保族群平等的实现，另一方面寻求多元族群的共性，抽取存在于各族群之中的价值规范与认同的共性形成最大公约数，作为各族群所共同接受的共同价值观。新加坡已经在 1991 年完成了这一实践。

总之，族群认同与国家认同虽然先天地存在结构性张力，但是两者之间并非不可调和，如果政策适当并建构起良性的制度约束，两者甚至可以相互促进。如吉登斯（Anthony Giddens）所说，"生活在现代国家中的人们从不怀疑自己是特定国家的公民，而且也无不注意到国家在其生活中所扮演的多样性角色"。①

---

① Anthony Giddens, *Sociology: A Brief But Critical Introduction*, Palgrave Macmillan, 1982, p. 17.

二　新加坡国家认同与族群认同的关系

作为一个有着多元族群、多元文化与多元宗教的多元社会，历史上新加坡各族群自身的族群认同并不强烈，在殖民时代之前移居此地的各个族群之间并没有什么明确的族群边界，更多的是和谐相处的自发自治状态。即使偶尔会有些许不和，发生一些械斗或者纷争，往往也是出现在本族群内部。加之此地作为一个孤岛，在经历了中世纪狮城的短暂辉煌之后已经没有明确的国家概念，所以也不存在族群与国家之间的张力问题。西方殖民者到来以后，划片居住、分而治之的统治政策才让各族群边界日益清晰，族群认同和族群意识在无形中被人为地培育起来，并在随后一百多年的时间里逐渐固化。而二战中马来人的土著意识和排外意识也在日本军国主义的统治下得到激励和强化。

二战结束以后在风起云涌的民族解放运动冲击下，族群认同与国家认同在这个多元族群社会一时间成为棘手问题，并引发多次族群暴乱，直到1965年独立建国以后族群与国家之间的张力才在国家治理的框架下得以缓解，族际整合与国家建构成为族群关系的主流。新加坡人的国家认同也逐渐得以建构："作为新加坡的公民，他首先要承认自己是新加坡人，而非华人、马来人、印度人或者其他族裔，对于新加坡国家象征的国庆日、国旗、国歌以及总统都必须表示尊敬，并参与国家事务，必要时可以为国牺牲。"①

但是，在独立初期，新加坡国家认同与族群认同之间的张力明显，甚至由于族群暴乱而引发的认同困境并未得到完全的化解，当时的国家认同建构面临巨大困难。从认同的构成要素来看，由于殖民地时期并没有统一的国家意识，各个族群在语言、历史、宗教以及经济生活等多个方面都没有形成共同的记忆，呈现一盘散沙的局面。而在其开埠直到独

---

① Chiew Seen Kong, *Singapore National Identity*, MA Thesis, Dept. of Sociology, University of Singapore, 1971, p. 52.

立的近 150 年时间里，这个小小的岛屿却经历了英国殖民统治、日本军国主义统治、马来西亚联邦等多个统治主体，这种统治者的变更对于该移民社会的认同对象来说是飘忽不定的，难以形成固定的认同对象，加之不同时期的统治者都没有将移民真正纳入政府的公共治理体系，更加深了各族群民众对政治的冷漠与疏离。在此基础上，这些来自周边国家的移民依然保持着浓郁的祖籍国情结，更多的是"落叶归根"的过客心态，所以不同的族群虽然生活在新加坡并可能会老死新加坡，却呈现出无根的漂泊状态，未形成坚实的根植本土的认同感。面对此种困境，新生的新加坡要形成国家凝聚力和政治认同，让这些生于斯长于斯甚至老于斯的多元族群民众对这个国家产生清晰的认同和效忠，难度之大可想而知。

独立以后，新加坡政府大力倡导"一个民族、一个新加坡"观念，并未将占本国人口绝对多数的华人族群视作国民的认同对象，而是重新建构出一个中性的"新加坡人"概念，以更高层次的上位群体（国家）认同取代充满张力的下位亚群体（族群）认同，削弱了族群边界意识，有助于消除族群之间的歧见，减少冲突爆发的可能性。"我们主张建立一个新加坡人的新加坡。……我国显然已寻找到一个永久的新加坡人的国民身份了。在 70 年代及 90 年代的两次广泛调查中，有关方面发现新加坡的公民只希望被称为新加坡人，而不是属于哪一个种族的新加坡人。……除了肤色等问题之外，人类，其实都是一个整体的。"[1] 最终在政府的积极主导下，新加坡各族群行为体已经"与国家之间发生情感上的结合，在心理上认为我是国家的一部分。在自我内部，国家也被内摄而成为自我的一部分"，[2] 从而完成了族群身份到国民身份的延伸，逐渐塑造出"新加坡人"的国族认同、国家意识和整体价值观，族群认同与国家认同之间的结构性张力随着"新加坡人的新加坡"认同体系的完善而逐渐弱化。

---

① 冯仲汉：《新加坡总理公署前高级部长拉惹勒南回忆录》，新加坡：新明日报（新加坡）有限公司，1991，第 iv-v 页。

② 宋明顺：《新加坡青年的意识结构》，新加坡教育科学出版社，1980，第 226 页。

三 国家层面的族群治理：政府主导的张力弥合与认同整合

1965 年 8 月 9 日，李光耀在宣布新加坡独立的广播讲话中强调："我们将在新加坡建立一个多元种族的社会。这不是一个马来人的国家，不是一个华人的国家，也不是一个印度人的国家。新加坡将给所有人提供一个安身立命之所。"[①] 为实现这一目标，促进新加坡各族群在国家框架下的一体化进程，政府致力于建立一套共同的价值观体系，培养新加坡各族群民众的国家意识，塑造国家认同。

1.国家意识形态与国家认同的塑造

独立之初新加坡的社会基础极其脆弱，整个国家面临着国家认同感缺失的迫切问题，这事关各族群之间的和谐与国家和社会的稳定。1959年政府的年度报告明确指出要通过发展文化来推动国家认同感的生成。随后的 20 多年里，政府希望借助建构同一的文化体系的方式来引领新加坡人树立正确的价值观，以免受到来自西方的不良思想的影响。[②]

一个中性的"新加坡人"概念是将各族群凝聚在国家框架下的认同目标，从而有助于超越各自的族群藩篱，弱化族群边界，使不同族群之间以及族群与国家之间的结构性张力得以缓解。为此，李光耀在 1968 年就这个问题发表了自己的看法："什么是新加坡人？……新加坡人是一个出身、成长或居住在新加坡的人，他愿意维持现在这样一个多元族群的、宽宏大量、乐于助人、向前看的社会，并时刻准备为之献出生命。"[③] 建国以后"通过教育族群人士中间的相互作用"而让"新加坡人"的身份得以强化，各族群民众逐渐"培养了国家意识，认清大家是一条船上的人，具有共同的命运"。[④] 在政府、族群以及社区和国民个体的不懈努力下，早在 1970

---

① 叶添博、林耀辉、梁荣锦：《白衣人：新加坡执政党秘辛》，新加坡海峡时报出版社，2013，第 281 页。
② Lily Kong, "Cultural Policy in Singapore: Negotiating Economic and Socio-Cultural Agendas", *Geoforum*, Vol. 31, 2000, pp. 409-424.
③ 亚历克斯·乔西：《李光耀》，上海人民出版社，1976，第 367~368 页。
④ 梁初鸿、郑民主编《华侨华人史研究集》（二），海洋出版社，1989，第 273 页。

年所进行的一项调查就显示，新加坡国民对国家的认同程度已经取得了非常好的成绩（见表1）。

表1 新加坡人的国家认同（1970年）

新加坡国家认同的指数		百分比（%）			位次		
		华人	马来人	印度人	华人	马来人	印度人
对"新加坡人"的认同	认同自己是新加坡人	91	98	64	2	1	3
	认同自己的新加坡国籍而不论居住在何处	89	96	71	2	1	3
	对"新加坡人"身份的认同超过对族群身份的认同	82	71	71	1	2.5	2.5
对国家象征符号的好感	国旗	66	74	70	3	1	2
	国歌	65	83	72	3	1	2
	国庆日	71	79	73	3	1	2
	国庆游行	71	83	66	2	1	3
	总统	41	71	67	3	1	2
	总理	68	72	74	3	2	1
新加坡独立或者新马分家的合理性	支持从马来西亚分离出来	51	34	34	1	2.5	2.5
	不支持新马重新统一	23	2	9	1	3	2
	愿意或者非常愿意为新加坡战斗和牺牲	81	80	78	1	2	3
平均值/总位次		67	70	62	2.5	1.9	2.8

资料来源：Chiew Seen-Kong, *Ethnicity and National Integration:The Evolution of a Multi-ethnic Society*, Oxford University Press, 1983, p. 60。

而政府对国家意识形态和国家认同的塑造主要包括以下几个方面。

首先，政府通过对共有的国家价值体系的塑造来推动新加坡人的国家认同建构。1988年10月18日，吴作栋在人协青年团成立两周年时提出要"把我们的价值观提升为国家意识，并在学校、工作场合和家庭中教导，使它们成为我们的生活指南"。[①]1991年国会通过的《共同价值观》白皮书意味着新加坡国家意识体系的生成，而其基于儒家伦理所提出的五大价值观充分体现了国家为重、社会为先的基本前提，其中所倡导的种族和谐

---

① 《行动报》1988年第11期，第30页。

的思想，则充分体现了新加坡一直以来所坚持的包容开放、平等互助的族群和谐理念，有助于缓解族际张力，增进不同族群与国家之间的凝聚力。

其次，政府通过强化新加坡人对国家象征符号的认知来增进国家认同。国旗、国徽与国歌是一个国家最基本的符号，对这三者的尊重与接纳是国家认同形成的重要前提。拉惹勒南在回忆新加坡国歌的创作时曾说："朱比赛（新加坡国歌的曲作者——笔者）曾表示他也有这么一份意愿，要出力协助一个和谐、幸福的多元种族的新加坡。"[①] 学校每周都要举行的升国旗仪式以及背诵国民信约都是对这种国民意识的强化。而每年的国庆庆典则通过感官的刺激来强化民众的国家认同。2013 年笔者在滨海湾观摩了新加坡 48 周年国庆的盛况，活动现场总理与民众齐唱国歌，通过不同的仪轨来渲染国家形象与象征，空军的战斗机从西向东呼啸而过的震撼场景则将庆典推向高潮，国民的自豪感与认同感此刻受到强大推动。庆典中所贯穿的饱含各族群多元文化符号的演出活动也充分展示了这个多元族群国家不同文明间的和谐共生与共荣。[②]

最后，政府通过对共同历史记忆的纪念来增进国民的认同感。新加坡曲折的历史发展进程虽短却为这个国家留下了很多值得纪念的历史记忆。1942 年的 2 月 15 日新加坡沦陷，开始了长达三年六个月的日据时期。每年的 2 月 15 日，新加坡政府都要在日本占领时期死难人民纪念碑前举行祭礼，唤醒国民对和平的珍视和对战争的警惕。2014 年 2 月 15 日，笔者的一位新加坡朋友传递信息说："当几分钟前新加坡民防警铃响起时，我的心情很沉重，作为新加坡人我永远都会记住这一天。……我们新加坡人要通过自己的努力避免历史的悲剧重演。因为，我们爱这个国家。"可以说，二战期间新加坡社会所经历的苦痛在把这个"由不同族群背景的移民组成的年轻而不完善的社会建设成一个国家的过程中扮演了催化剂的角色。过

---

① 冯仲汉专访：《新加坡总理公署前高级部长拉惹勒南回忆录》，新加坡新明日报（新加坡）有限公司，1991，第 39 页。

② 笔者于 2013 年 8 月 9 日傍晚开始在新加坡滨海湾观摩了新加坡的 48 周年国庆庆典，整个过程中不论是政府对于国家符号象征的强化，还是民众的回应都充分彰显了这个多元族群国家的认同培育的成功。由于庆典现场座位有限，政府开放了整个滨海湾为民众提供了开放的参与场所，并在不同地点设置了大屏幕直播庆典现场盛况。

去我们曾在一起受难的经历告诫我们：我们有着共同的命运，并通过这种共同的遭遇建立起生存于同一个共同体中的情感"。[①]

2.多元语言政策推动族群平等

语言对于人类共同体认同的形成发挥着纽带的作用，操相同语言的族群会有一种天然的亲近感，比如同样讲马来语的马来西亚人和新加坡人虽然国籍不同，但是彼此所拥有的共同的历史记忆和文化传统借助语言这一工具得到了很好的联结。语言不通或者混杂，会不利于各人类共同体之间的互动交流，从而影响到族际关系，甚至造成族群矛盾。所以，对于多元族群国家而言，共通的语言是联结不同族群之间的纽带，但是基本前提是语言平等的实现，如果存在语言霸权，强制语言同化，最终不仅不能起到融洽族群关系的效果，还很可能破坏族群和谐，引发族群冲突。

新加坡各族群都有传统的语言习惯，而且其内部还有着更为细致的亚族群划分，以致这些族群在语言、文化传统以及生活习俗等多个方面不仅存在族群之间的明显差异，而且即便是在族群内部的亚族群之间也有着较大的不同，给各族群的沟通以及国家团结造成了很大影响。在对一系列族群政治事件反思的基础上，政府发现"在凝聚多元族群社会和鼓励个人与团体参与国家制度方面，语言是无可替代的有力工具"。[②]

相应的，早在新加坡建国以前，人民行动党就确立了多语政策的基本理念。独立不久的1965年10月1日，新加坡总理公署发表文告称，"在新加坡，四种官方语文——即马来文、华文、淡米尔文和英文——都是同等地位的官方语文。……四种语文，在新加坡都成为官方语文，是因为这是对的，而于我们国家和人民都有裨益。"[③] 作为法定的官方语言，四种语言享有平等的语言地位。不论是在国家的政治生活中，还是在学校的教育体制内，乃至整个社会生活的方方面面，都可以看到这四种语言平等共存的现象。比如在国会辩论中，四种语言皆可以使用，同时国会会提供同声

---

① Alex Josey, *Lee Kuan Yew*, Asia Pacific Press, 1968, p. 541.

② Herbert C. Kelman, "Language as an Aid and Barrier to Involvement in the National System", in Joan Rubin & Björn H. Jernudd, eds., *Can Language Be Planned?: Sociolinguistic Theory and Practice for Developing Nations*, University Press of Hawaii, 1971, p.40.

③ 《星加坡为共和国，元首将改称总统》，《星洲日报》1965年12月14日。

传译，笔者在旁听新加坡国会辩论时就曾受益于这种翻译服务，而不同族群的议员在参与国会辩论中也许并不能完全掌握四种语言，所以经常可以看到议员会戴上同声传译的耳机；再比如新加坡的地铁上会以四种语言轮流播放各种提示，交通指示牌等也多以四种语言标明；等等。

表 2　新加坡各族群语言使用情况（2000 年、2010 年）

单位：%

	总计		华族		马来族		印度族		其他族群	
	2000	2010	2000	2010	2000	2010	2000	2010	2000	2010
总的识字率（15 岁及以上）	92.5	95.9	92.1	95.2	93.6	97.1	95.1	98.1	97.1	99.5
受教育人口（15 岁及以上）										
接受英语教育	70.9	79.9	67.6	77.4	79.7	86.9	87.0	87.1	90.4	89.8
接受两种及以上语言教育	56.0	70.5	51.5	66.5	78.0	86.3	67.4	82.1	48.7	70.3
家庭最常用语言（15 岁及以上）	100.0	100.0	100.0	100.0	100.0	100.0	100.0	100.0	100.0	100.0
英语	23.0	32.3	23.9	32.6	7.9	17.0	35.6	41.6	68.5	62.4
华语	35.0	35.6	45.1	47.7	0.1	0.1	0.1	0.1	4.4	3.8
华语方言	23.8	14.3	30.7	19.2	0.1	—	0.1	—	3.2	0.9
马来语	14.1	12.2	0.2	0.2	91.6	82.7	11.6	7.9	15.6	4.3
淡米尔语	3.2	3.3	—	—	0.1	0.1	42.9	36.7	0.2	0.1
其他	0.9	2.3	0.1	0.2	0.3	0.2	9.7	13.6	8.2	28.6

资料来源：Department of Statistics Singapore, http://www.singstat.gov.sg/publications/Publications_and_papers/cop2010/census_2010_release1/indicators.pdf。

政府通过确立这种多元语言的政策和制度设计，一方面强调尊重不同族群的语言与文化传统，杜绝语言霸权，从而有助于兼收并蓄多元文化，建立起包容开放的新加坡文化，缓解可能因为语言问题而引发的族群张力扩大；另一方面通过确立马来语为国语，充分尊重了马来人的土著地位，同时又将中性的英语作为官方通用语言，而没有突出强调华语的地位，这便有助于在"马来海洋"的孤岛上减少来自周边马来国家的猜忌与敌视。"多元种族的新加坡最大的希望是要确保年轻的一代，在各种族融洽的最有利条件下成长起来"，[①] 为此国家通过新的教育体系来消除不同族群之间的分歧和不同，增强各族群的共同感，增进对新加坡的认同和效忠。[②] 政府取消了不同语言源流的旧教育体制，推行母语和英语（如果母语为英语则选择四种官方语言中的另外一种）并进的双语教育体制，以此消除各族群在社会文化方面的隔阂。"多种语言的混用虽然给日常生活带来了一定的不便，但也使各族群体验到了某种程度上的平等。"[③] 政府通过推行这种平等多元的语言文化政策，避免了语言壁垒的形成，通过推动英语的通用性来实现语言的同质化以弱化族群边界，培养和增进了新加坡的社会凝聚力。

最近的两次人口普查对各族群语言的使用情况有如下统计：接受英语教育的总比例及各族群比例基本都呈上升趋势，接受双语甚至多语教育的人口比例提升很快，整体比例从 2000 年的 56.0% 提升到了 2010 年的 70.5%。而在家庭及日常生活中英语已经成为最为普及的语言，除此之外各族群基本都能掌握一部分其他族群的语言（见表 2）。这足以证明新加坡双语政策的成果，而其中也突出显示了英语作为共同语言的特殊地位。目前，新加坡所有的主要族群都普遍"使用多种语言"，[④] 双语政策明显促进了多种语言在总人口中的传播。"能够使不同语言背景的族群共同生活，而且维持沟通稳定，没有为着语言的使用而争执或冲突，这的确是一项了不起的成就。"[⑤]

3.改革教育体系，合并不同源流学校

新加坡政府认为教育是减少族群冲突提升族群和谐的重要路径[⑥]，所以积极发展国民教育系统推动国家认同建构，以消解族群认同与国家认同之间的张力。"教育作为国家发展的工具，是政府施政和公众关注的重心。

---

① 魏维贤、德瑞等：《新加坡一百五十年来的教育》，新加坡师资训练学院，1972，第 78 页。

② S. Gopinathan, "Education", in John S. T. Quah, Chan Heng Chee & Seah Chee Meow, eds., *Government and Politics of Singapore*, Oxford University Press, 1987, pp.66-79.

③ 李文：《东南亚：政治变革与社会转型》，中国社会科学出版社，2006，第 328 页。

④ 苏瑞福：《新加坡人口研究》，薛学了等译，厦门大学出版社，2009，第 48 页。

⑤ 顾长永：《新加坡：蜕变的四十年》，台北五南图书，2006，第 59 页。

⑥ Kamaludeen Mohamed Nasir, Alexius A. Pereira & Bryan S. Turner, *Muslims in Singapore: Piety, Politics and Policies*, Routledge, 2010, p. 71.

新加坡教育的三大目标之首就是要消除不同族群的歧异，增强族群共同经验，使民众认同和效忠新加坡。"①

在早期的新加坡社会中，殖民政府"分而治之"的族群治理政策造成不同族群分别以本族群的母语为依托兴办教育，最终形成了殖民政府官方教育体制与其他族群民间教育体制并存的局面，相应的，就以族群语言为基础呈现为四种语言源流的教育体系。二战以后，殖民政府意识到"需要培养当地意识，使各种族的移民把自己视为当地的公民，最重要的途径就是在教育上下功夫"。② 这一转变的结果是"到了1950年代末期，……新加坡的教育源流，从以华语教育为优势的局面，转到以英语教育为主流的开始"。③ 独立建国以后，为了建构统一的国家认同和国民意识，新加坡政府开始通过合并不同源流学校的形式来统一新加坡的教育体系，推动教育领域的族群整合。

李光耀曾指出，"如果在四种不同的教学媒介里，我们教授给我们的儿女四种不同的辨别是非黑白的标准、四种不同的为人处世哲学和道德行为，……我们还是不可能有一个统一和融洽的社会"。④ 在此种教育背景中培养的学生会因为固有的族群属性和包容开放心态的缺乏，无法有效地在不同族群之间建立积极的认同和信任感，极易引发族际冲突。为了解决这一问题，政府决定整合不同的语言源流教育系统，实行双语和多语教育。但是面对一个多元色彩如此浓厚的移民社会，完全整合四种语言难度非常大，所以只能在各族群的语言与文化传统中抽取共性，异中求同，既尊重不同族群的优秀文化，又推动彼此之间的交流合作。最终，"面对着在我国人口当中流行的三种主要母语，以及将近一打的方言，我们因此决定推行两种语文——母语和英语的政策"。⑤

1960年，新加坡开始在不同的语言源流学校里推动双语教学实践。

① 洪镰德：《新加坡学》，台北扬智文化，1994，第36~37页。
② 周兆呈：《语言、政治与国家化：南洋大学与新加坡政府关系（1953-1968）》，新加坡南洋理工大学中华语言文化中心、八方文化，2012，第32页。
③ 李威宜：《新加坡华人游移变异的我群观》，台北唐山出版社，1999，第97页。
④ 《全星教师大集会，决心为建国效力》，《星洲日报》1959年12月9日。
⑤ 《李总理促教师负起责任，管教发育期间易受感染学生》，《星洲日报》1974年8月1日。

1968 年教育部为了平衡双语在教学中的比例，再次规定原来是英文源流的学校需要以第二语言教授公民和历史课程，而原来为非英文源流的学校则需要以英文来教授数学以及自然科学等课程。①为了进一步增进双语教学的效果，1972 年教育部再次强调要加强第二语言教学的时间，到 1975 年时第二语言在教学中所占的时间比例达到了 40%。在具体的教学实践中，由于政府的政策导向，所有源流的学校中英语教学所占的比例事实上要高于其他语言，所以逐渐培养起一个以英语为主要媒介语的多元族群英语社会。最终由于国民观念的转变以及政府的政策扶持，原来的多源流逐渐归一到英语源流，1987 年教育部顺应形势发展在全国统一学校教育，以英语为第一教学语言，以本族群的母语作为第二教学语言，②奠定了现代新加坡"国民型"教育系统的基础。

总体而言，新加坡的双语教育政策整合了多种语言源流教育并存的局面，在这个多元的移民社会建立起了统一的教育体系。在该体系中，政府在实现了单一语言源流教学的同时还尊重了其他多元语言源流的存在，并在此基础上强化了认同感和国家效忠意识，有助于消解族际认同张力，增进不同族群之间的互信和包容，培养国家同一的价值体系。正如新加坡教育部门在施行双语政策不久以后所总结的："过去几年新加坡的教育正朝向一个国家团结的理想而努力，希望各族群和睦共处，并且使得所有的人有平等受教育的机会，政府的责任重大，但无论如何，经由教育，爱国意识与团结一致的思想正在形成。"③

四 族群层面的族群治理：族群社团与国家认同的建构

早在中国辛亥革命以后，新马地区的华人就开始积极响应中国民族主义运动的发展，而这种民族独立意识也唤醒了马来人以及其他族群的独立诉求。在 20 世纪 30 年代，马来人、印度人和华人组成的各类社

---

① 郭振羽：《新加坡的语言与社会》，台北正中书局，1985，第 73 页。
② 郭振羽：《新加坡的语言与社会》，台北正中书局，1985，第 73 页。
③ 魏维贤、德瑞等：《新加坡一百五十年来的教育》，新加坡师资训练学院，1972，第 68~69 页。

团就已经竞相提出了三种民族诉求，这些诉求对新马地区的社会和谐造成了较大的冲击。日本人的侵略进一步加剧了不同族群的分化，二战结束以后，英国则面临着如何平息新马地区存在的三个潜在"国家"的隐患。[1] 随后近 20 年的反殖民主义、自治和独立运动的蓬勃发展更是让该地区各族群的族群认同得到了强化，对于独立以后的国家认同建构产生了深远影响。

1.基于族群来建构对国家的认同

新加坡在不同的历史时期对各族群的界定标准不同，目前新加坡官方认定的是四个族群（华族、马来族、印度族、其他族，CMIO）。相比历史上人口统计动辄几百个族群而言，现在的族群分类更为清晰和直观，不过却造成了亚族群文化传统的流失。在民族国家建构中，简化族群类别，弱化族群边界对于族际整合与国家建构有着直接的意义，虽然牺牲了亚族群的多样性，但是因此而减少了族群与族群之间以及族群与国家之间的结构性张力，在想象的共同体架构下更易建构起同一的国家认同。

作为以华人为主体的国家，冷战大背景下新加坡的身份定位非常微妙，为了避免被国际社会视为"第三中国"，新加坡在处理外交关系和国内的族群关系等多个方面的问题时都非常谨慎，一方面通过在宪法中对马来人给予特别的认可来降低马来人的恐慌，[2] 另一方面尤其注重在与中国有关的议题上保持独立色彩。而整合不同的族群来建构统一的国家认同则是独立建国以后新加坡所面临的最为迫切的议题之一。所以，在"独立前后，新加坡政府努力淡化种族意识尤其是华人的族群意识，是有其国内外因素考虑的。执政者为了避免猜忌和挑起内部的种族矛盾，遂有意压抑华人身份"。[3]

为了通过整合族群认同的方式建构国家认同，在新加坡政府的引导以

---

① 王赓武:《地方与国家：传统与现代的对话》，载李元瑾主编《新马华人：传统与现代的对话》，南洋理工大学中华语言文化中心，2002，第 20 页。

② Joseph B. Tamney, *The Struggle Over Singapore's Soul,* Walter de Gruyter, 1996, p.111.

③ 李韶鉴:《可持续发展与多元社会和谐：新加坡经验》，四川大学出版社，2007，第 134 页。

及各族群自身的努力下，以语言为纽带的族群建构已经基本完成，并在此基础上推动着新加坡国家认同的建构和巩固。教育与语言领域的多元化政策，一方面是在国家层面维护族群和谐与增进族际互动的重要举措，另一方面这样的语言与教育政策也整合了不同族群内部的亚族群认同，首先在族群内部实现了从多元到一体的目标。华族通过"讲华语运动"来普及普通话，尽可能地缩小方言的使用范围，比如梁文福的那首《麻雀衔竹枝》就因为内含方言歌词而曾经被划入禁播之列；印度族则通过以淡米尔语文来凝聚不同的印度亚族群，虽然也允许它们使用各自的地域性方言，但是由于政府的引导，淡米尔文已经成为印度族的通用语言，从而将地域上的差异借助语言的同质性实现了一定程度的弥合。这样做的结果造成了部分族群中亚族群文化传统的消失，以致很多年轻人只会讲英语或者官方语言中的其他三种语言，不会讲方言，在与老年人的沟通以及了解新加坡独有的方言传统文化等方面都会遇到障碍。不过，这却在一定程度上增强了族群与国家的凝聚力，有助于化解族群内部的亚族群张力，推动族际整合与国家建构进程。

多元族群政策下的新加坡族群建构基本遵循了简化的原则，以便于族群治理的有效开展。但是在族群整合进程中所遵循的原则因整合对象不同而存在较大差异性，所以在对不同族群所采取的政策和制度建构方面也存在一定的不同。不过国家对于族群问题的重视以及对族群治理的制度和政策推进都贯彻了多元族群主义的基本原则，以族群平等作为基本的考量，通过对族群内部亚族群的整合，首先建构起单一的族群认同，在此基础上借助多元多层的族群治理实践来推动族际整合与国家认同建构进程。

2.通过族群社团推动族际交流与国家认同建构

2013 年 4 月 6 日，新加坡和谐中心（Harmony Centre）和回教理事会联合主办了首届"筑桥研讨会"（Building Bridges Seminar），文化、社区及青年部代部长黄循财在会议演讲中指出，"新加坡几十年来所享有的社会和谐和各族群之间的和平关系与各宗教领袖强烈的献身精神和积极的维护密不可分，跨宗教和谐要随着社会的发展一直持续下去，筑桥研讨会将成为促进宗教对话、搭建跨族群和跨宗教桥梁的重要渠道"。① 出席本次研讨会的有来自各族群的民众 300 多人，会议其他嘉宾包括新加坡十大宗教的领袖以及来自不同族群的多位学者。

在族群层面的认同建构中，华人宗乡社团扮演了非常积极的角色。荣获"2011 年杰出会馆奖"的厦门公会在几代会馆领导人的共同努力下，已经成长为新加坡华人社团的一支重要力量。② 会长林璒利指出，华人社团一定要利用好春节、中秋等重要节庆来开展丰富的活动，吸引各个族群的同胞参与，以在此基础上促进和实现国民融合。自 2008 年以来，以"中秋博饼"为主题的"国民融合千人博饼庆中秋"活动已经由厦门公会连续主办了六届。博饼活动没有年龄、职业、阶层之分，在活动中部长和民众、老人和孩童、华人和其他族群的同胞平等参与、全面交流，气氛热烈而融洽。这个活动被视为新加坡宗乡会馆与新移民团体联手搭建的重要沟通桥梁，既传承了共同的文化遗产，又构筑起和谐的跨族群交流平台。

宗乡总会还经常联合其他社团在每年的传统节庆举办跨族群民众联欢活动，促进国民融合与跨族群交流。每年端午节的民众嘉年华，除了华人的积极参与，来自马来和印度族群的民众也会融入其中。作为嘉年华高潮的旱龙舟比赛，更是吸引各族群民众积极参与的人气比赛项目。2013 年活动期间，笔者也参与到新移民社团天府会龙舟队的队伍中，与来自马来族和印度族的新加坡朋友进行了一场同台竞技。现场还有一位印度族的老先生拿起毛笔，挥毫写下"天下太平"四个汉字。木次活动的主宾新加坡环境与水源部部长维文在致辞中表示，新加坡华人尤其年轻一代，需要了解自己的文化，为自己的文化感到自豪，"这样我们才能更好地领会其他族群的文化，维持一个有凝聚力的多元族群社会"。③ 维文就是一名印华混

---

① 2013 年 4 月 6 日，由新加坡和谐中心和新加坡回教理事会联合主办的首届"筑桥研讨会"在新加坡回教综合大厦（Singapore Islamic Hub）举行，笔者在研讨会间隙与会议主宾新加坡文化、社区及青年部代部长黄循财先生进行了短暂交流。

② 2013 年 3 月 13 日，笔者在牛车水登婆街金航旅游公司办公室采访了厦门公会林璒利会长，本文关于厦门公会的内容摘自此次采访记录。

③ 这是 2013 年 6 月 9 日笔者参加由新加坡宗乡会馆联合总会与大巴窑中民众俱乐部联办的端午节民众嘉年华时的现场记录。

血儿，他的母亲是华人，他的太太也是华人，可以称作新加坡族群和谐在个人层面的典型代表，同时他也会讲福建话和一些华语普通话。

随着近年来新加坡华人新移民数量的逐年递增，自 20 世纪 90 年代以来新成立的诸多新移民社团也在新加坡国家发展与社会和谐中扮演着日益重要的角色。与传统会馆相比，"新移民社团涵盖面更广，他们从一个更加宽广的多样化的地理和社会背景下吸收会员，涵盖的范围也摆脱了诸如地域和血缘等原生性纽带的束缚"。[1] 如成立于 1999 年的天府会不仅包含了四川籍人士，还包括那些曾经在四川工作和学习过或与四川有实质性联系的人士。天府会署理会长杨建伟在谈到"新移民的融合之道"时指出，新移民一方面要保持正确心态，做到入乡随俗，尊重本土社会，另一方面还要学会欣赏和感恩，学会"为客之道"，以实际行动来践行"融入"新加坡的承诺，[2] 从而建构起对新加坡的国家认同。

五　社区层面的族群治理：社区互动与认同张力的弥合

公民社会的迅速成长让各族群国民日渐成为族群与公共治理进程中的主体。在族群治理网络中，以社会公众为主体的公民社会是整个网络中最基层的力量，也是最活跃的参与者，他们"希望在自己共同关心的事务中联合起来，通过他们的存在本身或行动，对公共政策产生影响"。[3] 尤其是在与日常工作与生活密切相关的跨族群交流领域，公民社会的成长更凸显出重要的意义，而这一场域的依托是基层社区。

1.推动社区互动，增进族群交流

多年的经验也表明国民融合与跨族群互动是双向行为，在政府与社团的推动下，不同的族群积极融入所在的社区，将新加坡作为国家认同和

---

[1] 刘宏：《跨国华人社会场域的动力与变迁：新加坡的个案分析》，《东南亚研究》2013 年第 4 期。

[2] 笔者与杨建伟先生有过多次交流，他对于新移民的角色转型以及融入新加坡本土社会，推动新加坡的国民融合和社会和谐有着深刻的见解和认知。

[3] 高奇琦、李路曲：《新加坡公民社会组织的兴起与治理中的合作网络》，《东南亚研究》2004 年第 5 期。

忠诚的对象，本着平等合作、和谐共处的心态与其他族群同胞逐渐建立起良性的互动关系。经过几十年的发展，新加坡各族群的心态有了很大的转变。笔者曾经在 2013 年 1 月和 4 月到阿裕尼集选区采访，马来人、华人和印度人受采访者都表示，其他族群的同胞与自己并没有什么不同，大家都是"新加坡人"，虽然在肤色、生活习惯、信仰与文化以及政治理念等方面可能存在歧异，但是这丝毫不影响彼此的亲近感，有一位华人老者更是将他的印度裔邻居称作"兄弟"。

由于不同的族群之间有着各异的文化传统和风俗习惯，所以各族群之间的包容就显得更为关键。在各族群的传统中，华人习惯于在组屋楼下办葬礼，马来人则习惯于在组屋楼下举办婚礼，甚至还有在相邻的两座组屋楼下同时出现红白喜事并存的情况。组屋制度实行以来，几十年的磨合让两大族群基本都能相互体谅对方的这种文化传统。[①] 当然也有例外。2012年 10 月新加坡职总（NTUC）雇员张艾美在脸书上抨击马来婚礼的事件曾引起普遍关注，遭到了来自政府和各族群的共同谴责，新加坡人力部代部长陈川仁就此事件接受采访时说，回教堂扩音器播放的祈祷声、焚烧祭品、组屋底层举办葬礼和婚宴等活动，都是新加坡本地的文化景观，"确实有不少活动似乎是侵犯个人空间，……但我们懂得取舍，多数人与此并存，也为拥有丰富的习俗背景感到自豪。这正是作为新加坡人的一部分"。[②] 也正是通过这种社区层面的族际互动，族群之间固有的边界才得以消解，推动着国家认同的建构进程。

2.发挥社区领袖的领导作用

作为一个多元族群、多元宗教的国家，新加坡一直强调能在这样一个多元体系下建构起社会和谐、社群和睦、社区安宁的美好图景并不是理所当然的。除了政府的政策一视同仁、人民相互包容外，基层领袖长期以来在社区的默默耕耘与付出发挥了重要作用，成为维护社会安定、人民团

---

① 参见《总理群众大会华语演讲》，新加坡总理公署网站，http://www.pmo.gov.sg/content/pmosite/mediacentre/speechesninterviews/primeminister/2009/August/national_day_rallyspeech2009chinese.html.

② 《发表种族敏感言论，助理署长被职总开除》，《联合早报》2012 年 10 月 9 日。

结、种族和睦不可或缺的重要因素。基层领袖由于要深入社区与民众打交道，可以说是知悉民情，了解民意，充当着政府与居民之间的桥梁角色，是其他人所无法取代的。

日益多元的社会大背景也推动着基层领袖的任务逐渐从单一的促进社会和谐逐渐拓展到诸如扶贫工作、老弱者生活、处理居民纠纷及其他社区大小事务等，不一而足。而作为桥梁，他们肩负着上情下达责任的同时，也必须更深入民间去收集民意，以完成下情上传。如此方能让决策者了解民意走向，以便在制定政策时，能更贴近人民的心声。其次，在推动社区内族群融合方面，基层领袖肩负着推动各族群交流与合作，通过社区互动建立族际信任的重要任务。基层领袖通过举办各项活动来吸引居民参与，联系各族群的居民感情。笔者曾经在多个社区看到他们组织的诸如基层募捐、"家庭日"、健身等各类活动，以拉近族群距离，弱化族群边界。[①]

随着新移民的增加，增进他们与本土社会的融合与了解成为更为迫切的任务。2013 年 5 月中旬，在圣淘沙举行的常年融合嘉年华会上人民协会新任总执行理事长洪合成说，目前新加坡"基层领袖有大约 3 万 3000人，其中新移民占了 9%，也就是大约 3000 人"。[②]而人民协会也希望能在接下来的一年中可以推动更多的新移民基层领袖加入，以推动不同族群与新移民之间的国民融合工作，确保新加坡更加多元化的社会保持稳定与繁荣。在笔者参加的 2013 年端午节嘉年华会上，舞台上有不同族群的表演者参与献艺，活动多姿多彩；舞台下则是各族群居民不分你我，融为一体，观赏节目，不时给予演出者掌声。在整个活动的筹备与进行过程中，处处可见社区基层领袖的身影。笔者现场采访的几位基层领袖都表示作为推动国民融合的基础性单位，社区的作用不可替代。为了推动这个国家的

---

① 笔者在访学期间曾细致观察了住所附近的一个健身活动。每天早晨 8 点左右，社区内不同族群的人会聚到一起，在充满南洋风情的老歌声里，这些不同肤色的参加者开始随歌起舞。其间所伴随着的是他们之间的互动，大多是五十岁以上的老年人，一般都会使用多种语言交流。最初令笔者吃惊的是很多马来人和印度人会讲福建话、广东话等方言，后来慢慢发现这原来是新加坡的普遍现象。笔者乘坐出租车时，经常会有马来族的司机看笔者是华人而秀福建话，非常有意思。

② 《人协：盼明年增 300 名新移民基层领袖》，联合早报网 2013 年 5 月 18 日，http://www.zaobao.com/realtime/singapore/story20130518-206023。

和谐，他们认为推动各族群同胞的融合与交流是非常有意义的。

3.组屋制度推动认同张力的弥合

殖民统治时期"分而治之"的管理模式造成了各族群离散聚居的情况，由于彼此缺乏交流，各族群之间的不信任感持续增加，为日后的矛盾与冲突埋下了伏笔。1964年发生的两次族群暴乱虽然由巫统极端势力挑起，但是与殖民时期的这种隔离居住、分而治之政策不无关系。因为，"族群接触与冲突之间存在着某种负相关，当个体成员接触越多，冲突（偏见、歧视与敌意等）爆发的机会就会越少"。[①] 因此，要改善族群之间的不信任状态，通过杂居的方式改变之前族群离散分布的空间格局增进族际交流是重要的解决路径。

为此，新加坡政府通过组屋改造的方式实现了这一整合。自20世纪60年代开始，新加坡成立了建屋发展局（HDB），全面负责拆除落后的乡村聚落和贫民窟，以国家的名义大规模建造公共组屋区。这一计划获得了极大成功，实现了很多国家都无法实现的"居者有其屋"的目标，同时也落实了李光耀"有恒产者有恒心"的理念，避免了国民因为买不起房子而迁怒他人和政府。新加坡政府确立组屋制度的初衷，除了为居民提供最基本的住房保障之外，还有另一个重要目的，就是消解传统的族群聚居模式，将传统的族群聚居区拆解，打造成多元族群居住的公共组屋区，为族群共同体和国家共同体的建构创造机会。

表3 公共组屋分配中的族群限额

族群	新加坡居民人口（%）[a]	允许的公寓比例	
		每个邻区（%）	每幢大楼（%）[b]
华族	76.8	84	87
马来族	13.9	22	25
印度与其他少数民族	9.3	10	13

注：a 人口普查2000年数据，新加坡统计局。b 大楼设定的限额比邻区高3个百分点，以允许大楼间有些变化。大楼限额优先于邻区限额。

资料来源：Lum Sau Kim & Tan Mui Tien, "Integrating Differentials: A Study on the HDB Ethnic Integration Policy (Research Bulletin)", *CRES Times*, 2003, Vol. 3, No. 1.

---

① Thomas F. Pettigrew, "Intergroup Contact Theory", *Annual Review of Psychology*, Vol. 49, 1998, pp. 65-85.

　　李光耀曾指出，"由于人口成分多元化，对族群分而治之，这个样子我国无法成为一个国家，我们也无法自我防卫。因此不能这么继续下去。当我们重建城市为居民提供房子时，必须做出的第一个重大决策就是应该把不同族群的人集中在一起"。① 但是公共组屋制度施行初期各族群只愿意和本族人做邻居，这对于增进跨族群交流无疑是不利的。所以，政府在城市建设与规划过程中，通过打破原来族群聚居的形式来促进不同族群的交错杂居。1989 年国家发展部部长丹那巴南提出，1989 年 3 月以后的组屋分配将根据国家族群比例进行分配，要求华人、马来人、印度人和其他族群毗邻而居，通过这种方式培养族际互动交流与和谐容忍，避免人为族群区隔的出现。这一政策被称作族群融合政策。该制度推行以后，不同族群按照一定的比例被分配在同一个组屋区，转售的时候也不能打破这一制度（见表 3）。2007 年国家发展部部长马宝山再次强调组屋分配中族群融合政策的成果和重要性，他指出，"与 1989 年相比，族群融合政策依然是确保各族群和谐与族际融合的必要举措。……在建屋发展局所建设的公共组屋中，族群融合政策在维护族群比例平衡中发挥了重要作用。……如果没有族群配额制度……必然会严重威胁我们的社区、学校与巴刹的多元族群氛围，并进而影响我们的政治与社会稳定"。②

　　新加坡政府通过公共组屋制度，在社区层面调节了族群认同与国家认同的关系，并通过这种制度推动了多元族群之间的交流以及包容精神的养成，这种交错杂居的居住模式对于培养多元族群的国家意识以及"新加坡人"的国家认同发挥了重要作用。李光耀曾说："殖民统治时期的分而治之政策不利于新加坡国家认同的建构。虽然这一政策刚开始实施时遭遇了一定的阻力，因为这意味着存在较大差异性的不同族群必须要相互迁就和容忍甚至做邻居，但是这个国家的国民必须学会包容和尊重他人。"③

① 《李资政：人口成分多元化，对族群分而治之我国无法成为一个国家》，《联合早报》1998 年 9 月 28 日。

② Mah Bow Tan, "Speech on Public Housing Policies During Committee of Supply Debate", http://app.mnd.gov.sg/Newsroom/NewsPage.aspx?ID=966&category=Speech&year=2007&RA1=&RA2=&RA3=.

③ Jon S. T. Quah, In Search of Singapore's National Values, Singapore: Institute of Policy Studies, 1990, p. 51.

六　结论

总之，在族际整合与国家建构过程中，新加坡政府通过逐渐淡化各族群的族性意识，避免把族群问题政治化，通过平衡各族群在国家中的地位，实现了共同的国家意识和认同的形成。在国家认同与族群认同的博弈中，语言、文化、教育等多个领域是直接与认同的形成密切相关的。当然，这一结果的实现并非一日之功，乃是一个长期的系统工程。正如拉惹勒南所说，"我们已促使人们认识到在一个多元种族社会里，必须关注如何去创建一个各族共有的国家文化的问题。新加坡很需要一个和谐安定的文化环境。在这种文化环境下，各种不同种族和不同特色的文化能够生存，而且能在和平的状态中茁壮成长，彼此互为影响、吸收、相结合，而至逐渐自然地形成一种整体的国家文化。这是我们长远的最高理想。"[1]1982年，政府在其制定的新纲领中指出，新加坡基本已经完成了结束殖民主义统治和建立新国家的任务，接下来最重要的任务就是"建立一个属于新加坡人的国家"，强化新加坡人"对国家的归属感，让新加坡人的爱国心和献身精神把他们紧紧联系在一起"。[2]

认同作为一个关系性与过程性的概念，强调的是共同体内部的个体之间以及自我与他者之间的持续的社会化互动，只有在这个意义上才会产生清晰的归属感和对共同体内在的自豪感，而不同共同休之间的比较更容易强化这种情感。对于不同的共同体而言，对自我认同的主动寻求与建构是最为强烈和稳固的认同构建方式。而在多元族群国家框架下，族群认同与国家认同虽然先天地存在结构性的张力，但是两者之间并非不可调和，如果政策适当并建构起良性的制度约束，两者甚至可以相互促进。

几十年的族群治理进程才使新加坡各族群与国家之间的张力在国家治理的框架下逐渐得以缓解，族际整合与国家建构成为族群关系的主流，而

---

① 冯仲汉专访：《新加坡总理公署前高级部长拉惹勒南回忆录》，新加坡新明日报（新加坡）有限公司，1991，第119页。
② 曹云华：《新加坡的精神文明》，广东人民出版社，1992，第72~73页。

相应的新加坡人的国家认同也逐渐得以建构。目前新加坡各族群国民的首要认同已经不再是本族群的族群认同，而是同一的"新加坡人"国家认同。正如新加坡一位资深媒体人所说的，"新加坡的环境多元，多元种族、多元信仰，经过几十年在这片土地上生活，我们渐渐形成了共同价值观"。[①]

责任编辑：米良

---

① 韩咏梅:《乱的记忆》,《联合早报》2013 年 12 月 15 日。

Harmony between Ethnic Groups and Nation: An Analysis Based on the Identity Perspective of the Multi-level Structure of Singapore Ethnic Governance

Lei Fan, Xiaoqing Yang

Abstract: How to reduce or even avoid the tension between ethnic groups and state and to make them harmonious and tolerant to each other are the problems which have existed and continued until nowadays with the development of human society in Singapore. This thesis tries to place the ethnic governance and nation building in an analytical framework so as to study the ethnic governance model of Singapore, a typical representative one with multi-ethnic groups, and make an in-depth analysis of how the country has settled the binary tension between ethnic groups and state and thus achieved ethnic harmony and common prosperity, economic development and prosperity as well as national unity and political stability. Since its founding in 1965, an important issue at the national governance level of Singapore has always been how to handle its ethnic relationships. According to the status of the domestic ethnic politics after the independence of the nation, the government developed an equal multi-ethnic policies and improved the supporting systems with other specific measures to ease ethnic relationships and resolve ethnic contradictions. The development of ethnic governance and the achievement of national identity is a dynamic process of nation building on the basis of relieving the dual tension between the ethnic groups and the state which goes from ethnic identity to national citizenship, with "the Singaporean" identity achieving the ethnic harmony and social stability in Singapore.

Keywords: Singapore; ethnic governance; ethnic identity; national identity

越南在南海与中国对抗的战略优势及局限

蒋国学　曹常青 *

【摘　要】　越南为在南海争端中获取最大利益，在南海奉行对抗性对华战略。客观地看，崇武尚斗的战略文化、不断提升的综合国力、域外势力介入程度加深、争端海域距越本土更近等因素，为越南实施对抗性对华战略提供了有利条件，但越南国民对华心态复杂、中越综合实力悬殊、域外势力介入程度难料等因素，从根本上决定了越对抗性对华战略的非理性，使其注定成为空想战略。

【关键词】　越南　南海　战略优势　战略局限

2014 年 11 月 19 日，越南总理阮晋勇在接受国会代表关于政府南海问题政策质询时，以"既合作，又斗争"六个字概括了"981"事件后越南政府在南海问题上的对华策略。①

尽管阮晋勇刻意强调"合作"二字，但从近年来越南频频在南海

---

　* 蒋国学，广东省亚太地区发展研究中心研究员；曹常青，海军工程大学勤务学院副教授。

　① 《中国将永署礁面积填至 49 公顷》，http://tuoitre.vn/tin/chinh-tri-xa-hoi/20141119/voi-trung-quoc-vua-hop-tac-vua-dau-tranh/673824.htm。

制造事端、不断挑战中国底线的实际表现来看,越南在南海奉行的是对抗性对华战略,与中国对抗才是其对华政策的主轴。理性分析越南在南海实施对抗性对华战略的有利条件和制约因素,有助于我们正确评估当前南海争端态势,准确研判南海问题发展趋势,进而积极有效地应对南海问题。

一 越南在南海奉行对抗性对华战略

南海以其重要的战略地位和丰富的自然资源被越南视为国防安全的屏障、经济发展的命脉、社会稳定的基石,是越南必将动用所有力量和资源全力争夺之地。越南总理阮晋勇 2011 年 6 月称,"越南对黄沙群岛(即中国西沙群岛)和长沙群岛(即中国南沙群岛)拥有无可争辩的主权","我们会继续坚定申明和表明越南全党、全国人民、全军保护国家海域和岛屿的最强决心"。[①] 尽管南海争端涉及多国,但中国因在南海主权主张最多、实力最强,再加上与越南陆海相接,被越南视为南海争端的首要对手。为实现其所谓的"东海权益",近年来越南在对自身、对手和南海争端战略环境进行评估后,制定并实施了与中国对抗的南海争端战略,即在"外交优先、联外制华、渐进待变"方针指导下,通过在政治、外交、军事、经济等领域长期与中国对抗,实现其固守已占南沙岛礁的近期目标,以及控制全部南沙并夺取西沙的最终目标。在此战略指导下,越南近年来频频在南海制造事端,如攻击中国成立三沙市、驱赶骚扰中国渔船和油气勘探船、派舰机到南沙海域巡航,尤其是 2014 年5~7 月,以军方为后盾,出动武装渔船、渔检船、海警船强力滋扰中国"981"钻井平台在西沙中建南海域正常作业,致使中越关系严重受损。可见,奉行对抗性对华战略的越南已成为南海的主要麻烦制造者和中国在南海的重要对手。

---

① 《越南总理:全党全民全军最强决心保护南海》,http://www.chinanews.com/gi/2011/06-10/3102013.shtml.

二　越南在南海实施对抗性对华战略的有利条件

（一）崇武尚斗战略文化有助于国民对实施对抗性对华战略的支持

战略文化是指国家在战争与和平问题上的总体看法与行为模式，是一个国家或民族独特的有关国家安全的思维，源于国家或民族的早期经历，并取决于国内精英的哲学、政治、文化和认知特性。[①] 越南在国家形成和发展历程中形成了崇尚武力斗争的战略文化。公元 939 年，吴权于白藤江大败南汉军队，开始称王，意味着越南通过武力斗争结束了长达千年的"北属"时期，成为一个独立的国家。越南立国后，各朝各代一方面与北方的中国进行了多次大规模战争，以"保护其独立"，另一方面不断向南面和西面的占城、真腊（今柬埔寨）、老挝发动侵略战争扩张领土，使其国土面积达到立国时的四倍以上。在近现代，又相继通过武装斗争打败了日本、法国、美国等世界强国，维护了国家的独立和统一；并通过发动侵柬战争，派部队入驻老挝等方式，控制柬老，扩张了势力范围。多次打败北方大国和世界强国的历史，让越南形成了"维护国家利益的最好方式是斗争和对抗"的认知，这种认知深入骨髓，形成了越南"好斗"的民族文化特点。与此同时，同处中华文化圈的越南对中国崇尚"和"文化也有深刻了解，深知中国不到万不得已，不会以暴力方式解决争端。在历史上，中国即使在军事上对越取得了胜利，也会在越方做出一定让步的情况下撤军议和，不会损害越南的社稷根本。比如在 1979 年中越边境战争中，中国在对越南实施惩罚后很快撤军，并未深入越南腹地对越实施毁灭性打击。在南海争端中，越当局和精英宣称西沙和南沙的得失关乎越南的领土完整和民族命运，使民众"爱国"热情勃发，民族主义势力猛增。皮尤全球公民态度调查显示，84% 的越南受访者对中国持有非正面的观点，74% 视中国为主要敌人，84% 认为海上争端可能引发与中国的冲突。[②] 越南民

---

① 李少军：《国际战略学》，中国社会科学出版社，2009，第 72 页。

② Pew Research Center, *Chapter 4: How Asians View Each Other*, available at http://www.pewglobal.org/2014/07/14/chapter-4-how-asians-view-each-other; Pew Research Center, *Global Attitudes Project*, available at http://www.pewglobal.org/database/indicator/24/group/7/.

族主义势力的特点是，在南海问题上立场异常强硬，排除任何与中方合作开发的可能，哪怕是坐下来谈判商讨分歧；在对华关系上，反对向中方做出任何形式的妥协与让步；迎合区域外大国削弱中国影响，混水摸鱼意图十分明显。[①] 越当局制定对抗性对华战略，不仅迎合了越民众对华强硬要求，得到了普遍支持，还针对中国的"和为贵"民族文化特点，企图利用民意向中国施压，逼迫中国让步。

（二）综合国力提升增添了实施对抗性对华战略的信心

国家战略竞争在本质上是实力的竞争，实力是国家实施国际战略的根本和达到战略目标的基本要素与条件。[②] 南海争端集中爆发是在 20 世纪 70 年代，而越南南海争端战略基本成形是在 21 世纪初期，这其中重大战略的形成必须进行深入研究论证，客观上需要一个过程，但更重要的是在 20 世纪七八十年代，越南由于连年战争，经济困顿，民生凋敝，外交乏力，军事装备落后，无力与中国进行全面对抗。1986 年实施革新开放后，越南经济发展迅猛。2008 年人均 GDP 突破 1000 美元大关，预计到 2020 年人均 GDP 将达到世界平均水平。现在的越南以其天然资源丰富、年轻劳动力有增加趋势、对引进外资态度积极、政治稳定、中产阶级正在崛起等因素，被国际社会视为"展望五国"（VISTA）之首。在经济发展的同时，越南在外交上也取得了较大的突破，与曾经的敌人美国建交，加入东盟并成为东盟的核心成员，主办 APEC 峰会，担任联合国非常任理事国等，让越南的国际地位快速提升。经济快速发展使越南扩军备战拥有丰厚的资本，而对外关系的改善让其获得先进武器装备和技术成为可能。近年来越南大肆购买武器装备，积极与各大国进行军事交流，军事实力大幅提升，在特定领域形成了对中国的不对称优势。随着经济、政治、外交、军事实力的提升，越南自认为有实力、有底气对中国说"不"。2006 年，越南不顾中国反对，邀请台湾地区领导人出席河内 APEC 峰会；在经济领域，限制中国企业投资一些基础项目建设，

---

① 成汉平：《越南海洋发展与安全战略》，军事谊文出版社，2012，第 205 页。
② 李少军：《国际战略学》，中国社会科学出版社，2009，第 79 页。

在国内发起抵制中国商品运动；在外交上，公开与中国唱反调，明确表示支持日本成为联合国常任理事国。系统性、对抗性的南海争端战略的形成，就是越南对华自信的集中体现。

（三）外部势力介入增加了实施对抗性对华战略的筹码

近年来，在越南的诱拉下，美、印、日等国介入南海的范围越来越广，程度越来越深。越南拉域外大国介入南海，一方面获得了域外大国在南海问题上的政治和道义支持，如它们都支持越南提出的按照《联合国海洋法公约》等法律解决南海争端，反对以武力解决南海问题。一些国家的政客甚至支持越在南海的主权主张，如美国参议员吉米·韦布 2009 年 6 月 11 日在国会美中经济和安全评估委员会听证会上称南沙和西沙群岛属于菲律宾和越南。[①] 另一方面，越南通过与域外大国之间的军购、军事技术合作和联合军演等方式，提升武器武备水平和战技术水平，为在南海与中国对抗获取实力后盾。更为重要的是，越南通过拉域外大国参与南海油气开采、增加在南海军事存在等方式，将越南南海利益与域外大国利益捆绑在一起，让域外大国自愿成为其帮手。吉米·韦布曾称，美国应该为南海地区国家提供保护伞，保护美国石油公司在南海海域的开采活动，避免中国实施"军事恫吓"。[②] 印度海军司令 D.K. 乔希表示，印度将"保护自己在南海的利益"，印度海军随时可以向南海调派军舰"护油"。[③] 此外，域外大国加大在南海的军事存在，增大了与中国在南海发生直接军事冲突的可能性。2001 年中美南海撞机事件、2009 年"无暇"号事件，由于中国的克制并没有扩大。外电报道，2011 年 7 月印度艾拉瓦特两栖登陆舰访越归国时，与中国军舰在南海形成对峙。[④] 尽管随后双方都否认存在对峙，

---

① 《美议员访越 称支持越南在南海问题上的立场》，http://news.sohu.com/20090822/n266150153.shtml。
② 《美国议员南海掀风浪》，http://news.163.com/09/0901/10/514CEOKD000120GR.html。
③ 《印度军总司令：印军可随时赴南海捍卫石油利益》，http://news.stnn.cc/glb_military/201212/t20121204_1831597.html。
④ 《外媒称所谓中印军舰南海对峙或许只是个玩笑》，http://mil.huanqiu.com/Observation/2011-09/2029844.html。

但该事件从一个侧面表明发生类似冲突的可能性极大。一旦中国与域外大国在南海发生冲突，越南将坐收渔翁之利。在越南看来，中国当前为了维护发展的战略机遇期，不会冒着与域外大国正面冲突的风险对越南采取强硬措施，因此可以放心实施其对抗性的南海争端战略。可见，在南海"炫武力""挑事端""拉偏架"的域外大国已成为越南对抗中国的重要战略牌。

（四）地缘优势增加了实施对抗性对华战略的底气

地缘优势是指越南相对于中国，在地理位置上更为接近两国争夺的岛礁和海域。越南地形南北狭长，整个东部都面对南海。从地理位置上看，西沙和南沙位于越南国土的正前方，而且距离越南相对于中国来说更近，如西沙中建岛距越海岸线约 130 海里，而距三亚市则有约 172 海里。南沙南威岛距金兰湾约 250 海里，而距西沙永兴岛有 498 海里。地理位置邻近让越南实施与华对抗有以下优势。一是在法理方面，可以专属经济区和大陆架主张南海大部分范围。如 2009 年越南在向联合国提交的外大陆架划界案中，主张越南拥有 350 海里外大陆架，南沙群岛的很大一部分位于其主张的大陆架和外大陆架上。二是在资源开发方面，可以更方便地开发南海油气、渔业、旅游等资源。如当前越南每年在南沙海域开采油气数百万吨，而中国至今未在南沙海域开采一滴油。在"主权"宣示方面，可经常性组织官方和民间团体前往所控南沙岛礁进行旅游、生产，建立乡、村级行政组织。在岛礁控守方面，由于距离本土近，平时越对其所侵占的南沙岛礁的基础设施建设、物资补给、人员轮换更加方便；战时，越不仅可以海空军与中国对抗，其陆军的短程弹道导弹、巡航导弹、岸基反舰导弹，甚至远程火箭炮都能对他国海空军构成威胁，一定程度上抵消了其海空军的劣势。尤其是越南当前控制的 29 个南沙岛礁，经过多年"堡垒化、阵地化"经营，人员配备初具规模，战场设施较为完备，武器装备初具体系，已成为"进可攻，退可守"的海上堡垒，在南沙局部形成"越强我弱"的态势。可见，距离争议海域较近和实际控制南沙岛礁最多是越南实施对抗性对华战略最有利的条件。

三　越南在南海实施对抗性对华战略的限制因素

（一）民众对华心态复杂致越难以就对华斗争方式达成共识

越南对华心态是中越交往过程中形成的越南对华社会心理认知。越南在与中国长期的历史交往和现实的利益交集中形成了"友华""依华""疑华""恐华""仇华"等对华心态。这些心态相互交织，影响着越南对华思维方式和行为模式。当前越南社会主要存在"依华""恐华""仇华"三种对华心态。

具有"依华"心态者认为，中越地理相邻、文化相通、血脉相亲、利益相融，越南自古以来就形成了对华文化上依随、经济上依存、政治上依靠的事实。在当前，越南要提升文化软实力离不开中国文化，发展社会经济离不开中国，政治上反"和平演变"更需要最大的社会主义国家——中国做靠山。在"天堂很远，中国很近"观念主导下，"依华"人群希望维护中越友好大局，力避南海争端破坏越南当前发展的有利局面。越国防政治学院大校陈登青在为河曾说："如果发生战争，在当前经济宏观和微观层面都面临诸多问题的情况下，越南将无力解决国内问题。"[1]为此，依华人群主张目前应保持与中国的良好关系以谋发展，在南海争端中不应过度刺激中国，应尽量避免与中国在南海对抗。

具有"恐华"心态者认为，中越历史上曾多次发生战争，当前两国还存在领土领海争端，尤其是中国快速崛起使两国的实力差距越来越大，如果越南过于依赖中国或对中国示弱，则越南文化有被中国同化的危险，经济有被中国控制的危险，政治有依附中国的危险，军事上因领土争端有遭到中国打击的危险。将中越关系视作"蚂蚁与大象"的"恐华"人群，在对华关系上具有两面性：一方面希望越南在南海争端中争取最大利益，主张对华强硬；另一方面又不愿看到中越关系完全破裂，尤其是不愿中越因南海争端发生战争，主张与中国"斗而不破"。

---

[1] 《陈登青大校在高校领导会议上谈南海问题》，https://anhbasam.wordpress.com/2012/12/19/1481-dai-ta-tran-dang-thanh-giang-ve-bien-dong-cho-lanh-dao-cac-truong-dai-hoc/。

越当局歪曲的历史教育、近三次战争创伤犹存（中越 1974 年西沙海战、1979 年边境战争、1988 年南沙海战），以及现实的领土主权争端、经济利益纠纷、地区影响力之争等，使部分越南人产生了强烈的"仇华"心理。"仇华"者心里只有中国对越南的"伤害""侵略"，无视中国对越友谊和帮助；在南海问题上，只看到越南主张的"无可争辩"性，无视中国主张、理据的合理性；不相信中国会和平崛起，主张越南应在中国还未完全崛起之前，在外部势力的帮助下，运用一切可以、可能的手段和资源，包括与中国开战，力求尽早解决南海问题。

当前，"依华"和"恐华"心态人群还是越南社会的主导力量，占据了越南党和政府的主要高级职位，是越南对外政策的主要制定者。在他们的主导下，当前越南反华势力才未能掀起大的声浪，中越关系当前总体仍保持和平稳定大局。但越南年轻人比例较高，"仇华"心态人群数量很大，而且呈不断增长的态势，他们以游行示威、意见领袖公开发声、国会代表发言等形式，对越当局施压，影响越对外决策。[①] 越当局一方面为体现其执政的合法性，不得不在一定程度上接受"仇华"人群意见；另一方面，也趁机借民意向中国施压，表现出迫于民意压力不得不对华强硬的姿态，要求中国在南海问题上做出让步。正是因为对华心态复杂，近年来越南在南海问题上时而高调强硬，时而低调克制，如在 2011 年 5 月"平明二号"勘探船事件后，越外交部发言人称"越南海军将尽一切办法确保越南的和平、独立、主权及领土完整"；[②] 越国家主席阮明哲也罕见地公开称"为保卫家园，保卫岛屿和海洋主权，我们已做好随时奉献一切的准备"，[③] 并在南海进行实弹演习，与美国举行联合军演，修改征兵令，摆出不惜与中国一战的姿态。但在所做一切并未达到逼使中国退让的情况下，越当局开始控制反华示威游行，派副外长胡春山作为领导人特使访华，表达和平解决两国海上争端的意愿，为两国紧张关系降

① 蒋国学、林兰钊:《越南民意对政府决策影响方式分析》,《台情参考》2011 年第 5 期。
② 《越南海军将尽一切办法保卫领土》, http://vtc.vn/hai-quan-viet-nam-se-lam-moi-viec- de-bao-ve-lanh-tho.2.288053.htm。
③ 《为保卫海洋主权随时准备做任何事情》, http://vnexpress.net/tin-tuc/thoi-su/san-sang-lam-tat-ca-de-bao-ve-chu-quyen-bien-2197142.html。

温。可见，由于对华心态不同，越南社会在对华态度和政策上难以形成统一意见，这将阻碍越南各方面力量的聚合，严重制约其对抗性对华战略的实施。

（二）综合实力悬殊致越制华牌有限

"国家制定国际战略的根本宗旨是加强权力与安全，而实现这样的目标主要靠国家的实力，特别是国家的军事能力。"[1] 越南尽管自革新开放以来综合实力得到快速提升，但"中国强，越南弱"的基本态势并未改变，正如越南学者阮玉龙所说："中国是大国，在经济、军事、武器和国际话语权等所有方面都超过越南。如果两国开战，虽然胜负难料，但承受更大损失的将是越南。"[2] 综合实力的悬殊导致越南缺少与中国抗衡的资本，越南制约中国的战略牌有限。

对中国依存度高使越不能打"经济牌"。现在，中越经济联系越来越紧密。2013 年中越双边贸易额达 654 美元，中国连续 10 年成为越南第一大贸易伙伴。截至 2014 年 2 月，中国对越直接投资项目 998 个，注册资本总额 72.9 亿美元，在对越投资国家和地区中居第 9 位。[3] 随着经济合作不断深入，两国的发展互相促进，已形成"你中有我，我中有你，一荣俱荣，一损俱损"的局面，但越南经济更多是受惠和依赖于中国。1997 年亚洲经济危机和 2008 年国际金融危机爆发后，越南依靠中国的打气输血才得以避免经济崩溃。自 2010 年以来，越南经济增速逐年下滑，通胀率始终维持高位，银行呆坏账增加，企业大量破产，房地产泡沫破灭，民众信心下降，经济面临巨大困难。确保经济平稳发展已成为越当前最紧迫的任务，而保持与中国良好经济关系对越经济稳定和发展具有重要意义。所以越不仅不能在南海争端中对华打经济牌，反而担心中国在争端中对越实施经济制裁，如越副外长阮光荣 2012 年称，经济力量不应被运用在解决领

---

① 李少军：《国际战略学》，中国社会科学出版社，2009，第 49 页。
② 阮玉龙：《南沙—西沙：一些从未说过的事》，https://danluan.org/tin-tuc/20130521/truong-sa-hoang-sa-va-nhung-chuyen-chua-bao-gio-ke。
③ 《中国企业越南生存现状调查》，http://bj.people.com.cn/n/2014/0609/c82839-21381285.html。

土争端问题上，而是应该通过国际法来加以解决。①

法理不足使越不能打"法律牌"。近年来越南通过挖掘历史资料、制定国内法、利用国际法等方式努力充实其南海历史和法律证据，尽管也取得了一些所谓"成果"，但其所谓"法理依据"仍然严重不足，无法确保在国际司法中获胜。如越所有的历史证据都无法充分证明其先于中国有效占领西沙和南沙，当今越南政权从法国殖民者手中"继承"西沙南沙主权的论据也明显不足。尤其是北越当局在20世纪五六十年代曾多次公开承认西沙和南沙属于中国，现在无论以何种理由和方式否认都违背了国际法"禁止反言"原则，成为越南"法理依据"的致命缺陷，有学者称范文同1958年致周恩来的公函是越南法理依据的"阿喀琉斯之踵"。②此外，国际司法存在执行难的问题，即使国际法庭判越南胜诉，但缺乏保证判决结果能得到执行的力量。更为现实的是，在中国明确表示反对国际司法介入的情况下，越南强行将南海争端提交国际法庭必将招致中国的惩罚。因此，尽管越南国内不时有人叫嚣要将南海争端提交国际法庭，理性者却对此说"不"。一位越南知名律师说："越南绝不能这样做。第一，越南依赖中国太多，如果与中国作对，越南数百万家庭将因中国的经济大棒而陷入困境。第二，即使越南在国际法院胜诉，但国际法院没有执行权，只能呼吁败诉方落实一些条款，而不能像国内法院一样强制执行。对一些人所说的争取国际社会同情，事实上国际诉讼打动不了别的国家，只会为中国对越采取非军事手段制裁越南制造借口，而且中国将利用其影响力向国际社会施压，外交上孤立越南，经济上进行封锁。"③

军力悬殊使越不能打"武力牌"。军事能力是实施国家对外战略最重要的支撑。近年来，越南通过调整军事战略、加大军事投入、强化国际军

---

① 《外媒：越南怕中方领土争端中打贸易牌》，http://news.163.com/12/1204/10/8HSF48S000014JB5.html。
② 越南海外学者杨名辉在《主权的"阿喀琉斯之踵"》一文中称，在西沙南沙主权争端中，1954年前越南的法理依据可能更强于中国，但之后越南的主权有了一双"阿喀琉斯之踵"，那就是范文同公函。"Dương Danh Huy - Đôi gót chân Achilles của chủ quyền"，available at http://www.danluan.org/tin-tuc/20140729/duong-danh-huy-doi-got-chan-achilles-cua-chu-quyen。
③ 阮玉龙：《南沙—西沙：一些从未说过的事》，https://danluan.org/tin-tuc/20130521/truong-sa-hoang-sa-va-nhung-chuyen-chua-bao-gio-ke。

事合作等方法、手段，使其总体军力得到明显提升，甚至在南沙地区对中国形成了不对称军事优势，但中越军事实力悬殊的状况并未从根本上发生改变。要争取军事均势或优势，越南必须进一步加大军事投入。但一个国家把过多的经济资源用于军事事务，必然减少对经济建设的正常投入。历史经验表明，如果把过多的资源用于军事目的，那么其国力很可能被削弱。人们通常认为，苏联解体的一个重要原因是军备竞赛拖垮了它的经济。[①] 越南经济总量远小于中国，与中国进行军备竞赛并不现实。无论是现在还是将来，越南军力超过中国几无可能。在军事实力悬殊的情况下，越对中国打"武力牌"不仅难以产生效果，而且极有可能为中国以武力夺回南沙岛礁创造契机。正是意识到这一点，越南近年来在各种场合表达了对南海发生军事冲突的担忧。越国防部部长冯光青 2012 年 5 月在东盟防长会议上称，当前本地区边境及领海主权争议演变复杂，如各方不努力克制，可能引起军事摩擦。[②] 为此，越尽量克制自己的行为，如越国防部副部长阮志咏 2012 年 9 月称："在现阶段，在保卫主权、领土的同时，我们必须保持和平稳定的环境以求发展，因此，在解决争端中不可盲动而失去和平稳定。"[③] 与此同时，越南努力推动制定《南海行为准则》，提出与中国签订"不率先动武协议"，努力避免在南海与中国发生军事冲突。

（三）外部势力介入程度难料致越底气不足

外部势力是越南在南海与中国对抗的重要筹码，但这个筹码的分量究竟有多重，即外部势力介入南海能达到何种程度，越南无法预测，因此在南海斗争中明显底气不足。

越南是大国南海博弈的"棋子"。域外大国介入南海的主要目的是遏制中国、争夺东南亚控制权和获取经济利益，越南仅是各国实施其全球或

---

① 李少军：《国际战略学》，中国社会科学出版社，2009，第 45~46 页。

② 《美防长在中国后院活动不想留下对华屈服口实》，http://www.takungpao.com/sy/2012-06/03/content_346279.htm。

③ 《以和平方法维护政治稳定，保卫领土主权》，http://www.qdnd.vn/qdndsite/vi-vn/61/43/chinh-tri/giu-vung-on-dinh-chinh-tri-de-bao-ve-chu-quyen-lanh-tho-bang-bien-phap-hoa-binh/207041.html。

地区战略的一枚棋子。"棋子"身份决定了越南无力左右棋局的主要博弈者——域外大国与中国——之间的互动，而是随时可能成为大国利益交换的"弃子"。在南海问题上，美、日、印等国为了各自的战略利益，最有可能与越南形成"非正式联合"，而不是正式同盟。这种合作不具法律保障，是否支持对方需视付出代价与所获收益之间的关系，并不具强制性。如近年来越美不断走近，但美国对越南尽早提升两国关系到战略伙伴层次的提议表现冷淡。2012 年 9 月美国国务卿希拉里在与越南国家主席张晋创会谈时明确指出，提升美越关系的条件是越答应美关于民主、言论自由、释放政治犯、改善人权等要求。尽管 2013 年两国宣布建立"全面伙伴关系"，但在"美国与伙伴国之间的关系更像私通，而不像正式婚姻"，"美国更像许多人的情人，而不是任何人的丈夫"[1]的美国政治文化现实面前，越美"全面伙伴关系"并未给越南撑上绝对安全的"保护伞"。2012 年中菲黄岩岛对峙期间，与菲律宾有同盟关系的美国并未公开挺菲，印度、日本仅呼吁以和平方式解决争端，这更加重了越南对域外大国在关键时刻抛弃小国的顾虑。尤其是以美国为首的西方国家始终未放弃颠覆越共政权的想法，通过各种途径力促越发生"自我演变"。2013 年 6 月，美副助理国务卿贝尔在国会称，美越在关系正常化以来，两国关系取得了进展，但越南当前人权状况仍不乐观，美将继续对越施压以促进人权改善。[2]美国的"和平演变"政策让越当局在与西方大国的合作中顾虑重重。越国防部政治学院大校陈登青指出，美国不仅曾经侵略过越南，对越南人民造成了深重的伤害，而且正通过九种方式加紧对越实施"和平演变"，妄图颠覆越共政权。与中国和平相处符合越南最大利益也是可能的，与美合作不仅不一定能实现越南南海诉求，而且有可能使越失去政权，因此美国才是越南最大的敌人。[3]

---

① Chirtopher Marquis, "The World; For Allies, 'I Do' Becomes 'Hey, Want to Dance?'" *The New York Times*, April 14,2002。

② Daniel Baer, *U.S.-Vietnam Bilateral Relations,* http://www.state.gov/jdrl/rls/rm/201345.htm.

③ 《陈登青大校在高校领导会议上谈南海问题》, https://anhbasam.worldpress. com/2012/12/19/1481-dai- ta-tran-dang-thanh-giang-ve-bien-dong-cho-lanh-dao-cac-truong-dai-hoc/。

越南"大国平衡战略"存在致命硬伤。越南对域外大国既"借重"又"防范"的心理，使其在对外政策上奉行"大国平衡战略"。如2010年越国防部副部长阮志咏在访华时指出，越南根据党和国家领导人制定的战略，实行"三不"政策，即不与任何国家结成军事同盟，不允许任何国家在越南建立军事基地，不拉拢或依靠一个国家反对第三国。① 但大国平衡战略，作为一个小国的平时对外战略，有其可取之处，当前世界很多小国如新加坡、泰国等都奉行这种战略，但越南将其作为一种争端战略却存在致命硬伤。首先，越南与域外大国建立的是非正式联盟，难以应对突发军事状况或中国主导的速战速决战争。非正式联盟运作成功的前提是一方遭受军事打击后仍有力量组织防御，另一方则在完成必要的政治、法律和军事程序后在战争后期介入。如果中国在南海发动闪电战，迅速收复岛礁后宣布战争结束，那么越南军队根本没有把冲突演变成持久战的机会，决策过程缓慢的美国等域外大国也没有机会介入。即使战争进入胶着状态，美国等域外大国在中国丰富的战争潜力和强大的反介入能力下，是否愿意为了越南与中国发生直接军事对抗还存在巨大的不确定性。其次，越南大国平衡战略中的军事目标与经济目标互相冲突。越南的平衡战略是利用域外大国遏制中国在南海采取军事行动，同时又分享中国的发展红利，但若其坚持在南海的强硬主张并进行挑衅，为维护领土主权完整和大国尊严，任何外部势力都难以阻止中国在南海采取军事行动，并且中国的军事行动必然伴随经济制裁，使越南在军事和经济上都遭受重创。最后，越南的大国平衡战略有可能导致其现政权垮台。越南为争取美国等对其南海主张的支持，必然会对西方国家提出的政治民主、宗教自由、扩大人权、尊重少数民族自决等要求做出让步，让越反共势力和民族分裂势力得以壮大。而长期对中国的若即若离也必将导致中国对其政治支持减弱。一旦中越在南海兵戎相见，一直图谋颠覆越共政权的西方国家，将利用越南失去最大社会主义国家支持的机会，

---

① 《越南国防部副部长在中国表示永不作美国军事同盟》，http://news.ifeng.com/mil/1/detail-2010_08/272340330_0.shtml。

鼓动和支持反共势力和分裂势力在越发动"颜色革命",颠覆越共政权,破坏越南的统一,越将再次出现动荡分裂局面。[①]

四　结语

越南近年来随着综合国力的提升、民族主义的发展、外部势力的介入,在南海争端中对中国实施了系列对抗性战略手段和措施,一定程度上对中国解决南海争端的努力形成了挑战。但越南作为小国,在资源禀赋、综合实力和对华心态等方面存在先天不足;大力提升各方面力量,尤其是军事实力又会使其陷入"安全困境";域外国家介入南海动机不纯且介入程度难料,又使其与华对抗缺乏实力支撑。在先天不足和后天乏力的现实背景下,越南在南海奉行的对抗性对华战略是非理性、非现实的空想战略,不仅无助于南海问题的有效解决,还将危及越南经济发展和社会稳定,影响中越关系的健康发展。中国作为综合实力远超越南的大国,在南海问题上应坚定战略自信,保持战略定力,根据既定战略,积极应对挑战,主动发力经略。中国只要应对有方,无论越南在南海争端中运用何种谋略,做什么动作,都绝无可能改变西沙群岛和南沙群岛是中国神圣不可侵犯领土的事实。

责任编辑:黄立志

---

① 伍俊飞:《越南对华软平衡政策的硬伤》,《中国评论》(网络版)2013年第1期,http://www.zhgpl.com/crn-webapp/mag/docDetail.jsp?coluid=0&docid=102420100。

The Strategic Strengths and Limitations of Vietnam's Antagonism against China in the South China Sea

Guoxue Jiang, Changqing Cao

Abstract: For the sake of maximization of its own interests in the South China Sea Conflict, Vietnam adopts the strategy of antagonism against China. Objectively, a series of elements which provide relatively advanced conditions drive Vietnam to adopt the strategy of antagonism, including the strategic culture of warrior, the increasingly lifting comprehensive national power, the deepening intervention from foreign countries, and the proximate adjunction with the conflicting sea area. But what fundamentally defines the irrationality of the antagonism strategy lies in its nationality's complex feelings towards China, the huge gap in comprehensive national power between the two states, and the uncertainty of the intervention level of foreign countries, therefore, the strategy of antagonism is destined to be a strategy of utopia.

Keywords: Vietnam; South China Sea; strategic strength; strategic limitation

曾为恢复东南亚地区和平做出重大贡献的中国两场援外斗争

——纪念中国援越抗美胜利50周年和援老抗美胜利47周年

马金案 *

【摘　要】 2015 年是中国人民解放军援越抗美胜利 50 周年（1965~1975年）和援老抗美胜利 47 周年（1968~1978 年）。本文概述了这两场援外斗争的情况，并提出了应该铭记和研究这两场援外斗争的重要历史意义。

【关键词】 援越　援老　抗美　意义

　　1979 年 11 月 20 日，《人民日报》首次公开报道，在越南抗美救国斗争时期，"中国向越南派出的防空、工程、后勤保障等支援部队总计 32万人"，从此揭开了尘封 15 年之久的援越抗美作战的秘密。2015 年是中国援越抗美斗争胜利 50 周年（1965~1975 年）和援老抗美胜利 47 周年（1968~1978 年）。经过近 13 年的浴血奋战，中国人民解放军胜利完成了两场援外斗争任务，帮助越南和老挝人民战胜了美帝国主义，实现了国家统一，为恢复印度支那和东南亚地区的和平做出了重大贡献。在庆贺和纪念中国援越抗美胜利 50 周年和援老抗美胜利 47 周年之际，我们有必要简

---

　　* 马金案，广西社会科学院东南亚研究所《东南亚纵横》编辑部研究员 、编辑。

要叙述这两场援外斗争情况，让人们永远铭记中越两国人民和中老两国人民肩并肩，共同抗击美帝国主义的战斗友谊。重温这两场援外斗争的战斗历程，总结历史经验，具有非常重大的历史意义和现实意义。

一　援越抗美和援老抗美概述

（一）美帝国主义挑起侵略越南战争，中国应邀援越抗美

1. 美帝国主义挑起侵略越南战争

1955 年，法国军队按照日内瓦协议的规定开始撤出越南以后，美国公然违反日内瓦会议通过的关于恢复印度支那国家和平的协议，以提供军事援助为手段，趁机迅速渗入南越，取代法国势力，加强对南越的控制，扶植西贡政权，阻挠越南南北统一，阴谋变南越为美国的殖民地和军事基地。对此，南越人民被迫起来反抗，组织反美武装斗争。1960 年 12 月 20 日，越南南方民族解放阵线在反对美帝国主义及其走狗的革命风暴中诞生了，它标志着越南南方人民争取民族解放和实现祖国统一的斗争进入了一个新的阶段。越南南方民族解放阵线是由越南南方各阶层、各民族、各党派和宗教团体的爱国力量组成的反美爱国统一战线组织，民族解放阵线中央委员会主席团主席是阮友寿律师。1962 年 2 月，越南南方民族解放阵线把分散在各地的人民武装单位统一组成了南方人民解放武装力量，坚持持久的人民战争，创造性地把武装斗争和政治斗争结合起来，领导南方人民抵抗美帝国主义及其走狗，取得了一个又一个辉煌的胜利。

为了扑灭越南北方支援南方人民斗争的烈火，美国于 1961 年 5 月，在越南南方发动了由美国出枪、出钱、出顾问，南越出人的"特种战争"，让越南人打越南人。美国在南越进行的"特种战争"失败后，于 1964 年 8 月 5 日，借口它的军舰在北部湾越南沿海遭到北越海军的攻击，即所谓"北部湾事件"，派出大批飞机开始轰炸越南北方。该事件的由来是，1964 年 6 月 2 日，美国高级军政首脑在檀香山举行会议，由国防部和参谋长联席会议与在檀香山的美军太平洋司令部共同制订代号为"37-64 行动计划"，这个计划旨在消灭位于"胡志明小道"上的越南北方军队，在 12 天

内摧毁南方建立的战争设施，以空袭和布雷对北越进行轰炸和袭击。6月28日，约翰逊在一次讲话中强调，美国"必须准备好冒战争的风险"。7月初，参谋长联席会议主席泰勒出任南越伪政府大使。7月31日午夜，美军驱逐舰"马多克斯"号奉命驶到北纬19度线离北越海岸8海里处停泊，运用电子手段搜集北越防御情报，与此同时，南越西贡海军炮舰奉命从岘港快速驶到19度线60海里的北越宏梅、宏纽两座岛屿，对守岛部队实施猛烈的炮火轰击，直到凌晨3点钟才撤离。而"马多克斯"号还在8海里处和这两个小岛周围海域游弋。8月2日15时，越南民主共和国海军第135舰队出动了3艘P-4级鱼雷艇，由T-336号艇带队，T-333和T-339艇协助，按"V"字形编队，以时速50海里朝东北方向驶去。"马多克斯"号发现3艘快艇后，舰长澳克尔奉命撤离，以时速27海里向北部湾出口方向航驶。越南海军3艘鱼雷快艇穷追不舍。16时5分，"马多克斯"号舰长澳克尔下令火炮对准追来的鱼雷艇开火。鱼雷艇排水量小，机动性敏捷，灵活地避开了敌军猛烈的炮火。16时16分，T-339号从2500米外向"马多克斯"号发射了两枚鱼雷，都被对方火炮击中爆炸，T-333号快艇马上跟进还击。奥克尔在慌乱中急令左转舵，向东经110度公海方向撤出战场。但是，3艘鱼雷快艇紧紧咬住不放。这时，在附近游弋的"提康德罗加"号航母派出4架F8E型战斗机赶到，发射一阵猛烈的炮火，将T-339号艇击沉，T-336号艇的引擎被击坏，T-333号艇勇敢反击后，拖着受损的T-336号艇撤出战场。8月4日，约翰逊接到北部湾海面武装冲突的报告后，紧急召见国务卿腊斯克和国防部部长麦克纳马拉，接着又紧急召开了国家安全委员会会议，批准了实施轰炸北越的"37-64行动计划"，代号为"突击之箭"的命令很快从五角大楼发出，在中国香港和台湾海峡的美军大批舰艇受命开赴北部湾。8月5日，在北部湾的"提康德罗加"号和"星座"号，出动战斗轰炸机64架次，突然对越南北方义安、鸿基、清化等地区实施轮番狂轰滥炸，荣市境内的油库、沿海鱼雷快艇港口和防空设施几乎被摧毁。越南北方防空部队进行了猛烈反击，击落美战斗机8架，美军飞行员拉瑟·萨瑟中校坠机身亡。

这就是震惊世界的"北部湾事件"。当天，越南外交部部长春水致电日内瓦会议两位主席，揭露了美国蓄意制造"北部湾事件"的险恶用心，并谴责美帝进攻越南的罪恶行径。这是美国武装干涉的又一升级。1965 年 3 月上旬，美国派遣海军陆战队 3500 人在岘港登陆，派其地面部队进入南越参战，同时，加紧对越南北方的轰炸。从此，美国侵越战争演变为以美军为主体、"南打北炸"为特点的全面战争。与此同时，美国军用飞机也不断侵入中国海南岛地区和云南、广西上空，投掷炸弹和发射导弹，打死打伤中国船员和解放军战士。美国报纸则趁机大肆宣传在越南战争中将不再有朝鲜战争中那样的"庇护所"，美国军队将实行"穷追"，等等。中国的安全受到严重威胁。越南人民在胡志明和越南劳动党的领导下，积极投入了"保卫北方，解放南方，统一祖国"的抗美救国斗争。与此同时，越南政府不断向世界揭露和控诉美国的侵略罪行，并呼吁国际援助。

"北部湾事件"引起了世界各国特别是中国的严重关注。

中越两国山连山，水连水，是唇齿相依、患难与共的友好邻邦。长期以来，中越两国人民有着深厚的传统友谊。在漫长的抗法、抗日斗争中，中越两党、两国人民结下了深深的战斗情谊。

"北部湾事件"是美帝国主义又一次把战火烧到了中国大门口。事件发生的当天，周恩来总理和罗瑞卿总参谋长即致电越南胡志明主席、范文同总理和文进勇总参谋长，建议越南方面"查清情况，议好对策，以利行动"。

1964 年 8 月 6 日，中华人民共和国发表声明，强烈谴责美帝的侵略行径。声明郑重指出："美国点起了侵略战火，越南民主共和国就取得了反侵略的行动权力，一切维护日内瓦协议的国家也取得了支持越南民主共和国反侵略的行动权利。""美国对越南民主共和国的侵犯就是对中国的侵犯，中国人民绝不会坐视不救。"8 月 10 日，北京举行了 10 万人的盛大集会，支持越南人民反对美国武装侵略，中共中央副主席、国务院总理周恩来，政治局候补委员、副总理陆定一，中共中央书记处书记、副总理兼中国人民解放军总参谋长罗瑞卿，中国人民保卫世界和平委员会主席郭沫若，越南劳动党中央政治局委员黄文欢，越南驻中国大使陈子平出席了集会。8 月 11 日以后的 5 天内，全国各地相继举行了支持越南人民反对美帝国主义武装侵略的盛大游行示威，参加集会和示威的群众达2000多万人。中国人民解放军海、陆、空部队也连日举行集会，声讨美帝国主义侵略罪行，支持越南人民的抗美救国斗争。在美帝国主义武装侵略越南的严重时刻，在战火烧到中国南大门的危急关头，中国共产党和中国政府多次庄严宣布："七亿中国人民，是越南人民的坚强后盾。辽阔的中国领土，是越南人民的可靠后方。""为了支持越南人民夺取抗美战争的彻底胜利，中国人民准备承担最大的民族牺牲。"越南战事风云变幻，为了做好支持越南抗美救国的各项准备工作，中越两国高层领导频频友好会晤，签订了一系列支持协议。8月12日，中越两国科学技术合作执行机构在北京举行第四次会议，签订了技术合作议定书。接着，双方又分别在河内、北京签订了航空运输、物资供应、经济技术援助等一系列协议书。10月，中国国务院总理周恩来率领外交部部长陈毅、副总参谋长杨成武等人赴河内，与越南国家主席胡志明、政府总理范文同、越南中央第一书记黎笋和老挝人民革命党总书记凯山·丰维汉、爱国战线主席苏发努冯亲王等举行会议。会议商定：如果美军只介入南越地面战斗，派飞机轰炸北越，中国只派防空部队作战，一旦美军越过北纬17度线，中国将派出部队参战。老挝人民革命党领导人参加了这次重要会议，意味着中国早已把印度支那作为一个抗击美帝的战场，无疑是有远见卓识的战略眼光的。

中国开展了声势浩大的援越抗美斗争。中国政府充分估计了美国进一步扩大战争的可能性，决定不惜承担最大的民族牺牲，坚决支持和援助越南人民。面对风云变幻的越南战事，中央军委命令人民解放军空军、海军和广州军区、昆明军区部队进入战备状态，加强边境地区国土守备和防空力量，随时准备应付突发事件，歼灭入侵之敌。同时，强调做好赴越参战的各项战备工作。

2.中国军队应邀出国执行援越抗美斗争

1965年4月，越南劳动党第一书记黎笋、政府副总理兼国防部部长武元甲等，受胡志明主席委托，率党政军代表团访问中国，要求中国扩大援助规模并向越南派出支援部队。黎笋说："我们想请一些志愿军飞行人员、志愿军的战士……其他方面的必需人员，包括公路、桥梁方面的人员都在内。"中国党和政府满足了越方的要求。在 4 月 8 日举行的中越两党会谈中，中共中央副主席刘少奇代表中国方面明确表示，援助越南进行抗美斗争，"这是我们中国应尽的义务，中国党应尽的义务"；"我们的方针就是，凡是你们需要的，我们这里有的，我们要尽力援助你们"；"你们不请，我们不去。你们请我们哪一部分，我们哪一部分去"。在这次会谈中，中越双方签订了向越南派出中国支援部队的有关协议。4 月 12 日，中央发出关于加强备战工作的指示，号召全党、全军和全国人民在思想上和工作上准备应付最严重的局势，发扬爱国主义和国际主义精神，尽一切可能支援越南人民的抗美救国斗争。

为了统一组织支援越南和统一处理有关援越的涉外事宜，周恩来总理决定，由中央、国务院和军队有关部门组成"中央国务院支持越南小组"。这个小组由外交部、铁道部、交通部、邮电部、物资部、外贸部、经委、计委、对外经委、总政治部、总后勤部、海军、空军、铁道兵、工程兵、总参作战部、军务部、装备部、军交部、通信部、情报部 21 个单位的有关负责人组成。据此，中国人民解放军赴越南北方执行援越抗美任务的准备工作全面展开。人民解放军总部机关根据中央军委的决定，多次召开会议，研究部署援越部队的组建、开动和任务等工作。4 月 18 日，总参谋部下达了援越工程、铁道部队预先号令，决定组建"中国人民志愿工程队"，赴越执行抢修、改建铁路，构筑国防工程和修筑机场的任务。7 月 6 日，总参谋部又下达了组建 10 万工程部队援越修筑公路的预先号令。同时，总部命令已集结待命的高炮部队做好出动的一切准备。总政治部颁发"援越抗美部队人员纪律守则"。接受了援越任务的单位人员，雷厉风行，在很短的时间里迅速完成了赴越执行任务的准备工作。

1965 年 4 月 4 日，《人民日报》在第 5 版的一则报道《越南人民热烈要求抗美援越》中，首次使用"抗美援越"一词。1965 年 4 月 12 日，周恩来总理在中共中央政治局扩大会议上，主张晚一点提"援越抗美"的口号，说：我们现在是支援越南反美斗争，还是以越南为主。5 月 1 日，《人民日报》在社论《为加强社会主义建设和援越抗美而斗争》中首次提出"援越抗美"口号。自此至 1975 年 5 月，中国开展了援越抗美斗争。

由于当时的历史背景，这场本为轰轰烈烈的援外战争，变成了"秘密"的战争，我军一支支"神秘"的部队肩负着祖国人民的重托，从广西、云南两省区与越南接壤的各个关口既秘密又浩浩荡荡地奔赴援越抗美战场，在越南北方担负防空作战，修建和维护铁路、机场、通信设施、国防工事，以及海上扫雷等任务。中国援越部队经受了热带雨季的闷热潮湿、深山密林的瘴气及毒蚊、毒蛇等的袭击，经受了恶劣天气和残酷战争的各种艰险考验，创造了许多令人钦佩的战争神话，中国支援部队为越南人民抗美救国战争的胜利做出了巨大贡献，付出了巨大代价。根据我军公开的资料，1965 年 6 月至 1973 年 8 月，中国先后派出了高炮、工程、铁道、扫雷、后勤等部队，总计 32 万余人，最高年份达 17 万余人，在越南北方执行防空、作战、筑路、构筑国防工程、扫雷及后勤保障等任务。中国支援部队在越南艰难而光荣的历程，分为两个阶段。

第一阶段

从 1965 年 6 月到 1970 年 7 月。这一阶段是越南战争最激烈最艰难的阶段。在这一阶段，中国共派出 32 万人，在越南北方执行防空作战，修建和抢修铁路、机场、通信设施等任务。

防空部队赴越协助越北防空作战，保护交通线。根据中越两军协议和 1965 年 7 月 14 日越军总参谋部的请求，援越高射炮兵部队首批于 1965 年 8 月 1 日入越。第一批系第 61、第 63 支队，分别从云南、广西开赴北越作战，1966 年 2 月回国；第二批高射炮兵部队于 1966 年 2 月入越作战，1966 年 10 月回国；第三批高射炮兵部队于 1966 年 10 月入越作战，1967 年 6 月回国；第四批高射炮兵部队于 1967 年 1 月入越作战，1967 年 8 月回国；第三批高射炮兵部队于 1967 年 5 月入越作战，1968 年 1 月回国；第六批高射炮兵部队于 1967 年 6 月入越作战，1968 年 1 月回国；第七批高射炮兵部队于 1967 年 8 月入越作战，1968 年 3 月回国；第八批高射炮兵部队于 1968 年 1 月入越作战，1969 年 2 月回国；第九批高射炮兵部队于 1968 年 3 月入越作战，1969 年 2 月回国。至 1969 年 4 月，高炮部队入越轮换作战，计有 16 个支队辖 63 个团和 50 个队属高炮营及部分高机连和勤务分队等，总计 15 万余人。主要担负河内至友谊关铁路线北宁至谅山段、河内至老街铁路线安沛至老街段、新建的克夫至太原铁路线以及太原钢铁基地的防空作战任务，并掩护中国援越工程部队施工。

在历时 3 年 9 个月的援越抗美防空作战中，共作战 2153 次，击落美机 1707 架，击伤 1608 架，沉重地打击了美国侵略者，保卫了越南北方领空，有力地支持了越南人民的抗美救国斗争。1968 年 3 月 31 日，美国政府迫于国内和国际压力，对越南北方的轰炸开始"逐步降级"。5 月 31 日，越美两国政府在巴黎开始和平谈判。从 11 月 1 日起，美军停止轰炸越南北方。据此，中越两国政府商定，中国援越高炮部队于 1969 年 4 月底前陆续回国。

工程兵和铁道兵部队为越南新修公路、保护铁路和构筑准备工程做出了重要贡献。根据中越双方会谈的精神和两党、两国、两军达成的协议，中国人民解放军各总部根据中央军委的决定，多次召开会议，研究部署援越抗美部队的组建、任务区分和开进等事宜。

1965 年 4 月 18 日，总参谋部下发了组建援越抗美工程部队、铁道兵部队的命令，决定组建"中国人民志愿工程队"第 1、2、3 支队和两个高炮师以及 1 个高炮加强师（高炮第 61、第 63 支队），赴越执行抢修、改建铁路，构筑国防工程，修筑机场和对空作战任务。4 月 21 日，总参谋长罗瑞卿与武元甲举行会谈，第二天，副总参谋长杨成武与武元甲举行第二次会谈，就中国部队进入越南的一些具体问题进行了洽谈。之后，总参谋部具体部署了首批援越部队作战任务和地区。

第 1 支队：由铁道兵部派出曾参加过抗美援朝战争的铁道兵第 2 师组成，主要负责越北已瘫痪了的 4 条主要铁路干线的抢修抢建任务，恢复总长 550 千米的铁路运输。

第 2 支队：由沈阳军区、广州军区、济南军区和军委工程兵以及高炮、地炮、海军通信兵等单位抽出骨干组建国防工程施工部队，主要负责越南北方沿海从下龙湾至海防地区 15 个岛屿和 8 处岸防要塞构筑各种防务工事和建设通信设施，为越南北方沿海岛屿构建一个力所能及的立体防御体系。

第 3 支队：由中国空军工程兵组建国防施工部队，主要修建安沛机场和飞机洞库以及内排机场洞库。

高炮第 61、第 63 支队主要担负河内至友谊关铁路沿线的北宁—谅山段、河内至老街铁路沿线的安沛—老街段和新建的克夫—太原铁路线以及太原钢铁基地的防空作战任务。

在越南抗美救国战争处于最关键时刻，毛泽东主席和中国人民毅然派出了自己优秀的儿女支援越南人民抗美斗争，中国无条件满足越南的要求，胡志明主席非常感激。1965 年 5 月，胡志明秘密访华，在湖南省长沙市与在那里视察工作的毛泽东主席就越南抗美救国斗争的问题进行了深入交谈。毛泽东知道越南局势正处于最激烈、最困难的时刻，开口说："胡主席，你来自越南，我在湖南，咱们是一家嘛！有什么困难？要人有人，要物有物，你说。"

胡主席十分感动，向毛泽东介绍了有关战事后，从中山服口袋里掏出一张绘制着越南河内以北要抢修抢建的 12 条公路的示意图，请中国共产党和政府给予支持。毛泽东爽快地答应了胡志明的要求。胡志明在毛泽东、周恩来的劝说下，由董必武陪同到黄山休养。

胡志明在黄山休养期间，周恩来总理正忙着落实胡主席要求中国帮助越南抢修抢建公路的事情。周总理与罗瑞卿、杨成武商定，继续派出部队来完成这项工程，拟出了两种兵力部署方案：第 1 种方案是 12 条路线展开作业，派兵 10 万；第 2 种方案是先抢修抢建主要的 5~7 条公路，派兵 8 万，视以后进展情况增减兵力。5 月 25 日，经与越方交通部代表团会谈，确定了援越修建 7 条主要公路的方案。5 月 30 日，经中越代表团会谈，达成一致意见，签署了《关于中国援助越南修建公路的协定》。

1965 年 6 月 9 日黄昏时分，第一批援越抗美部队第 1、2、3 支队和高炮第 61、63 支队通过友谊关摩托化行军神秘出境，拉开了中国人民解放军援越抗美军事行动的帷幕。当天深夜，第 2 支队第 1 梯队全体官兵冒着滂沱大雨登上越南东北的姑苏、杜拉、吉婆等岛屿，开始构筑一道道坚固的防线。

中央军委根据中越两国协议，下达了组建筑路工程指挥部和第 4、第 5、第 6 支队以及测绘总队的决定。1965 年 6 月 20 日，总参谋部召开援越筑路工程会议，传达了周总理关于援越筑路工程的指示精神和中央军委关于组建援越筑路工程指挥部的决定，部署了具体实施工作。筑路工程指挥部及其直属队由军委工程兵和各大军区调 400 名官兵组建。

第 4 支队：由广州军区组建，辖 5 个团：第 301、第 302、第 303、第 304 团和工兵 6 团，负责完成修筑 1 号、3 号公路。

第 5 支队：下辖 5 个团，其中，沈阳军区组建第 307 团、第 308 团，并派整建制工兵 7 团，南京军区组建第 144 团，昆明军区组建第 311 团，负责完成修筑 7 号、11 号公路和扩建 2 号公路的任务。

测绘总队，由军委工程兵抽调人员组建，负责完成 7 条公路的测绘设计任务。

第 6 支队：辖 6 个团，其中昆明军区组建第 61 团、第 62 团，抽调铁道兵第 13 师整建制第 312 团、第 313 团、第 314 团和第 315 团，负责完成修筑 8 号、10 号、12 号公路任务。

具体要求：援越筑路工程任务由军委工程兵部负责组织执行；7 月 25 日，完成组建援越筑路工程指挥总部和下属 3 个支队、16 个工程兵团以及 1 个测绘总队的任务；部队入越执行任务后，其党建领导、行政工作、后勤保障等问题，第 4 支队由广州军区负责，第 5 支队、第 6 支队、筑路工程指挥部、测绘总队由昆明军区负责；每个支队配属的高炮营和其他作战部队，列入支队建制。

中国支援部队第 3 支队承担了帮助修建内排、安沛两个现代化机场和飞机洞库的任务。越南北方的原有机场不能起降喷气式飞机，对抗美作战影响很大。应越南政府要求，中国空军和民用航空局于 1961 年至 1965 年，派专家组进行设计、指导，并提供成套设备和材料，帮助修建机场。机场之飞机洞库，于 1968 年 9 月 16 日至 1969 年 11 月 5 日由中国支援第 3 支队修建。1965 年 1 月，越南要求中国在安沛援建 1 个空军机场。5 月，承建该机场工程的中国支援第 3 支队先遣人员抵达安沛，开始现场勘察设计工作。安沛机场地形复杂，濒临红河，群山环抱；安沛又是美机空袭的重点之一，市区又被炸成一片瓦砾。第 3 支队于 11 月 22 日正式动工，经过 3 年 6 个月的艰苦奋战，于 1969 年 5 月 21 日全部竣工。该机场飞机洞库于 1968 年 9 月开工，于翌年 10 月 27 日提前完工，工程质量优良。

中国支援部队第 1 支队赴越抢修、改建、新建铁路。1965 年年初，美国侵越战争升级，连续对越北进行空袭，仅 4 月 3~6 日，就出动大批飞机连续轰炸 5 座铁路桥梁。由于敌机轰炸破坏，越南北方仅有的几条铁路基本上处于瘫痪状态。4 月 27 日，中越两国政府签订了关于帮助越南修建铁路和提供运输设备器材的议定书。中国帮助越南在河内以北地区修建的铁路工程项目达 100 个。第 1 支队于 1965 年 6 月 23 日，兵分两路，从友谊关河口赴越，执行对河内以北地区铁路的抢修、抢建任务。指战员们克服美机轰炸、酷热多雨、洪水泛滥以及不易就地取材等困难，奋战至 1970 年 6 月 5 日，提前完成了各项工程。共计完成了新建铁路 117 千米、改建铁路 362 千米、抢建铁路战备工程 98 千米，新建铁路桥梁 30 座、隧道 14 条、新建扩建铁路站段 20 个、架设通信线路 1023 对、铺设水底通信电缆近 8 千米。各项铁路援建工程的圆满完成，不但使越南河内以北地区铁路干线长度由 508 千米增长到 554 千米，而且使主要路段联络成网，使运输能力成倍提高，仅河（内）友（谊关）线铁路运输能力就由原来的 146 万吨提高到 280 万吨，有力地保障了越南抗美战争的运输需要。

同时，第 1 支队按照中越两国协议，担负了上述铁路干线的维护工作，圆满地完成了任务，保证了河内以北地区各条铁路的畅通，为越南抗美战争的胜利做出了贡献。1970 年 7 月 1 日，全支队奉命回国。

工程部队修筑友谊公路。中越两国政府于 1965 年 5 月 30 日签订了《关于中国援助越南修建公路的协定》和议定书，由中国派出工程兵部队帮助越南修建公路。新建和改建友谊 1 号、3 号、7 号、8 号、10 号、11 号、12 号 7 条公路。预计总长为 1211 千米，其中新建 664 千米，改建 547 千米。担负援越筑路任务的中国后勤部队第 4、第 5、第 6 支队，辖 16 个团、1 个民工总队、25 个测量设计队和 4 个钻探队，配属 6 个高炮营及部分高机分队等部队，共 8 万余人。在中国后勤部队修路工程指挥部的率领下，从 1965 年 9 月开始相继入越，投入施工。第 4 支队担负 1 号公路（表仪至坂质）、3 号公路（伯行至飞干）修建任务；第 5 支队担负 7 号公路（朗达至班菲）、11 号公路（平卢至巴溪）修建任务；第 6 支队担负 8 号公路（老街至孟康）、10 号公路（老街至巴丹）、12 号公路（班南贡至西庄）修建任务。

在越南修建公路，是在极其困难的条件下进行的。工程筑路部队全部完成了两国协议规定的筑路任务后，于 1968 年 10 月全部回国。在 3 年多的时间里，中国后勤修路工程部队为越南建成了 7 条干线公路及附属防护设施，并保证了这 7 条公路及 2 号公路北段的畅通，共计修路 1206 千米，桥梁 305 座、总长 6854 米，涵洞 4441 座、总长 46938 米，完成土石方 3050 万立方米。此外，还完成了协议以外 10 号公路放丁至莱云桥的公路接线工程，和太原至同登 16 号公路的维修任务。越方代表验收认为，上述中国援建公路，工程质量优良、美观。1968 年 7 月 23 日，胡志明在庆祝实现"中国援助越南修建公路协定"时说："你们为越南虽然只修了1200 多公里的公路，可是你们的情谊胜过几千公里、几万公里！"

中国后勤部队援助越南东北群岛和红河三角洲地区，紧急构筑永久性设防工程。担负这项施工任务的第 2、第 7 支队，奉命于 1965 年 6 月 9 日和 1966 年 12 月 15 日，先后赴越。第 2 支队负责的永备工事、海底电缆、通信线路的施工任务，分散在 15 个岛屿和 8 处岸防要点上。经过艰苦奋战，第 2、第 7 支队均超额完成了援越施工任务。完成的主要工程有：坑道 239 条、总长 2.5 万多米，坑道口露天炮阵地 138 个，掘开式永备工事149 个，海底通信电缆 15 条、总长 103 千米，永久性道路和施工道路 171千米、桥梁 14 座、涵洞 21 个、码头 9 座。共计完成土石方 84.76 万立方米。相当于沿越南北方 845 千米长的海岸线，堆筑了一道高宽一米的护墙。越方评价说："工程抗力均超过越方要求，工程质量高，坚固，适用，伪装好。"

中国通信工程大队援助越南架设通信线路。1965 年 7 月 31 日，中越双方商定，由中国派出 1 个通信工程大队，帮助越南在莱洲、山罗和奠边府等地区修建通信设施。中国通信工程大队担负了这项任务，于 1965 年8 月 18 日入越施工。指战员们为改善越南西北地区的军事通信条件，保障作战中的通信联络，克服了种种困难，于 1966 年 7 月 10 日提前并超额完成施工任务，共架设了通信线路 330 杆千米，挂线 894 对千米，安装了4 个载波电话站，还架设了由其中一个电话站至越南西北军区驻地的中继线。该大队完成任务后，于 7 月全部回国。

中国支援部队在越南期间与越南人民和军队并肩作战，取得了辉煌战绩，使美国在越南投入高达 56 万之多的部队，年度所耗战费多达 300 亿美元，但依然不能使战局朝着它所希望的方向发展；美军伤亡人数骤增，到 1968 年下半年，每周平均死亡 200 多人，仅这一年美军死在战场上的就有 14592 人，引起美国国内反战情绪不断高涨。在此情况下，美国不得不在 1968 年 11 月宣布，无条件停止对越南北方的轰炸和炮击。中国支援部队在越南完成了第一阶段既定任务后，于 1970 年 7 月全部撤离越南回国。

第二阶段

从 1972 年 5 月至 1973 年 8 月。1968 年年底，美国停止了对越南北方的轰炸，1969 年年初，在巴黎与越南开始谈判。从此，越南战争进入了边打边谈判的阶段。到 1972 年 3 月底，越南南方武装力量在越南北方的支援下，发动了全面攻势，接连取得了重大胜利，沉重地打击了美伪政权。美国为了切断来自越南北方的支援，保住阮文绍傀儡政权，在大举增调海、空兵力，恢复轰炸越南北方的同时，于 5 月 9 日开始对越南北方沿海航道、港口、河道实施大规模的水雷封锁。仅 5 月 9 日清晨就出动美海军舰载机 100 余架，各型舰只 6 艘，在对海防、广安、鸿基、涂山等沿海地区进行轰炸和炮击之后，即以舰载机 40 余架实施布雷，并逐步扩大范围，先后封锁了海防、勒苗等重要航道及太平河、马江、格会口、格梭口、筝河、日丽河、城门河、红河口、文奥河、茶李河、勒县河、格禁河。其后还多次进行补充布雷。美国对越南北方重要港口及内河航道布设水雷，实行全面海上封锁，使越南北方接受外援物资和对越南南方支援的主要运输线被切断，美国企图以此迫使越南在巴黎谈判桌上让步。停熄 3 年多的战火又在越南北方重新燃起。越南政府于美国布雷的当天就要求中国派海军部队帮助扫雷。根据越方的要求，为了帮助越南人民打破美军的海上封锁，中国政府同意立即按计划再次开通中越间隐蔽的海上航线，向越运送粮食和其他物资。同时，依照中越两国军队总参谋部达成的协议，中国人民解放军除抽调汽车部队在两国边境地区担负援越公路运输任务外，又承担了协助越军扫除沿海的美军水雷和抢建野战输油管的任务。

中国海军扫雷工作队（简称"扫雷队"）各艇轮番作战，指战员夜间出海扫雷，白天还要在空袭威胁下抢修机器。中国援越扫雷队取得节节胜利，引起了美军的不安，美机经常在扫雷队锚地和扫雷区域侦察盘旋。8月20日开始，每天都有美机前来低空侦察，夜间投照明弹。8月27日上午，美机悍然投弹轰炸了扫雷队黄洲指挥所。中国扫雷队仍坚持不懈地进行战斗。1973年5月17日，扫雷工作全部结束。8月27日，中国海军扫雷工作队胜利回国。在越南的1年零3个月的时间里，中国扫雷队共出海586艇次，总航程2.78万余海里，其中扫雷526艇次，航程近1.75万海里；扫除各种水雷42枚，另与越方共同摸扫5枚；相继疏通了越南北方最大海防、鸿基、锦普等港口至东北群岛的各条航道，总清扫面积达201平方千米，并多次引导中越运输船只安全进出上述各港，为打破美军的海上封锁做出了贡献。

帮助铺设野战输油管。美军对越南北方实行海上封锁后，越南紧急请求中国帮助铺设5条野战输油管，经广西边境向越南输油。中国克服了各种困难，迅速生产出铺管所需的全套设备和专用车辆，并以最快的速度向广西边境调拨了充足的援越油料。按照越方的要求和中越两国军队达成的铺管协议，1972年5月31日至1973年2月12日，中国人民解放军先后抽调部队和民兵8000多人次，并配备大批机械、车辆，在凭祥至友谊关、防城港至滩散两地段，铺设了5条援越野战输油管，总长159千米，连同新建扩建的油库、泵站、通信设施和铁路专线等工程，共完成土石方10多万立方米。防城输油管全长99千米。这两个地段的输油管分别于1972年6月15日和11月6日开始向越南输送油料。

越南的海上石油运输逐渐恢复正常。应越方要求，中越边界野战输油管输油至1976年6月30日才停止。4年间，中国通过输油管向越南输送的汽油、柴油总计近130万吨，占越南抗美战争期间中国援越石油总量的一半多，有力地支持了越南保卫北方、解放南方、统一祖国的伟大斗争。

在中国海军扫雷工作队的支援下，越南军民不仅没有在美国的轰炸和海上封锁面前屈服，反而越战越勇，终于迫使美国政府承认侵略战争的彻底失败。1973 年 1 月 27 日，越共、越南南方民族解放阵线、美国、南越阮文绍政权四方在巴黎签署了《关于在越南结束战争、恢复和平的协定》。1973 年 1 月 27 日，越美巴黎协定签字后，美军完全停止了对越南北方的战争行动。3 月，侵越美军部队开始撤出越南南方。1973 年 8 月，在越执行援越抗美任务的中国支援部队全部撤回国内。

在越南抗美救国民族解放战争中，全国先后有 20 多个省、市、自治区和数千家科研单位、工厂担负了援越抗美的任务。不管军工产品还是民用产品，只要越南需要，有现成的就供给，没有现成的就立即生产，没生产过的也得上马研制。而当时，越南要求中国提供援助，有个显著特点：品种多，数量大，时间紧，要求高，而承担任务的单位人员，几乎都是把它当作压倒一切的首要任务，加班加点、不折不扣地完成。

援越抗美的运输任务十分艰巨。据 1965~1979 年的不完全统计，铁路共运输援越物资约 3.05 万余车。据广州军区仅 5 年的统计，经水路运输的援越物资共达 12.5 万余吨。1972 年 8 月开始在一年多的时间里，仅从中越边境地区开辟的 5 条公路运输线，运入越境的各种物资就达 62 万余吨。

对越南的援助是中国对外援助中时间最长、数量最大的。据统计，到 1978 年止，中国对越南的援助总值达 200 亿美元左右（按当时国际市场价格计算），其中无偿援款占 93.3%，无息贷款占 6.7%。

中国支援部队在援越抗美的艰苦年月里，在战场上打仗英勇顽强，在工地上艰苦奋战，涌现出许许多多临危不惧、视死如归的英雄人物。中国支援部队 4000 多名指战员血洒越南，有 1000 多名烈士至今还长眠在越南山岗。在援越抗美期间，中国支援部队时时事事以增进中越两国人民的友谊为重，严格执行三大纪律八项注意，爱护越南的一山一水、一草一木，像对待祖国同胞一样关心越南人民群众，在民房被炸起火时，战士们总是冒着生命危险一次次抢救越南人民和物资；在部队和越南群众都遭到空袭的情况下，总是让担架队首先抢救越南的负伤人员。指战员们还利用战斗和施工的间隙进行爱民活动，帮助越南人民种地、兴修水利、修房盖房、修车修路、理发治病、办夜校、送书籍、教唱歌、放电影、演节目等，做了大量好事，中国支援部队受到越南人民的热诚拥戴和大力支援。这一切，将作为两国人民之间的佳话永远流传。越南人民的伟大领袖胡志明主席指出："中国对越南的援助，是最及时的、最大量的、最真诚的、最宝贵的，对越南人民抗美救国斗争，作出了伟大的贡献。"他还真诚地评价说："事实证明，中越两国的关系是用鲜血凝成的，是牢固的，我赠给你们这支部队一个荣誉称号：你们是来时人人敬爱，走时是人人想念的革命军队。"

中国支援部队的将士们与越南军民并肩作战，用生命和鲜血捍卫了越南北方领空和领土的安全，保障了越南北方交通运输的通畅，使越南人民军得以抽调大批部队支援南方人民的作战，帮助越南人民取得了抗美救国战争的胜利。中国支援部队援越抗美战争的光辉业绩，将永远铭刻在中国人民和越南人民心中。

（二）美国侵略老挝，中国领导人拍板援老抗美

回顾我国援老抗美的历史，从 20 世纪 60 年代到 70 年代后期可以分为两个阶段。

1. 1961~1966年为第一阶段

1954 年日内瓦会议后，美国取代法国侵入印度支那，在老挝扶植右派势力，多次策动政变，不断向寮方解放区发动进攻，挑动老挝内战，全面破坏日内瓦协议。1956~1957 年，寮方和万象政府就组织联合政府等问题进行谈判，1957 年 11 月 20 日，成立了由富马亲王任首相并有寮方两名代表参加的老挝第一次联合政府。1958 年 7 月，老挝右派势力在美国指使下，排斥老挝爱国战线，组成以培·萨纳尼空为首的亲美政权。1960 年 8 月，贡勒发动军事政变，推翻亲美政权，成立富马中立政府。同年 9 月，美国策动富米·诺沙万和文翁·纳占巴塞在沙湾拿吉成立非法政府，并于12 月底向万象的富马政府发动进攻，导致全面内战。为了和平解决老挝问题，中国、越南、柬埔寨、老挝、法国、英国、美国、苏联等 14 个国家，于 1961 年 5 月至 1962 年 7 月举行日内瓦会议，签署了有关老挝问题的日内瓦协议。1962 年 6 月 23 日，以富马为首相，有左、中、右三方参加的

老挝临时民族团结政府成立。临时政府成立后，美国继续进行破坏，支持右派势力分裂联合政府，不断向寮方解放区发动进攻。1963 年 4 月，美国唆使右派集团的特务暗杀了联合政府外交大臣、中立派爱国人士贵宁·奔舍那，使联合政府陷于瘫痪。1964 年 4 月，右派集团发动政变，临时政府被颠覆。自 1964 年 5 月起，美国多次出动飞机轰炸解放区，对老挝进行军事干涉，彻底破坏了日内瓦协议。自此，老挝内战狼烟四起。对美国的侵略行径，老挝人民党领导全国军民坚持斗争，坚决抗击美国及右派势力的进攻。

老挝是中国的近邻，已经站起来的中国人民是绝对不会允许美国从南面包围遏制中国，插手印度支那事务，利用印度支那来威胁中国国家安全的。在当时的历史条件下，光靠老挝爱国力量是不可能抗击美国及其支持的老挝右派势力的进攻的。老挝人民革命党和老挝联合政府请求中国支援。中国政府于 1961 年 4 月 2 日正式表示支持老挝人民捍卫国家独立的正义战争，时任国务院副总理兼外交部部长陈毅在印度尼西亚首都雅加达国际机场回答各国新闻记者的提问时代表中国政府警告说，"如果美国继续派兵侵略老挝"，那么，对此种情况"我们将不能置之不理"。此后，中国政府又多次声明：老挝是中国的近邻，美国对老挝的侵略，也是对中国的严重威胁，中国绝对不会坐视日内瓦协议被撕毁，让战火烧到自己的身边。

中国政府发表声明后，说到做到，援老抗美的序幕拉开了。根据老挝的请求，中共中央和中国政府决定积极支持老挝人民的正义斗争。1961 年 12 月 2 日，经中国国务院总理周恩来审批的外交部关于援老工作的请示报告，提出了"在逐步促进老方自力更生的前提下，采取积极援助的方针"。1964 年 7 月，毛泽东、刘少奇和周恩来又指示，中国应进一步加强对老挝的军事物资援助，把老挝爱国部队的后勤供应包下来，老挝人民需要多少，中国就帮助多少。

中国人民解放军遵照中共中央和国务院的指示，承担了向老挝提供军事援助的任务，先后向老挝提供了大批武器装备和后勤军需物资，帮助培训老挝爱国军队军事、技术人员。援助的装备和物资，不仅数量多，质量好，而且及时送到。为了适应老挝爱国武装力量在热带山岳丛林地区作战的需要，有些装备器材是专门研制的。从 1961 年到 1962 年年初，应老挝人民革命党的请求，中国政府曾派我军善于在热带山岳丛林作战的第 13 军 39 师帮助老挝解放了与我国云南省接壤的南塔、乌多姆赛、丰沙里省，使老挝人民革命党有了后方基地。1961 年 4 月 25 日，中华人民共和国国务院总理周恩来和老挝王国政府首相梭发那·富马亲王在联合声明中指出：中国政府应老挝王国政府的请求，同意帮助老挝王国政府修建 1 条公路，即从我国云南省勐腊县尚勇乡中老边境西侧的孟约至老挝丰沙里省省会的公路，全长 81.5 千米。6 月，云南省派出技术考察团实地勘探，按照中国公路 6 级乙标准进行设计。9 月 11 日，中国人民解放军总参谋部遵照周恩来总理关于援建丰帕公路"要动用工兵部队"，"包下来，修得快，修得好"的指示，决定由昆明军区和铁道兵各组织一个工程大队，成立军工指挥部，在云南省援老筑路领导小组统一领导下，与民工大队共同完成筑路任务。1962 年 1 月 13 日，两国政府代表在老挝王国临时首都康开签订了关于中国帮助老挝修筑丰帕公路的协定。2 月 10 日，工程一、二大队共 4315 人，加上运输汽车 60 辆，骡马 610 匹，及部分施工机械，在完成中国云南省勐腊至中老边境公路的修筑任务后，陆续进入老挝境内展开施工。战后，我军 13 军 39 师又于 1962 年 4 月再次赴老修建这条公路。我国政府于 1974 年 11 月 15 日正式将该公路移交老方使用。所修的这条公路达到了路基坚实、路面平整、边坡整齐、桥涵稳固、外形美观的设计要求。1962 年 11 月 7 日，梭发那·富马亲王视察了丰帕公路工地，十分赞赏中国筑路人员勇于克服困难的精神和就地取材的办法，对公路的质量表示满意。1963 年 3 月 15 日，丰帕公路全线竣工。修好的公路全长 81.476 千米，有桥涵 209 座，其中军工大队完成总工程量的 50% 左右。1963 年 4 月 12 日，中老双方组织验收。13 日，老挝王国首相府发表公报，称赞中国修筑的公路"质量良好"，并将这条公路命名为"老中友谊路"。5 月 25 日，中老双方在丰沙里举行了签字移交仪式和通车典礼。

与此同时，中国政府还向老挝爱国武装力量提供了大量军事援助。根据我国有关部门公布的统计材料，仅在从 1964 年至 1966 年年底的 3 年时间里，中国即对全国人口尚不足400万的老挝解放区（不含对富马亲王的援助），提供了各种枪2.4万支（挺）、火炮600余门、枪弹300多万发、手榴弹20万余枚、无线电台和电话机1300多部、汽车60余辆、军服60万余套，总额5000多万元人民币（时价）。我国除了帮助老挝修建公路和提供军事援助外，那时也做好了派兵出国援助老挝人民进行军事作战的准备。不打无准备之仗是毛泽东主席的一贯军事思想。根据中越苏美四国的越战档案，1964年10月，中国国务院总理周恩来率领外交部部长陈毅、副总参谋长杨成武上将等人赴河内，与越南国家主席胡志明、政府总理范文同、越共总书记黎笋和老挝人民革命党总书记凯山·丰威汉、爱国阵线主席苏发努冯等举行会议。当时三方商定，如果美军只介入南越地面战斗，派飞机轰炸北越，中国也只派防空部队作战，一旦美军越过北纬17度线，中国将派出地面部队参战。老挝领导人也参加了这样重要的会议，这意味着中国早已把印度支那地区作为一个抗美战场。

2.1968年9月至1978年为第二阶段

该阶段又可以分成为两个阶段，一是由沈阳军区组建的中国后勤部队第5支队，从越南战场转战老挝后改为援寮筑路指挥部，从1968年9月至1972年4月15日在老挝修建公路；二是由昆明军区派干部接替组建的新筑路指挥部从1972年4月15日至1978年4月修建公路。

1968年2月28日，中华人民共和国交通部副部长彭德清和老挝爱国战线中央委员、老挝人民党中央财政委员会委员通占，在北京签订《中、寮双方关于修建公路（磨憨—孟赛—孟夸）问题的会谈纪要》。1969年8月8日，中国对外经济联络委员会副主任李强和老挝人民党财政委员会委员提坛，在北京签订了《中、老双方关于修建（孟赛至孟洪）和考察（孟赛至孟献）公路的会谈纪要》。根据纪要，中国筑路部队同时担负孟赛至波亭（老西线）、孟赛至孟夸（老东线）、孟赛至孟洪（新西线）这3条公路的施工任务。1968年2月17日，中共中央和国务院决定，援老筑路工作由总参谋部和交通部共同领导。8月16日，毛泽东签发命令，由援越筑路的中国后勤部队第5支队组成筑路指挥部率4个工程兵团、云南省第1民工总队以及防空、警卫和后勤部队共2万人，入老担任筑路任务。当时，第5支队刚刚撤离越南战场，还没来得及休整，就接到奔赴老挝战场的命令。他们经过短时间的准备，于 9 月 18 日从中国云南省勐腊县磨憨口岸分批入老。筑路指挥部驻云南勐腊县尚勇乡。中国交通部第 2 公路勘察设计院组成的测设指挥组和 4 个测设队，按照中国公路 6 级甲标准进行勘测设计。

历经近 10 年（1968~1978 年，由于在老挝没有完成筑路工程任务，所以，一直延长到 1978 年）的援老抗美战争，中国动用了 15 个工程兵团和 2 个民工大队。中国军队击落击伤敌机 100 多架；无偿修建五级甲等公路 7 条，共 822.6 千米，桥梁 131 座，涵洞 2677 道；无偿提供各种枪支 11.5 万支（挺）、火炮 2780 余门、坦克装甲车 34 辆、各种枪弹 1.7 亿发、炮弹 267 万余发、手榴弹 92 万枚、地雷 25.4 万个、无线电机 2530 部、有线电机 2654 部、汽车 733 辆、炸药 958 吨、军服 257 万套、主副食品 771 吨。10 年中，中国军队官兵牺牲 269 人，负伤 2000 多人，其中 210 人安葬在老挝孟赛和班南舍的中国军队烈士陵园。轻伤和染病影响终身健康者无法统计。出国参战将士用血汗和生命构建了老挝北部四通八达的公路运输网络，使中国援老抗美物资源源不断地输送到中、下寮战场，为巩固老挝爱国战线根据地，扩大解放区，打败美国侵略者及其走狗做出了贡献。对此，老挝人民革命党和政府给予极高的评价。1974 年 10 月 10 日，老挝人民解放军最高指挥部总参谋部在写给中国人民解放军总参谋部的信中说："中国人民的援助，是在真正的无产阶级国际主义基础上的援助。这些援助，增强了老挝军队继续完成自己民族民主革命的力量。"老挝人民革命党代表团在老挝烈士陵园向中国烈士献花圈时说："对于中国崇高的国际主义精神，我们的子孙后代将永远铭记在心。"

这两场援外斗争为越南和老挝人民取得抗美战争胜利和维护国家统一做出了重要贡献，也为在东南亚恢复和平做出了不可磨灭的重要贡献。

二　这两场援外斗争的历史意义值得人们铭记和研究

上述两场援外斗争，是中华人民共和国成立以后继抗美援朝之后的两次大规模秘密派兵出国的援外斗争，而且时间最长，其历史意义及对以后的援外斗争的启示值得人们铭记和研究。

（一）在危及中国安全的核心利益的时候要敢于亮剑，敢于斗争。当时，美国发动大规模印度支那侵略战争，其战略意图是非常明显的，就是要把印度支那三国变成其势力范围，从南面对中国进行包围，遏制中国。应越南和老挝的邀请，以毛泽东为首的中国共产党和政府及军队敢于斗争，并大规模派部队出国斗争，而且取得了辉煌胜利。一是帮助越南和老挝人民战胜了美帝国主义的侵略战争，实现了国家的统一；二是结束了美国在印度支那和东南亚的霸权主义行径，使该地区获得和平。历史证明，已经站起来的中华民族，以毛泽东为首的中国共产党、政府和人民是绝对不允许帝国主义及其走狗在中国门口危害中国国家安全的。正是这两场援外斗争的胜利，使中美两国关系开始发生转变，使现在中国与东盟关系如此密切，特别是 2002 年以来中国—东盟自由贸易区的建立和目前的自由贸易区升级版，正是源于中国为东南亚和平做出的重要的历史贡献。和平来之不易，值得后人倍加珍惜。

（二）对敢于与霸权主义斗争的弱小国家要给予支持。中国奉行不干涉别国内政和反对霸权主义的对外政策。我们可以肯定，是越南和老挝人民通过自己的奋斗取得抗美救国战争和国家统一的胜利的。但也必须看到，当时，两国都是贫困的国家，要打败武装到牙齿的美帝国主义谈何容易。是中国无私的大力支持才使得两国取得胜利，这是历史事实。

（三）要与受援助国家密切合作，才能够取得胜利。中国几十万部队在越南和老挝进行战斗与生活，首先要搞好与两国政府和人民的关系，这是完成援外任务的前提。这是中国与越南和老挝共同联合对抗美国，最终把美国赶出印支的一个关键时期。中国将支持越南和老挝人民打败美帝国主义，实现国家统一视为具有国际主义色彩的神圣斗争，三国人民是在一个战壕中并肩作战的同志和战友，在反抗共同敌人的浴血战斗中，用鲜血凝结成了亲密无间的战斗友谊。历史表明，中越两国人民和中老两国人民的这种友谊具有深厚的基础，它是三国关系发展的主流，我们应以史为鉴，努力维护这种珍贵的友好关系，让中越和中老友谊世世代代传下去。正如 2013 年 6 月 19 日中国国家主席习近平与越南国家主席张晋创举行会谈时所指出的，中越互为重要邻邦和合作伙伴。两国关系 60 多年走过的历程留给我们最重要的启示是，不管遇到任何问题和干扰，中越双方要朝着友好合作的道路坚定不移地往前走。当前，中国正在为实现中共十八大确定的目标任务而奋斗，需要和平稳定的周边环境。中国高度重视发展对越关系，将坚定奉行对越友好的基本方针。中越关系正处于承前启后、继往开来的关键阶段。面对国际政治经济格局深刻复杂变化，中越双方要共同把握好两党两国关系发展的正确方向，从双方根本利益和两党两国前途命运出发，坚定不移地巩固和推进中越友好，不断增进战略互信，妥善处理分歧，不使中越关系这艘大船偏离正确的航道。这是我们纪念中国援越抗美胜利 50 周年和援老抗美胜利 47 周年最重要的历史和现实的意义。

（四）值得重视总结这两场援外斗争的经验教训。这是中华人民共和国成立以后继抗美援朝之后又两次大规模秘密派兵出国的援外斗争，而且时间长达近 13 年。这两场援外斗争有一些方面有别于抗美援朝，特别是部队在东南亚亚热带丛林战斗和生活积累了很多防空作战、战地生活等经验教训，而且成功的经验多，值得人们研究借鉴，为今后在热带丛林执行任务提供有益经验。

（五）要在实战中锻炼部队和培养干部。中国人民解放军的大部分部队都参加了这两场战争。笔者在第 5 支队指挥部工作多年，据笔者观察，当时除了从全军调动有关部队直接参加援外斗争外，为了锻炼培养部队干部，各军区和兵种都派了一些干部到出国部队见习，使全军部队学习到了不少援外斗争经验教训，为我军培养了很多具有实战经验的干部。实战是最能够培养锻炼干部的，这种培养干部方式值得借鉴。

（六）要注意保留战斗骨干。这是义务兵服役最长的两场援外斗争。由于当时正在进行"文化大革命"，在出国部队中，有不少是 1965 年以前和当年入伍的士兵，他们一当兵就出国，一直到 1972 年以后回国才陆续退伍，长达 7 年以上，是我军实行义务兵役制以来服役最长的士兵。笔者认为，在特定的历史条件下，采取这种方式应该是可行的，老兵有实战经验，熟悉战场情况，可以最大限度地起到稳定军心和减少伤亡的作用。也由于减少轮换，可以为国防节约很多经费。21 世纪是高科技信息时代，部队需要大量掌握高科技信息、技术的人才，而这种人才不是一时就能够培养出来的，保留和引进人才才能够使我军永远处于不败之地。

（七）应该肯定和宣传这两场援外斗争。这两场援外斗争保密时间最长，尽管出了一些有关这方面情况的书，《人民日报》也公布过这两场斗争的简况，但由于主流媒体宣传不够，现在的年轻一代（包括受到援助的两个国家的很多人）不了解中国曾经进行过这两场援外斗争。现在是应该还原这两场援外斗争的历史事实的时候了。希望国家重视这两场援外斗争，宣传这两场援外斗争，还原历史真面目，让国人和越南、老挝人民永远铭记这两场援外斗争。2014 年 8 月 31 日，中国第十二届全国人民代表大会常务委员会做出关于设立烈士纪念日的决定，将 9 月 30 日设为烈士纪念日，牺牲在越南和老挝的烈士们所做出的贡献应被永远铭记。

弹指一挥间，中国曾进行的这两场援外斗争已过去近半个世纪，历史应该铭记，让中国、越南和老挝三国人民之间用鲜血凝成的友谊在 21 世纪继续得到发扬，成为三国人民今后共同朝着幸福繁荣的道路迈进的强大的精神动力。

责任编辑：米良

Chinese Two Battles Aiding Foreign Powers with Contributions to the Restoration of Peace in Southeast Asia

Jin'an Ma

Abstract: The year 2015 is the 50th victorious anniversary for the war aiming to resist U.S aggressions and aid Vietnam(from 1965 to 1975) and the 47th victorious anniversary for the war resisting U.S aggressions and aiding Laos (from 1968 to 1978). The paper summarizes the situations of these two battles and proposes the historical significance of memorizing and conducting research on these two battles.

Keywords: aiding Vietnam; aiding Laos; resisting U.S.; significance

南亚地区研究

美国的阿富汗战争与妇女解放：理想与现实

范若兰*

【摘　要】　2001 年美国发动阿富汗战争，为了加强阿富汗战争的合法性，美国在高举反对恐怖主义旗帜的同时，还提出解放阿富汗妇女的目标。阿富汗战争与解放妇女涉及人权、主权、妇女权利和文明冲突等问题。本文围绕以下问题展开分析：阿富汗妇女需要解放吗？美国真的要解放阿富汗妇女吗？阿富汗妇女被解放了吗？本文认为，在妇女权利是人权的共识下，阿富汗妇女需要解放；美国基于其重视民主、人权的理念，真心解放阿富汗妇女，这是其理想主义与现实主义的又一次完美结合。阿富汗妇女处境虽然有所改善，但离"解放"尚远。

【关键词】　美国　阿富汗战争　穆斯林妇女　妇女解放

自 1979 年 12 月苏联入侵阿富汗后，阿富汗陷入长期战火中，阿富汗战争催生了阿富汗众多抵抗力量，包括各种民族主义组织和伊斯兰圣战组织。1989 年苏军撤离后，阿富汗陷入内战。长年战争导致以下恶果：①阿富汗是世界上最贫穷、最不安全的国家之一；②阿富汗大量人口死于

---

*　范若兰，中山大学亚太研究院教授。

战争，大量人口成为难民，长期居住在阿富汗与巴基斯坦边境地区的难民营中；③阿富汗宗教极端主义兴起和壮大，以塔利班为代表的宗教极端组织最终夺取全国政权；④阿富汗是世界上妇女地位最低的国家之一，战乱、贫穷和塔利班的极端政策导致阿富汗妇女成为最大的受害者。这些是互为因果的：阿富汗战争引发武装抵抗，伊斯兰成为抵抗的旗帜，衍生出宗教极端主义，而极端主义又加剧战乱，战乱导致贫穷、死亡和难民，最终加剧对妇女的伤害。

2001 年美国发动阿富汗战争，为了加强阿富汗战争的合法性，美国在高举反对恐怖主义旗帜的同时，还提出解放阿富汗妇女的目标。阿富汗战争与解放妇女涉及人权、主权、妇女权利和文明冲突等问题，目前国内学界对这一问题的探讨只限于简单介绍。① 本文主要探讨美国的阿富汗战争与解放妇女的关系，围绕以下问题展开：阿富汗妇女需要解放吗？ 美国真的要解放阿富汗妇女吗？ 阿富汗妇女被解放了吗？

一　阿富汗妇女需要解放吗

要回答这一问题，必须从塔利班统治下阿富汗妇女的处境说起。

1996 年 9 月 27 日，塔利班武装攻占阿富汗首都喀布尔，建立塔利班政权，该政权奉行严格的沙里阿法，要将阿富汗建成政教合一的伊斯兰教国家。塔利班出台的第一号法令是《扬善除恶委员会的通知》，第二号法令是《阿富汗塔利班伊斯兰运动为国立医院和私人诊所制定的基于沙里阿原则的工作条例》，两个法令的核心是性别隔离，规定妇女无近亲男人陪伴不可外出，不得乘坐出租车，出门必须穿布卡，不得让男医生看病，店主不得买卖物品给不穿布卡的妇女，等等。②

塔利班政权用暴力强迫实施上述法令。首先规范妇女的穿着，强迫

---

① 主要文章有傅小强的《阿富汗妇女打开 "一线天"》（《世界知识》2005 年第 6 期），天山的《揭开阿富汗妇女的面纱》（《国际展望》2001 年第 24 期），王军的《贾拉尔：阿富汗政坛奇女子》（《瞭望》2004 年第 41 期）。

② Sally Armstrong, *Veiled Threat: The Hidden Power of the Women of Afghanistan*, Four Walls Eight Windows, 2002, pp.12-14.

妇女穿遮盖严实的布卡。其次是剥夺妇女的教育和工作权利。在塔利班看来，妇女的职责是家庭，不需要接受教育，更不能外出工作，所以它关闭所有女子学校，禁止女孩上学，并强迫所有妇女离开工作岗位。在塔利班上台前，妇女在阿富汗教师中占70%，在公务员中占50%，在医生中占40%，在喀布尔大学学生中占50%。[1] 但塔利班上台后，除了女医生因为要为女病人看病，1997年重返医院外，其他职业的妇女都被迫回家，女生失学。再次是限制妇女获得医疗救治的权利。塔利班规定男医生不得为女病人看病，即使有男性近亲陪伴，男医生也不能揭开女病人的布卡进行诊治。许多女病人因没有男人陪伴而失去治疗机会，还有女病人大面积烧伤来就医时，男医生需要揭开布卡，但是塔利班警卫坚决不允许，最终女病人因得不到及时救治而死亡。[2] 此外塔利班禁止避孕、堕胎，要求早婚早育，通奸者被处以石刑，甚至与非亲属的男性外出，也会被怀疑为与男子通奸而被用乱石砸死。

在塔利班的统治下，针对阿富汗妇女的结构暴力、直接暴力和文化暴力达到令世人震惊的程度。[3] 1996~2001年塔利班统治期间，阿富汗妇女生活在各种暴力中，生存权、生命权、教育权、工作权和参政权都遭剥夺，阿富汗成为妇女地位最低的国家。

因为塔利班限制妇女的医疗权利，加之医疗设施严重不足，阿富汗妇女和儿童的生命权和生存权得不到保障。据一个名为拯救儿童（Save the Children）的组织在2002年公布的调查，阿富汗每1000个婴儿中就有165个在一岁之前夭折，88%的人口没有干净的饮用水，25%的儿童患有中度到重度的营养不良。98%的妇女没有使用过现代避孕措施，92%的妇女在分娩时由未受过任何训练的人接生，产后子宫感染的现象非常普遍。每10万名产妇中就有1700人死亡。[4]

---

[1]　Saba Gul Khattak, "Afghan Women: Bombed to Be Liberated?" *Middle East Report*, 222, 2002, p.19.

[2]　Sally Armstrong, *Veiled Threat: The Hidden Power of the Women of Afghanistan*, Four Walls Eight Windows, 2002, p.10.

[3]　范若兰：《社会性别视角下的暴力三角学说：解读与重构》，《思想战线》2014年第1期。

[4]　Carol J. Riphenburg, 'Post-Taliban Afghanistan: Changed Outlook for Women?' *Asian Survey*, Vol. 44, No. 3, 2004, pp. 407-413.

　　因为塔利班禁止妇女接受教育和工作，阿富汗妇女的教育权和工作权被剥夺，导致阿富汗女性识字率极低并导致很多女性生活在贫困中。2002年阿富汗男性识字率为35%，女性识字率仅为7%。[①] 妇女不能工作，甚至不能出去乞讨，许多寡妇和没有男家长的家庭生活在极度贫困中。

　　因为塔利班的鼓励，妇女因各种原因遭受暴力对待，如风吹布卡露出脚踝，买东西时露出手指，要受到鞭打；被控与人通奸，要被乱石砸死；有些女子被人强奸而怀孕，塔利班要求要有四位成年男性穆斯林证明强奸，如没有证人，该女子就犯了通奸罪，依然要被砸死。此外，家庭暴力一直是普遍现象。丈夫的权威不容置疑，打妻子是家常便饭，更严重的是妇女经常遭受极端暴力。如18岁的艾尔莎因不堪忍受丈夫一家像奴隶一样对待她而在一个午夜逃走，但被抓回，她的丈夫抽出刀子，割掉了她的耳朵和鼻子。[②]

　　阿富汗妇女的生存权被肆意践踏，对"阿富汗妇女需要解放吗？"这样的问题，回答是肯定的。

　　塔利班政权严重损害阿富汗妇女权利，已违背了基本人权和妇女权利标准，遭到国际社会的谴责。联合国一位针对妇女暴力的调查人 Radhika Coomaraswamy 1999 年 9 月访问阿富汗，指出"国际社会不能容忍阿富汗的环境，世界上没有任何地方的政府这样对待妇女，塔利班不能被允许掌管国家"。[③] 而穆斯林则从宗教角度看待阿富汗妇女权利，认为塔利班的做法违背了《古兰经》，甚至穆斯林兄弟会、伊斯兰促进会等伊斯兰主义组织也谴责塔利班的妇女政策。[④] 约旦王后拉尼娅 2001 年 11 月 12 日在英国发表演说，呼吁人们不要忘记这些被剥夺教育、工作、医疗权的妇女，帮助遭受不公平待遇的阿富汗女性。

---

① Bob Minzesheimer, "Taliban's Oppression of Women Unveiled: War on Terrorism Puts Their Plight in Focus"，*USA TODAY*, McLean, Feb. 18, 2002, p.9.

② 艾尔莎后被送到美国接受治疗，她的照片登上了美国《时代》杂志封面。

③ Sally Armstrong, *Veiled Threat: The Hidden Power of the Women of Afghanistan*, Four Walls Eight Windows, pp.113-114.

④ Barnett R. Rubin, "Women and Pipelines: Afghanistan's Proxy Wars"，*International Affairs,* No. 2, 1997, p. 289. Saba Gul Khattak, "Afghan Women: Bombed to Be Liberated?" *Middle East Report*, 222, Spring 2002, p.19.

生活在塔利班政权压迫下的阿富汗妇女需要解放，需要国际社会的帮助。阿富汗女性主义者积极与外界联系。当一位加拿大女性主义者奥姆斯特朗（Sally Armstrong）1997年第一次到阿富汗时，当地妇女请求她为她们代言，她们说："我们不再有声音；我们需要其他妇女听到我们的声音。"[①] 阿富汗著名女性主义者西玛·沙马尔（Sima Samar）医生有机会到加拿大访问时，也一再呼吁："我们需要团结和姐妹情谊，我们希望你们为我们代言，因为我们在我们的国家没有声音……迄今，联合国在阿富汗妇女问题上是被动的，我们希望人们采取更多行动。我们是女性共同体的一部分，如果我们受到伤害，其他妇女也将受到伤害。"[②]

妇女权利是人权，这是国际社会的共识。在塔利班统治下，妇女的基本权利得不到保障，所以阿富汗妇女需要解放，不论是在西方社会还是在伊斯兰社会，不论是政府还是非政府组织，不论是普通民众还是女性主义者，不论是他国妇女还是阿富汗妇女，在这一点上人们有共识。

二　美国是要解放阿富汗妇女吗

对这一问题的回答存在一定争议。民主、人权一直是美国外交的重要旗帜，妇女权利也是人权，受到美国民众、妇女组织和政府的高度关注。

早在塔利班掌权初期，美国人就注意到阿富汗妇女的处境。美国妇女组织"女性主义多数"（Feminist Majority）发行了两个有影响的录像带《沉默的遮蔽》（*Shroud of Silencet*）和《塔利班：憎恨的祈祷》（*The Taliban: Prayer of Hate*），积极上电视访谈节目，努力向世人揭露塔利班压迫妇女的行径将阿富汗妇女的悲惨状况展现给世人。同时该组织还向美国政府和联合国施加压力，敦促它们不承认塔利班政权。在他们的努力下，1998年3月美国总统克林顿和联合国秘书长安南宣布美国和联合国拒绝承

---

① Sally Armstrong, *Veiled Threat: The Hidden Power of the Women of Afghanistan*, Four Walls Eight Windows, pp. 142-143.

② Sally Armstrong, *Veiled Threat: The Hidden Power of the Women of Afghanistan*, Four Walls Eight Windows, p. 144.

认塔利班政权，直到妇女和女孩权利得到恢复。①1998 年 12 月 10 日，美国第一夫人希拉里在《人权宪章》15 周年纪念大会的发言中提到阿富汗妇女，指出"最震惊的和最系统地歧视人权的现象发生在今日阿富汗，我们不能允许这些可怕的对妇女和女孩的罪行继续下去，我们必须清楚这种对阿富汗妇女和女孩权利的侵犯不是文化的，而是犯罪，我们必须运用我们的权力去终止它"。② 可见，阿富汗妇女权利是美国评价塔利班政权的重要指标之一，并因此不承认它。

2001 年 9·11 事件发生后，美国迅速认定"基地"组织发动这场袭击，同时美国认定阿富汗塔利班政权庇护"基地"组织和本·拉登，为了彻底铲除"基地"组织和消除恐怖分子，美国在全球进行反恐，并于 2001 年 10 月 7 日发动阿富汗战争，对阿富汗实施大规模军事打击。

为了加强阿富汗战争的合法性，美国在高举反对恐怖主义旗帜的同时，还提出解放阿富汗妇女的目标。2001 年 11 月 17 日，美国第一夫人劳拉发表讲话，指责塔利班对妇女和儿童的压迫，并呼吁"世界反恐力量行动起来打击阿富汗塔利班政权及其支持的基地组织，抗议他们针对阿富汗妇女和儿童的暴行"。在劳拉看来，"恐怖分子"的"中心目标"是压迫妇女，那么美国军队入侵阿富汗的主要目的就是反恐和解放妇女，"反对恐怖主义的战争也是争取妇女权利与尊严的斗争"。③ 她明确将反恐与解放妇女画上等号。随后，美国政府发布了一份九页的报告《塔利班针对妇女的战争》，历数塔利班政权压迫妇女的罪行。美国总统乔治·W.布什在讲话中也说："几年来阿富汗人民生活在现代历史上最残暴的政权之一的统治下，这个政权与恐怖分子结盟，这个政权使妇女处于水深火热中。感谢我们的军队和我们的盟友，还有阿富汗勇敢的战士，塔利班政权行将就

---

① Sally Armstrong, *Veiled Threat: The Hidden Power of the Women of Afghanistan*, Four Walls Eight Windows, p.147.

② Sally Armstrong, *Veiled Threat: The Hidden Power of the Women of Afghanistan*, Four Walls Eight Windows, p.146.

③ U.S. Government, "Radio Address by Laura Bush to the Nation", November 17, 2001, http://www.whitehouse.gov/news/releases/2001/11/20011117.html.

木。"① 军事打击的结果是，不到两个月美军就推翻了塔利班政权。

但是，许多人认为美国发动阿富汗战争并不是真心解放阿富汗妇女，只是借此加强反恐战争的合法性。理由是过去美国政府为了对付苏联入侵，曾支持过包括本·拉登领导的"基地"组织在内的后来成为恐怖组织的一些抵抗组织，塔利班也在其支持之列。小布什政府为了反恐而利用阿富汗妇女权利问题，这表明美国只是为了自己的国家利益而不是阿富汗妇女的利益。有学者指出，"西方政府不仅与虐待妇女权利的文化相勾结，当适合他们时，他们也以虐待妇女权利为借口攻击穆斯林国家，美国政府在9·11事件后对阿富汗发动进攻，使用的一个借口就是保护妇女权利"。②

笔者认为，美国民众和妇女组织真心支持解放阿富汗妇女，美国政府能因为塔利班压迫妇女的事实而拒绝承认这个政权，也是真正关注阿富汗妇女权利，这是基于美国外交传统中的理想主义原则，美国自负的"文明使命"，使其能将解放妇女作为目标。小布什政府发动的阿富汗战争既打着反恐的旗号，也打着解放阿富汗妇女的旗号，这样才能获得民众支持，美国国家利益与解放阿富汗妇女是一致的，因此美国是真心要解放阿富汗妇女。在此，美国的现实主义和理想主义又一次完美地结合在一起。

事实上，美国在主导阿富汗战后重建时，也确实将其解放妇女的目标付诸实施。

一是关注阿富汗妇女权利，加强决策时社会性别主流化。阿富汗战后重建是在美国领导和监督下进行的，美国要求在组建的临时大国民议会和制宪会议中都要有妇女代表，在2002年为建立阿富汗过渡政府而紧急召开的阿富汗大国民议会的2000名代表中，妇女代表占到了12%。美国要求阿富汗过渡政府履行国际社会有关妇女权利的公约，2002年阿富汗过渡

① Saba Gul Khattak, "Afghan Women: Bombed to Be Liberated?" *Middle East Report*, Spring 2002, p.19.

② Bronwyn Winter, "Religion, Culture and Women's Human Rights: Some General Political and Theoretical Considerations", *Women's Studies International Forum*, Vol. 29, Issue 4, 2006, p.386.

政府签署了《阿富汗妇女权利声明》，宣称阿富汗男女平等，妇女拥有行动自由、言论自由、政治参与自由等权利，妇女有权决定是否穿布卡或戴头巾。2003 年阿富汗政府没有任何保留地签署了联合国《消除对妇女一切形式歧视公约》，这在伊斯兰国家是绝无仅有的，[①] 在塔利班时代是根本不可能的。

二是在援助计划和项目上，美国政府注重纳入社会性别视角，关注改善妇女权利。对与妇女儿童关系密切的教育、健康医疗等领域投入巨额资金。2002~2008 年，美国在教育方面投入 3.95 亿美元，用于基础教育、高等教育、课本、修建学校等项目。[②] 在健康医疗方面投入 4.47 亿美元，用于培训医疗卫生人员、建立卫生系统、预防疾病等。[③] 这些项目与民生密切相关，其中女性受惠较大。

更重要的是，美国占领阿富汗为阿富汗妇女赋权自己提供了可能性，也为国际社会，包括联合国和非政府组织援助阿富汗妇女、改善其生活状况和地位提供了条件，有助于阿富汗妇女解放。

三　美国解放阿富汗妇女了吗

对这个问题的回答存在极大的争议。在占领阿富汗两年后，美国政府认为自己已经解放了阿富汗妇女："在过去两年半时间，5000 万的男人、妇女和儿童已经被从地球上两个最残忍的政府解放出来，2500 万的妇女和女孩现在自由去上学，参加选举，在他们的社会发挥积极作用。美国继续为提高和支持所有人民的尊严而努力。"[④]

---

① 绝大部分签署该公约的伊斯兰国家以宗教信仰为理由对某些公约条款提出保留意见，少数伊斯兰国家未加入该公约。详见徐昊《从社会性别视角审视〈消除对妇女一切形式歧视公约〉》，中山大学硕士学位论文，2007。

② Jane Morse, U.S. Plan Would Help Afghan Women Build Better Lives; Women Seen As Key to a Brighter Future in Afghanistan, *State Department Documents / FIND*, Lanham: Feb. 2, 2010.

③ United States Government Accountability Office, *Securing, Stabilizing, and Reconstructing Afghanistan*, Report to Congressional Committees, http://www.gao.gov/new.items/d07801sp.pdf.

④ Press release, March 12, 2004, www.whitehouse.gov/news/releases/2004/03/20040312-4.html.

有人认为美国只是部分地解放了阿富汗妇女，因为只有首都喀布尔妇女的处境有所变化，阿富汗其他小城市和农村妇女仍然生活在严酷的父权制统治下。"2001 年塔利班政权被推翻后，喀布尔妇女终于可以走上街头，少数女性甚至不再穿布卡，图片显示女孩成群结队地走向学校，有了受教育的机会；一些妇女在婚礼上跳舞、逛街、使用化妆品、穿高跟鞋等。"① 喀布尔妇女的处境得到一定改善，但其他地方依然如故，尤其是农村地区。

还有人认为美国没有解放阿富汗妇女。澳大利亚学者温特（Bronwyn Winter）认为，"美国政府在 9·11 事件后对阿富汗发动进攻，使用的一个借口就是保护妇女权利。正如许多人所预期的，大部分阿富汗人仍然处于封建军阀、领主控制下，妇女仍然不安全，战争后建立的政府的主要领导人都是前圣战战士"。② 巴基斯坦学者哈塔（Saba Gul Khattak）认为，随着塔利班倒台，改善阿富汗妇女状况不再是布什政府的中心议题，他认为轰炸使阿富汗妇女更不安全，对于那些因轰炸而成为难民的阿富汗妇女来说，最重要的不是这些炸弹由谁制造，而是这些炸弹使她们背井离乡。③

公允地说，美国在解放阿富汗妇女上发挥了一定的积极作用，在美国、国际社会和阿富汗妇女组织的共同努力下，阿富汗妇女的处境有所改变，其基本的政治、教育、就业等方面的权利得到承认和法律保证。

在政治上，阿富汗妇女拥有参与政治的权利。阿富汗妇女积极参与选举，在 2004 年总统选举中，女选民占 40%。妇女更积极参与权力政治，卡尔扎伊总统领导的过渡政府任命了四名女性担任关键部门的职位，包括任命著名女活动家西玛·沙马尔为副总理兼妇女事务部部长。在宪法的起草过程中，许多妇女组织提出了 25% 的女性代表配额要求。妇女还积极

---

① Carol J. Riphenburg, "Post-Taliban Afghanistan: Changed Outlook for Women?" *Asian Survey*, Vol. 44, No. 3, 2004, p. 401.

② Bronwyn Winter, "Religion, Culture and Women's Human Rights: Some General Political and Theoretical Considerations", *Women's Studies International Forum*, Vol. 29, Issue 4, 2006, p.386.

③ Saba Gul Khattak, "Afghan Women: Bombed to Be Liberated?" *Middle East Report*, 2002, pp.18-23.

参与宪法和选举法制定，在由法学家及律师组成的宪法起草委员会的九名成员中，有两名是女性；在宪法审查委员会的 30 名成员中，有 7 位是妇女；在修订并通过阿富汗宪法草案的议会的 502 名议员中，女性的比例达到 20%，而女性在所有代表中则占到了 17%。[①] 因为妇女的积极参与，新宪法接受了妇女组织的多项要求，其第 83 条保证了两院制国民议会中的女性议员配额——规定在上院中，三分之一的议员由总统任命，而且总统所任命的议员中有一半必须是妇女；在 2005 年的下院第一次选举中，女议员必须至少占到议员总数的 25%。最终，2005 年重建后首次选举中阿富汗下院女议员占 27.3%。[②]

在教育上，女子教育得到恢复和发展，女子学校重新开办。到 2002 年 3 月底，阿富汗已有 3000 所学校重新开办，有 200 万女孩和男孩上学。2003 年联合国在阿富汗实施"重返校园"行动，约有 114 万名女童重返校园。[③] 一些职业学校也对女性开放，如阿富汗红十字会为女性开设医疗保健课，吸引了很多女性参加。

在就业上，阿富汗妇女重新返回工作岗位，其就业权得到保障。北方联盟进入喀布尔后立即发表文告，宣布解除塔利班禁止妇女工作的禁令。阿富汗妇女重新成为教师、女播音员、空姐、商人、医生、护士、公务员。截至 2005 年，女公务员占 20%，有的省份还高于这个比例。[④]

可见，较之塔利班时代，阿富汗战争之后妇女的处境确实有所改善。但也要承认，这种改善非常微小，正如 2005 年沙马尔指出的："我们启动和平和重建之旅已经三年了，我们的人民拥抱和平……但是不幸的是对我们的许多妇女来说这不是真的——真正的和平还没有进入她们的生活空间。不同形式的冲突继续伤害我们的妇女……她们生活在被打、被厌恶、被买卖、语言虐待、歧视、否认权利、剥夺尊严中，战争对她们来说还未

---

① Drude Dahlerup, eds., *Women, Quotas and Politics*, Routledge, 2006, p.253.
② Drude Dahlerup, eds., *Women, Quotas and Politics*, Routledge, 2006, p.253. p.253-254.
③ Zama Coursen-Neff, "Afghan Women and Girls Still Held Hostage," *Middle East Report*, 228, 2003, p. 9.
④ 傅小强：《阿富汗妇女打开"一线天"》，《世界知识》2005 年第 6 期，第 34 页。

结束。"①

　　阿富汗现在仍然冲突不断，阿富汗妇女仍然处于各种暴力中，如果从这个角度看，美国似乎没有解放阿富汗妇女。

　　但妇女解放是长期的过程，在阿富汗这种父权制根深蒂固的国家，这种仍处于战乱的国家，这种社会经济发展非常落后的国家，妇女解放不可能一蹴而就。实际上，在妇女解放问题上，国际社会、阿富汗政府和妇女组织是三个重要的行为体，国际社会与妇女组织在民主、公正、人权、妇女权利等问题上原则上是一致的，因此国际组织和妇女组织是一种共谋关系，致力于解放妇女。但阿富汗政府在这一问题上相对被动，因为提高妇女权利，或提高妇女进入决策层比例，会触及当地父权传统和权力分配，引发对政府的不满或反对，但阿富汗政府又需要国际组织的支持，于是，政府高调宣称维护妇女权利，但实际落实不到位。尽管卡尔扎伊政府签署了《阿富汗妇女权利声明》，也成立了妇女事务部，但许多人认为这"很大程度上使国际捐款人高兴"，然而它的"定义模糊，没有执行权力的法定权限"。②

　　美国的阿富汗战争为阿富汗引入社会性别视角，使其关注妇女权利，建立性别平等机制，只是迈出了解放阿富汗妇女的第一步。阿富汗妇女解放还是要依靠阿富汗自身的发展；阿富汗妇女要积极参与民主建设、经济建设、法律制订和修改，积极赋权自己，努力消除一切针对妇女的暴力。

责任编辑：米良

---

① Lina Abirafeh, *Gender and International Aid in Afghanistan: The Politics and Effects of Intervention*, McFarland & Company, Inc., 2009, p.141.

② Meena Nanji, "Afghanistan's women after 'liberation'," *Los Angeles Times*, 29.12.2003.

War and Women's Liberation in Afghanistan:
Ideal and Reality

Ruolan Fan

Abstract: In 2001, the United State launched the Afghanistan war. Despite of claiming the anti-terrorism, the US also puts forward the goal of Afghan women's liberation in order to strengthen the legitimacy of the war. The war in Afghanistan and the liberation of women involve issues like human rights, sovereignty, woman's rights and clash of civilizations. This paper attempts to analyze the following questions. Is it necessary to "liberate" Afghan women? Do America really intend to liberate Afghan women? Are Afghan women really liberated by the US after the war? At the viewpoint of this paper, it is necessary to liberate Afghan women on the ground that women's rights are human rights; America truly intends to liberate Afghan women because of philosophy of democracy and human rights, which, once again, perfectly combines idealism and realism in its policy; the situation of Afghan women is improved, but there is still a long way to go before they get "liberated".

Keywords: the United State; the Afghan War; muslim women; women's liberation

略论印度军事缩略语及其翻译

闫元元 *

【摘　要】　随着现代化战争的发展，印度军事缩略语被越来越广泛地应用于印度军事领域。印度军事缩略语包括英语缩略语、印地语缩略语、印地语——英语缩略语以及其他语言缩略语等多种类型。本文总结了印地语单词缩略语、词组缩略语和句子缩略语的构成规则，提出印度军事缩略语具有简明凝练、保密性好、生成速度快以及一语多义等特征，并在此基础上对印度军事缩略语的翻译方法进行归纳。

【关键词】　印度　军事缩略语　翻译

　　缩略语是指一个词或短语的简略书写符号。缩略语的出现是符合语言经济原则的 [1]：人类在完成交际和表达需求的时候，总是存在生理上和心理上的惰性；随着人类交际程度、相关领域的不断加深和拓展，人类总是要创造新的、更繁杂的、具有特定功能的语言单位；而人类的惰性则使其

---

　*　闫元元，解放军外国语学院亚非语系印地语教研室讲师。

　[1]　20 世纪 50 年代，语言学家马提内特（A. Martinet）在研究语音空位（Empty Space）时，提出了经济原则（the principle of economy）。

倾向于使用较省力的、较少麻烦的表达方式。近几十年来，各种学科、机构和组织的不断涌现，互联网通信的大力推广，导致对缩略语的强大语用需求，缩略语的数量呈爆炸式增长。以我国当前使用最多的几本缩略语词典为例，李中和主编的《新英汉缩略语大词典》收录缩略语 17 万条，王学兴主编的《英汉缩略语大词库》则收录了超过 30 万的缩略语词条。国际上通用的英语缩略语词典 AD（Abbreviation Dictionary）收录的缩略语条数更是超过了百万。数量众多的缩略语按照不同标准，可以分为多个类别。按照缩略语的使用范围，可以分为行业缩略语和区域缩略语。行业缩略语是指在某一特定行业中具有一定的认可程度的缩略语，如军事、经济、科技等行业。区域缩略语则指在某一国家、区域内通用的缩略语，其使用地域不具有普遍性。按照缩略语的语言，又可以分为英语缩略语、汉语缩略语、印地语缩略语等。

印度军事缩略语是印度军队和印度国内通用的缩略语，广泛地应用于军事文函、通信和涉军新闻之中。从缩略语的标准来看，印度军事缩略语既可以算作行业缩略语，也可以视为区域缩略语。从印度军事缩略语的语言来看，其中既有国际通用的英语军事缩略语，也有一些仅在印度使用的英语军事缩略语。除此之外，印度军事缩略语中还有为数众多的印地语缩略语、印地语—英语混杂缩略语、若干俄语缩略语以及印度民族语言缩略语。因此，不能简单地将印度军事缩略语视为吸收了大量外来词的英语军事缩略语。研究印度军事缩略语，不仅有较高的学术价值，还有十分重要的现实功用。

一 印度军事缩略语的分类

英语作为印度的通用语言，在印度国内有着极为广泛的使用。印度军队的前身是英印殖民军队，承袭了英国军队的指挥体制、军衔制度和武器体系，所以印度军队使用的军事缩略语大部分是国际通用的英语缩略语。印度独立之后，对军队实行了多年的"本土化"，大批印度军官取代英国军官成为印度军队的指挥核心。这些操着印地语的印度军人也顺理成章地将印地语和其他民族语带入了印度军队，并已使其成为印度军队通用的重要语言——印地语逐渐渗透到印度军队所使用的缩略语中，并且占据了相当大的比例。此外，印度军队多年来一直增加武器进口的渠道，大批俄制武器列装印度军队，一些俄语缩略语也被引入印度军事缩略语词库，成为印度军队日常使用的高频词汇。从缩略语的语言和来源看，印度军事缩略语可以分为英语缩略语、印地语缩略语、英语—印地语混杂缩略语和其他缩略语四种。

（一）英语缩略语

英语缩略语是印度军队中使用最广泛的缩略语，广泛应用于印度军队的各个领域，尤其是军事通信和高科技领域。印度军事缩略语中的英语缩略语大体上可以分为两类。一类是世界军事领域通用的缩略语词汇，这些词汇被广泛地收录于各种军事缩略语词典，能够较为便捷地查询到其全称和意义。例如：

ABM —— Anti Ballistic Missile 反弹道导弹

ACF —— Air Calibration Flight 校准飞行

SLAR —— Side Looking Airborne Radar 侧视机载雷达

WMD —— Weapons of Mass Destruction 大规模杀伤性武器

另一类则是印度军队本土化的英语缩略语词汇，这些词汇仅在印度军队中使用，世界其他英语国家的军队极少或未见使用。这些缩略语词条在日常所见的军事缩略语词典中不能够查询，有赖于从事专业领域翻译的人士根据具体语境进行判定、回溯和翻译。例如：

NES —— North East Sector 印度东北地区

NRS —— Nearest Railway Station（离所在地）最近的火车站

LAC —— Line of Actual Control（中印边境）实际控制线

AGPL —— Actual Ground Position Line（印巴边境锡亚琴冰川）实际地面位置线

（二）印地语缩略语

印地语使用的是天城体字体，与同属印欧语系但源于拉丁字母的英语字母有巨大差别。从印度独立起，国内便有学者提议将印地语字母拉丁化，这项提议虽然没有最终得以落实，但拉丁化的印地语在印度国内广泛使用，不仅出版了大量的拉丁体印地语书籍，还广泛地使用于军事、外交、传媒等领域。在 20 世纪，当天城体印地语字母还未被广泛用于互联网时，拉丁体印地语一度曾是互联网最通用的印地语字体。拉丁体字母以其方便、适用性高，成为印度军事缩略语的重要组成部分。印度军事缩略语中的印地语缩略语多为组织机构名称、职位、演习代号、荣誉称号等专有名词，一些简化的印地语口头用语也有缩略语形式。例如：

SSB —— Sashastra Seema Bal 边境保安部队

SPB —— Sagar Prahari Bal 海上突击队

RM —— Raksha Mantri 国防部长

PVC ——Param Vir Chakra 最高英雄勋章

AM —— Ashva Medha 马祭（军事演习）

MG —— Mil Gaya 收到

（三）英语—印地语混杂缩略语

印度军事缩略语中还有相当数量的英语—印地语混杂缩略语，这些缩略语多为组织机构名称和荣誉称号等专有名词。例如：

GCF —— Garud Commando Force 金翅鸟特种作战部队

GF —— Ghatak Force 突击部队

PVSM ——Param Vishisht Seva Medal 最高荣誉服务奖章

BJP —— Bharatia Janata Party 印度人民党

BEL ——Bharat Electronics Limited 印度电子工业有限公司

（四）其他缩略语

印度军事缩略语中的俄语缩略语和印度地方语言缩略语也不在少数。印度独立后，苏联逐步取代英国成为印度最大的军火供应国，大批俄语军事缩略语也随之进入印度军事缩略语的词库。印度与邻国巴基斯坦之间关系紧张，历史上曾经多次兵戎相见，至今印巴两国边境仍然时有冲突，因此，印度军事用语中涉及巴基斯坦的素材较多，尤其是与恐怖主义组织相关的缩略语大量出现在印度军事题材的报道中，这些缩略语既有乌尔都语词，也有阿拉伯语词，来源较为庞杂。此外，一些印度地方语言缩略语也进入了印度军事缩略语词库，广泛见诸印度军事素材之中。例如：

BMP——Boyevaya Mashina Pekhoty 步兵战车（俄语军事缩略语）

MOFTU——MIG Operational Flying Training Unit 米格作战飞行训练分队

AUM——Al-Umar-Mujahideen 乌玛尔圣战军（乌尔都语词，印度政府宣布的恐怖组织）

HM——Hizbul Mujahideen 圣战者党（乌尔都语词，印度政府宣布的恐怖组织）

DMK——Dravida Munnetra Kazhagam 德拉维达进步联盟（泰米尔语词，印度泰米尔邦的一个地方政党）

二　印度军事缩略语的构成规则

印度军事缩略语既包括单词缩略语也包括词组缩略语，甚至还包括一些句子缩略语。构成印度军事缩略语的规则各不相同，压缩法是构成单词缩略语的规则，而首字母缩略则是构成词组缩略语和句子缩略语的最主要规则。除此之外，还有一些常用的构成规则，需要进行深入归纳和总结。

（一）单词缩略语的构成规则

单词缩略语常见于字母较长或者使用频率极高的单词。构成单词缩略语的通用规则有四种。

1. 截取原单词的一个或一段字母，例如：

J——Jawan 士兵

D——Dasta 分队

SUB——Submarine 潜艇

RON —— Squadron 中队

RP —— Rajput 拉其普特（联队）

2. 只保留词中一些辅音字母。例如：

CDR —— Commander 指挥官

FD —— Field 战场

FLT —— FLT 舰队

HQ —— Headquarter 总部

3. 保留单词的第一个音节，再选取后面音节中的一个辅音字母。例如：

COMD —— Command 指挥

ENGD —— Engaged 交战

4. 用发音相近的字母代替原单词中的一些音节。例如：

X —— Exercise 演习

ZAT —— That 那个

VQ —— Vehicle 车辆

（二）词组缩略语的构成规则

词组缩略语是印度军事缩略语的主体部分，这类缩略语数量最为庞杂，应用非常广泛。首字母缩写法是最主要的构成规则，因而缩略语（abbreviation）也一度被称为首字母缩写词（Acronym）。大多数缩略语都是选取词组中每个单词的第一个字母，例如：

ACA —— Ashoka Chakra Award 阿育王勋章奖励

ISRO —— Indian Space Research Organisation 印度空间研究组织

MVC —— Maha Vir Chakra 大英雄勋章

PFI —— Paramilitary Forces of India 印度准军事部队

RAW —— 研究分析组织

但也有一些缩略语选择词组中单词词首的两个或两个以上字母，还有个别缩略语选取词组中一些单词的其他部分，例如：

VrC —— Vir Chakra 英雄勋章

F-INSAS —— Futuristic Infantry Soldier As a System 未来步兵集成作战系统

Midhani —— Mishra Dhatu Nigam（印度）合金公司，又译"米塔尼公司"

ABN —— Aerodrome Beacon 机场信标

BOMRON —— Bomber Squadron 轰炸机中队

INMARSAT —— Indian Maritime Satellite 印度海事卫星

词组中的冠词、连接词等虚词成分，多数不参与词组内的首字母缩写，但参与首字母缩写的缩略语也有。对于参与首字母缩写的虚词，多数使用其小写字母，亦有使用大写字母的形式。例如：

LOC —— Line of Control 控制线（位于印巴两国克什米尔地区）

RoI —— Republic of India 印度共和国

MoHA —— Ministry of Home Affairs（印度）内政部

COAS —— Chief of the Army Staff 陆军参谋长

此外，若缩略语词组中多个单词首字母相同，还可以使用数字表示。例如：

C4ISR SYS —— Command、Control、Communication、Computer、Intelligence、Surveillance、Reconnaissance System 指挥自动化系统

5K —— Keshdhai、Kangha、Kach、Kara、Khande 锡克人的五种清净标志

（三）句子缩略语的构成规则

句子缩略语的缩写规则与词组缩略语的缩写规则相同，也是首字母缩写法。句子缩略语多见于出现频率较高的短句，尤其是祈使句中。例如：

PTO —— Please turn over. 请翻页。

PAYE —— Pay as you enter. 上车买票。

CUL —— See you later. 一会见。

If nec —— If necessary 有需要时

在一些缩略语中，甚至可以省略一些单词的首字母。例如：

DDALV —— Days delayed enroute are authorized chargeable as leave. 途中耽搁按休假处理。

三　印度军事缩略语的特点

印度军事缩略语具有简明凝练、保密性好、生成速度快等特点，因此在诸多场合得到了愈来愈多的使用，但也存在一语多义等缺点，需要文本阅读者和翻译者小心判别。

（一）简明凝练

简明性是印度军事缩略语最为显著的特点。人们大量使用缩略语，就是为了简化方便，便于交流。军事领域对语言简明性的要求更高，要求缩略语在不影响内容准确理解和有效传输交流的前提下，尽可能地减少文字内容所占据的篇幅，缩减军事文函的字数，从而提高信息的传递速度和效率。因此，在印度军事素材中，几乎找不到不使用军事缩略语的材料，有些素材中的缩略语数量甚至占据超过一半的篇幅。在一些军事素材中，不仅使用固定的词组缩略语，还包括大量单词缩略语，甚至一些句子缩略语。以某一军事术语的定义举例来说：

BL is an IMGY Line, IP to FLW well DEF GEO features, the EN side of which the AF is free to ATK W/O REF to own our GRND forces SIT.

如果这条军事术语的定义不使用军事缩略语，其内容如下：

Bomb line is an imaginary line, if possible to follow well defined geographical features, the enemy side of which the air force is free to attack without reference to own our ground force situation.

译为：

投弹线是一条想象线，要尽可能按照地貌特征来规划，我方空军可以对投弹线敌方一侧实施自由攻击，不用参考我方地面部队的位置。

在这段素材中，不仅有 BL（Bomb line）和 AF（Air Force）这样的词组缩略语，还有大量的单词缩略语，大大增加了素材的简明性。从字符数量对比来看，没有使用军事缩略语的术语定义有 165 个字符，而使用了军事缩略语的术语定义仅有 100 个字符，减少了超过三分之一的篇幅。

（二）保密性好

印度军事缩略语还有保密性好的特点。除了使用国际通用的英语军事缩略语之外，还使用了大量的本土英语缩略语、印地语军事缩略语、英语—印地语军事缩略语。这些军事缩略语词条很少被军事缩略语词典收录，难以通过词典来确定意义，必须依靠阅读者和翻译者的经验，利用其他材料进行佐证，才能准确判定其意义。此外，大量使用军事缩略语的素材增加了阅读的难度，降低了阅读的速度，仅仅掌握外语就想快速理解素材的意思是远远不够的。印度军事缩略语中的一些词条仅限一定范围使用，对局外人有较高的保密性。

（三）生成速度快

印度军事缩略语词条还具有生成速度快的特点。一些新的技术、新的装备刚刚在军队内部投入使用，印度军方便可通过缩略语构成规则拟定并生成一大批相关的军事缩略语词条并马上投入使用。印度军事缩略语生成速度快还体现在能够快速吸收相关领域，如政治、经济、科技等诸多领域的新的缩略语词条上，其中包括多语种的外来语词条，如英语、俄语、乌尔都语、阿拉伯语等。

（四）一语多义

由于印度军事缩略语有着过于简明的特点，不可避免地导致许多缩略语负载了多个意义，形成了大量的一语多义现象，给军事素材语言的理解带来了一定的困难。举例来说，SSB 这一缩略语有多个指称，如印度国内组织机构名称 Sashastra Seema Bal（边境保安部队）和 Special Security Bureau（特别安全局），军事科技名词 Single Side Band（单边带）和 Symmetric Switched Broadband（对称交换宽带）。一些缩略语甚至有几十个指称，如字母 A 作缩略语使用至少有 50 多个指称，其中多个还是高频使用词条。

四 印度军事缩略语的翻译

对于用在军事素材中数量繁多的印度军事缩略语，将其进行准确翻译是一项比较有难度的任务。要通过借助工具书和其他佐证材料，还原缩略语的指称，再使用合理的翻译方法，才能准确地翻译出缩略语的意义。

（一）还原印度军事缩略语的指称

要翻译印度军事素材中出现的缩略语词条，首先要准确还原其指称，这些缩略语词条与其指称的单词、词组或句子相比，只是词形发生了改变，单词被压缩简写，词组或句子被取首字母缩写，而缩略语的指称、在词/句中的语法和意义没有发生任何改变。当遇到军事素材的缩略语时，要根据语法和上下文语境，来确定缩略语的指称到底是单词、词组还是句子，然后再根据不同情况进行处理。

如果缩略语是单词缩略语，下一步要判断此缩略语是英语缩略语、印地语缩略语、俄语缩略语还是其他语言缩略语，其处理方法相对简单，可借助英语汉语词典、印地语汉语词典、俄语汉语词典或其他语种词典进行查询，根据单词缩略语的构成规则，结合上下文语境，来确定是哪一个单词。

如果缩略语是词组缩略语和句子缩略语，处理难度会增加很多。先要确定此缩略语的类型，是英语军事缩略语、印地语军事缩略语、英语—印地语混杂缩略语或者是其他类型的缩略语。此时，可以借助缩略语词典等工具书，如果词典收录了该缩略语，接来下便要确定素材中的缩略语与词典中的缩略语意义是否相符。如果意义不符或者查询不到，便要借助互联网或手头积累的相关背景资料，进行下一步的佐证。在缩略语的猜证过程中，必须紧紧围绕素材内容，按照上下文的意思，再结合词组缩略语和句子缩略语的构成规则，对组成缩略语的每个字母或字母串进行查询，从文字语法规律和素材内容等角度进行反复论证，以提高猜证的准确程度。此外，在军事素材中遇到的一些无法查询的生词或词义与句子不符的单词，要考虑其是不是缩略语，一旦确定是缩略语，则要按照以上步骤进行论证，力争准确还原缩略语的指称。

（二）印度军事缩略语的翻译方法

要根据印度军事缩略语的具体情况，选择意译、音译或零翻译等翻译方法对其进行翻译，力争达到准确、合理的翻译效果。

1.意译法

意译法是印度军事缩略语最重要的翻译方法。当印度军事缩略语的指称被还原之后，要对照词组的本源对其进行翻译。例如：

OFC —— optical fiber cable 光纤电缆

NDA —— National Defense Academy（印度）国防学院

MARCOS —— Marine Commandos 海军陆战队员

GSL —— Goa Shipyard Limited 果阿造船厂

AS —— Akash Squadron "天空" 联队

对于一些表达意义不够清楚的缩略语，还可以进行补译，补充一些缺少的要素，使译义更加清楚准确，如上文的 AS 可以补译为 "'烈火'导弹发射联队"。

此外，还可以按照缩略语本身的意义进行翻译，以避免词组过于冗长的现象，但这种翻译必须要有约定俗成的先例。例如：

HELLFIRE —— helicopter-launched fire-and forget 地狱火（导弹）

2.音译法

音译法多用于翻译一些专有名称。例如：

RR —— Rajendra Radar 拉金德尔雷达

Arjun MBT —— 阿琼主战坦克

此外，由于一些译者不懂印地语，导致许多专有名词被音译，经过一段时间的使用之后反而成为更常见的译名。例如：

VIRAAT ACC —— Viraat Aircraft Carrier "维拉特" 航空母舰

INVACC —— Indian Navy Vikramaditya Aircraft Carrier 印度海军 "维克拉马迪雅" 号航空母舰

但是有一些音译是错误的，需要注意改正，如"印度电子工业有限公司"（Bharat Electronics Limited，BEL）就曾被误译为"帕拉特电子工业有限公司"。"印度"在印地语中为 Bharat，但要将"印度"音译为"帕拉特"，则与原意相去甚远，误导他人。

3.零翻译法

一些约定俗成的、在全世界各种语言中通用程度较高的缩略语则可以不用翻译，直接将其用于汉语译文。例如：

CD —— Compact Disc（激光唱片）

GPS —— Global Positioning System（全球定位系统）

人们对这些缩略语已经耳熟能详，如按照还原法进行翻译反而画蛇添足。

五 结语

印度军事缩略语以其简明凝练、保密性好等特点，在印度军事用语中有着越来越广泛的应用。而对作为阅读者和翻译者的非印度人士来说，印度军事缩略语则是准确理解和翻译印度军事素材的较大障碍。因此，我们必须掌握印度军事缩略语的分类和构成规则。在遇到印度军事缩略语时，必须有效利用词典工具书、互联网以及手头积累的材料多方猜证，力争准确还原出符合素材语境的缩略语全称，然后再采用合适的翻译方式进行翻译，这样才能做到对印度军事材料准确合理的翻译。

责任编辑：周利群

A Study on the Military Words Translation and Abbreviations in India

Yuanyuan Yan

Abstract: The Indian military abbreviations & acronyms are widely used in Indian military field. They include the English abbreviations & acronyms, Hindi abbreviations & Acronyms, Hindi-English, and some other languages' abbreviations & acronyms. The constructing rule for Hindi words abbreviations, Hindi Phrase abbreviations, Hindi sentence abbreviations is introduced here. The Indian military abbreviations & acronyms are simple and compact, secure, being generated fast, polysemy, etc. The methods of Chinese translations of Indian military abbreviations & acronyms are also concluded in the paper.

Key Words: India; military abbreviations & acronyms; translation

中东地区研究

从语义场视角看土耳其语时间概念类动词

李云鹏　沈志兴*

【摘　要】　本文从语义角度出发将土耳其语中的类动词划分成表示时间概念、动作概念、逻辑关系概念、术语概念的语义场。通过选取其中的一个典型，即表示时间概念的语义场进行聚焦，宏观上将语义场理论与系统功能语法相关知识相统筹；具体层面运用义素分析法、比较法将时间概念语义场划分为表示时间点概念、时间顺序概念、时间发展概念、隐含时间概念四个子语义场。在理清各子语义场特点的同时还注重分析其中各要素地位与相互联系，以期在此基础上对类动词包括其语法、语用范畴在内有一个多维的思考，并对黏着语中类动词的研究提供一些借鉴。

【关键词】　土耳其语类动词　系统功能语言学　语义场　时间概念①

土耳其语鲜明的黏着语特征导致以往对土耳其语类动词的研究多是关注其形态学特征，而且这些研究基本属于结构主义语言学范畴，对类

---

* 李云鹏，解放军外国语学院亚非语系硕士研究生。沈志兴，解放军外国语学院亚非语系教授。

动词语义层面的研究也基本上是在对个别类动词语法结构探讨中顺带提及，没有独立的较深入的探讨，更没有系统层面的统筹。事实上，从语义层面看，土耳其语类动词不仅特征鲜明、内涵丰富而且彼此间关联度高，有相当的研究价值。现代语言学研究越来越突出对语义的研究。韩礼德的系统功能语言学认为语言本质上是一个对语义进行选择的多层次相互联系的网络，是用来表达意义的源泉。他认为语义决定语法、语用是篇章的语义，他将语义学的研究放在一个非常重要的位置。本文从韩礼德的系统功能语言学出发，综合语义场理论与义素分析法，并结合类动词自身特点将其划分为时间概念、动作概念、逻辑关系概念、术语概念的语义场。再将时间概念语义场单独进行微观层面的剖析，将其具体划分为表示时间点概念、时间顺序概念、时间发展概念、隐含时间概念的四个子语义场。剖析目的不仅在于理清各子语义场及其包含要素的意义、相互联系，也在于基于此视角再回头看类动词，对其语法、语用范畴有一些新的思考。

一　基于语义特征的类动词新分类

从语义层面对类动词进行探讨，首先要面对的就是类动词的分类问题——以何种标准进行分类是一个必须解决的基础性问题。通常来说我们将土耳其语中的类动词分为形动词（ortaç）、动名词（mastar）、副动词（ulaç）。这种分类方法主要是基于类动词的形态学特征，从语法角度出发对类动词进行分类。在对类动词的形态学、词法及句法的分析中会涉及语义、语用等层面的总结，可以说这种基于结构主义语言学的分类方法并不适合从语义层面对类动词进行探讨。无论是索绪尔还是韩礼德都主张把语言看作一个系统去研究，尽管二人的系统观并不相同，但他们都强调要注意语言中各要素间的关联性。[①] 如果我们把类动词看作一个分系统，结构主义语言学的分类方法只是关注到了类动词在句子中横向的组合层面的联

---

① 王霜梅：《析索绪尔乔姆斯基和韩礼德的意义观》，《外语与外语教学》2006 年第 1 期。

系，纵向的聚合层面联系则几乎没有涉及。当然这种分类方法也并非没有可取之处：它的分类很直观，可以帮助土耳其语初学者较快地掌握并使用类动词。

换一个角度从系统功能语言学出发进行分类则不失为一种新的探索。系统功能语言学认为语言是一个语义网络系统，核心要素是语义，即通过语言的语义功能（概念功能、人际功能与语篇功能）去决定语法系统。[①]语言本质上是一个多层级符号系统，在语言内包括语义层、词汇语法层、音系层，在语言外还有语境层与实体层。上一个层次影响并能控制下一个层次，而下一个层次则体现和表达上一个层次。[②][③][④]依照这种思路从类动词的语言功能入手，以分析其语义潜势为基础进行分类，用语义场进行概括，大致可以把类动词分为表示动作概念的语义场、逻辑关系的语义场、时间概念的语义场与固定术语的语义场等。这其中每个语义场又会有多个子语义场。本文将探讨的时间概念语义场就属于其中一个典型。可能有人会认为动作概念、术语概念、逻辑关系与时间概念这四个语义场界限不明，但是我们不应忽视语义的模糊性，语言符号的离散性与客观事物的连续性之间的矛盾是不可避免的，分类的精髓正是在于对这种矛盾的充分把握[⑤]。而且笔者认为这种对类动词语义场边缘地带的研究将是未来研究的重点与难点，因为对边界的研究有助于揭示问题的实质。

我们用两个函数对类动词的两种分类进行总结很形象。结构主义的分类 $y=f(x)$（x 表示语法，y 表示语义），而功能主义的分类 $y=f^{-1}(x)$（x 表示语义，y 表示语法），两种分类方法互为反函数。前者将语法作为类动词分类的基础（自变量），并由此导出语义的一些特征，即由语法表层结构推导出语法深层结构，再由此推导出语义表达式。后者则将语义作为类动词分类的基础（自变量），在分类过程中体现出语法特征（因变量），也就

① M. A. K.Halliday, *Explorations in the Functions of Language,* Edward Arnold, 1973, pp.83-90.

② M. A. K.Halliday, *Explorations in the Functions of Language,* Edward Arnold, 1973, pp.91-92.

③ 朱永胜、严世情：《功能语言学导论》，上海外语教育出版社，2004，第 127~134 页。

④ 胡壮麟：《系统功能语法概论》，湖南教育出版社，1989，第 14 页。

⑤ 文旭：《从语义场理论看语言的模糊性》，《外语学刊（黑龙江大学学报）》1995 年第 1 期。

是由语义表达式推导出语法结构。① 这两个函数的意义还在于启示我们当以语义为自变量，函数加工（即对语义的分析过程）会让我们对语法（因变量）有一个新的认识，而这个认识显然是以语义为基础的。

二 时间概念语义场

（一）时间概念语义场在类动词语义场中的地位

时间概念语义场是对类动词进行语义研究中应该最先展开的，它也是类动词四大语义场中最具典型代表性的。如果将动词词根看作原料，将该词根最后生成的类动词看作产品，这个由原料到产品的过程实际上就是一个附加语义的过程，而这个加工工厂则是语境。这就决定了类动词的核心语义特征从共时的角度看或是从历时的角度看势必会与原始动作②有联系，而与原始动作、加工过程伴随最为密切的当属时间概念与空间概念。任何一个非抽象动作的发生都离不开一定的时间与空间。空间概念更多的是通过上下语境体现，几乎不能由类动词自身体现因而比较适合在对篇章语义、语用研究中探讨。而时间概念则在类动词本身有着鲜明的体现，将其视为类动词最鲜明的语义特征并不为过。

时间概念语义场在整个土耳其语类动词所构成的语义场中应该是处于一个基础性位置的，这是其鲜明的语义特征所决定的。因为对它的研究不需进行过多的语义挖掘，这是其与类动词其他三个语义场相区别的。动作概念语义场的语义挖掘是多维度的，需要从动作的状态、过程、方式、结果、影响等甚至结合篇章语境去分析，③而且它的开放性也是最强的，它理应处于一个核心的位置。再看术语概念与逻辑关系语义场，这两个场的研究往往需要进行深入的历时性的探讨，因为其原始动作的加工过程会比较复杂，即语义的演变比较丰富。所以说这两个语义场应该处于类动词语义场的外沿位置。

---

① 徐烈炯：《语义学》，语文出版社，1990，第160~166页。
② "原始动作"一词是笔者从语义角度出发得出的，大体上可以视为形态学层面的词根。
③ 王凤英：《语义场理论和篇章研究》，《外语教学与研究》2007年第9期。

（二）时间概念语义场的语义树状图网络

其实时间概念语义场本身就可以理解为一个系统，对这个系统的分析应该是从多层次、相互关联方面展开的。这里使用语义场理论与义素分析法相结合的研究方法。德国语言学家乔斯特·特里尔是语义场理论的奠基人，他提出了语义场理论的两大特征：一是找出词语之间的共同特征并将部分词语归纳到一起，二是在归纳好的共性词语中寻找出每个词的个性。随后于20世纪60年代产生了语义成分分析法，该理论认为义素是最小的语义单位而非词[①]。词的核心义是由一组语义成分构成的，构成核心义的各成分也并不在同一个层级上而是具有等级性。处于高层级的义素较为概括，共性强；处于低层级的义素较为具体，个性强。低层级的某些义素可以看作词的主要区别特征，是核心义素。[②]

笔者认为在对时间概念语义场的探讨过程中有必要将语义场理论与义素分析法相统筹，以更自然生动地体现出该语义场内部的层级与联系。可用一种语义树状图表示这种研究方法上的统筹，如图1所示。

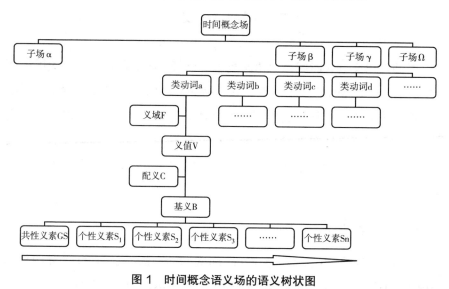

图1 时间概念语义场的语义树状图

① 郭聿楷、何英玉：《语义学概论》，外语教学与研究出版社，2002，第55、62页。
② 语言学家倪波、顾柏林将义素分划到六层，由高到低分别是上位语法义素、语义·语法义素、上位语义素、主要个性义素、次要个性义素、附属义素。其中上三层又统称共性义素，下三层统称个性义素。

其中，GS，S_1，S_2，S_3……Sn 逐渐由高层级到低层级。

可以看出如果将该语义树状图省略部分也展开，将会得到一个时间概念语义场的语义网络。其中四个子语义子场即表示时间点的语义场、表示时间顺序的语义场、表示时间发展的语义场、表示隐含时间的语义场。这四个子语义场依次从时间概念语义场的核心向外延过渡，在图中分别用 α、β、γ、Ω 表示。从图 1 还可以看出，对一个类动词的语义研究应该是多层级的。义域 F，配义 C，个性义素 S_1、S_2、S_3……Sn 与共性义素 GS 都分别表示类动词的某个具体义素。义域 F 可以看成是类动词所在小语境暗含的语义潜势但应与语域相区别；配义 C 是非规约意义[1]，以情感意义为主的动态性较强的更侧重语用的义素，但是对 F、C 的探讨并非本文在对时间概念语义场中探讨的重点。探讨的重点放在对处于高层级的共性义素 GS 的归纳与对处于核心位置的部分个性义素的分析上。

三　时间点语义场

时间点语义场在时间概念语义场中应该处于核心的位置。从大的层面（所有类动词构成的语义场）看，它与诸如动作状态语义场、逻辑关系语义场有交集但不多，从小的层面（时间概念类动词构成的语义场）看，它与其他几个子语义场在义域 F 和配义 C 上有不多的交集。其语义特征也较鲜明，尤其要指出的是该场中的类动词从语篇功能来看都有较强的衔接功能。

（一）-ken 结构类动词

-ken 结构类动词通常由 -yorken,-mışken,-acakken 与 -ar/mazken 四种结构构成。有时也会有—maktayken 结构。[2] 都表示"当……时候"，"在……时候"，即正在进行的行为过程。基于一个动作的时间点，表示两个动作

---

① 张志毅、张庆云：《词汇语义学》，商务印书馆，2012，第 34~36 页。
② Tahsin Banguoğlu, *Grameri* Türk Tarih Kurumu Basım Evi, Ankara, 1986, p.480.

的时间关系。这四种结构在句子中也都有衔接功能。但这四个结构就个性而言也是十分鲜明的。

-yorken 结构类动词的语义是 -yor 结构语义与 -iken 结构语义两个义项的组合，表示"当……正在……的时候"。如：Benkitap okuyorken,resimleri yapıyordu. 当我在读书时她在画画。由此句也可看出 -yorken 结构类动词中用于体现所在小句主位人称的词缀被省略，类似的规律也适用于 -mışken,-acakken 与 -ar/mazken，——maktayken 结构。-yorken 结构类动词的个性义素更多是体现在 -yor 结构上，它的语义几乎没有历时性的延伸。

-mışken 结构类动词的语义不再是 -mış 结构与 -ken 结构两个词素义项的合成，它更多表示的是让步的含义，有"既然、尽管、虽说"之意，是语义上的历时性转移。如：Fakat sen bir kere sokağa çıkmışken bir kere oraya uğramak zorunlu idin. 不过既然上过一趟街，那就应该去那儿一趟。再如：Yazmışken göndermekten vazgeçtim. 虽说他写了，但没有寄。最后要说的是，有时候 -iken 结构单独使用也会有隐含的让步含义在里面，但不常见。

-acakken 结构类动词的语义一方面是 -acak 结构与 -ken 结构两个词素义项的合成，表示"当……将干……时"。例如：Mezun olacakken yirmi iki yaşını dolduracak. 到毕业时他就二十二岁了。另一方面还有情态的含义，表示一种事与愿违之意，属于道义情态。如：Ben çıkacakken misafir geldi. 我正要出去客人来了。

-arken 结构类动词的语义是在 -ar 结构语义与 -iken 结构语义合成基础上的扩大。它是 -ken 结构类动词中使用频率最高的，在无特殊语义强调的语境中通常情况下可以替换 -yorken 结构类动词与 -acakken 结构类动词。在一些时间特征不明确的语境中用 -arken 结构类动词比较准确。值得一提的是，在 -arken 结构类动词中 derken 一词比较特殊，通常有三种含义，一是"正当……时"，二是"总言之"，三是"本想做……"。表示这三个含义时，情态功能比较突出但衔接功能有所弱化[1]。例如：Yazı yazıyordum, derken misafir geldi. 正当我写文章的时候，客人来了。

---

[1] 朱永胜、严世情:《功能语言学导论》，上海外语教育出版社，2004，第157~159页。

Aradan bir hafta geçti,iki hafta, beş hafta, derken haftalar elli iki oldu. 从那时起已过去了一个星期，两个星期，五个星期，简言之，五十二个星期都已经过去了。Çamurdan sakınayım derken çukura düştüm. 我本想避开泥却掉进了泥坑。

最后还要指出的是，-arken 结构的否定形式 mazken 所在的小句通常表示对前面的语义延伸，这种延伸可以是正方向也可以是反方向。例如：Böyle kolay bir sorunu çözmezken,sınavı nasıl geçireceksin. 如此简单的问题你都答不上来，还怎么通过考试。

也有的 -ken 结构表示一个时间段，但需要指出的是，这不多见，而且有时也可以在一个更大的时间范围内将其近似看成一个时间点。

（二）-dığı zaman, -acağı zaman, -dığında, -acağında 结构类动词

这四种类动词从功能与结构上看比较相似，故合并为一类。它们的主要含义是"在……时候"，与 -ken 结构类动词相比其在句中的衔接功能有所弱化，但是时间点的特征更加明显。它们通过用一个动作概念来确定一个时间点。需要指出的是它们还具有 -dığı，-acağı 结构的特征，即所在小句通常表示一个物质过程，且动作"目标"（逻辑宾语）会在小句中出现。比如：Kitap okuduğum zaman(okuduğumda),rahatsız etmeyin. 在我读书时请你不要打扰。Maçı bitirecek zaman(bitireceğinde),stadyumda göz çarpan bir gösteri var olacak. 比赛快结束时体育馆将会有精彩的表演。但是，-acak zaman 结构中"动作者"（逻辑主语）会出现。如：Tren istasyona girecek zaman, o mutlaka orada beni karşılayacak. 火车进站时她一定会在那儿等我。

此外，这四种结构在一定语境中可与 anda（sırada, esnada）等由时间名词构成的时间状语互换。

四 时间顺序语义场

时间顺序语义场的边界比较清晰，处于时间概念场中较为核心的位

置。其语义特征决定其衔接功能明显。某个词的出现往往预示着另一个词的出现，这些词之间具有一种相互期待性（expectant）和预见性（prediction）。语篇功能中的搭配关系可分为一般性搭配、修辞性搭配、专业性搭配和惯例化搭配四种，Halliday 和 Hasan 将搭配视为词汇衔接的重要手段之一。[①]

（一）-madan/meden 结构类动词

此类类动词词汇意义已经消失，只有语法意义（也可称系统功能语法中的形式意义）。[②] 表示主句动作发生在从句动作之前，通常与表时间后置词 evvel,önce 连用。看两个例子。

Öğrenciler zil çalmadan önce dersaneye girdiler. 学生们在没打铃之前就进了教室。

Görüşmeden ayrılma. 不见不散。

这种结构很明显具有概念意义，同时也应看到其语篇意义，主要是连接功能，表现了句子之间逻辑和语义的联系。[③] 在某些语境中 -madan/meden 结构类动词还有方式的含义。

例如：Arkadaşım hiç didinmeden,imtihana hazırlanıyor. 我的朋友在不停地准备考试。这一句话中更多表现的是一种伴随与方式。这也是 -madan/meden 结构类动词个性义素的体现。

-madan/meden 结构还有人际功能中情态功能的体现。韩礼德将情态看作认识情态与道义情态，这里体现的是后者。表示已然的否定条件。如：Komutanın emri vermeden kimse odadan çıkmaz. 没有指挥官的命令，谁也不许出这个屋。这可以理解为配义 C 的范畴。

（二）-dikten/dıktan 结构类动词

此结构类动词在语义上与 -madan/meden 结构类动词恰好相反，表示

---

① M. A. K.Halliday, *Explorations in the Functions of Language,* Edward Arnold, 1973, pp.110-116.

② 石安石：《语义论》，商务印书馆，2005，第 22 页。

③ 朱永胜、严世情：《功能语言学导论》，上海外语教育出版社，2004，第 150~151 页。

主句动作发生在从句动作之前，通常与表时间后置词 sonra 连用，例如：
Ders bitirdikten sonra,öğrenciler dersaneden ayrıldılar. 下课后学生们离开了
教室。

在语篇功能上 -dikten/dıktan 结构类动词结构与 -madan/meden 结构类
动词相似，这里不再赘述，不过 -dıktan 结构的个性特征并不明显，它可以
看作土耳其语中比较常见的 -dık 结构类动词经过历时变化而形成的一种固
定语义形态。事实上，通过上述的例句我们可以看出，-madan/meden 结构
也好，-dikten/dıktan 结构也好，都与谓语动词构成一种一般性的搭配关系。
最后需要指出它们在语篇中属于"连接成分"而非"结构成分"，[1] 这一点
也可视为所有时间概念类动词在语篇功能上的共性。

（三）-ıp 结构类动词

这一结构的主要含义是其所在分句的动作发生在主句动作之前。例
如，Gözlerimi açıp,yataktan kalktım. 我睁开眼起床了。从语篇意义来看它具
有明显的衔接功能，能够把主句动作与从句动作构成一个小衔接链，也使
整个句子看起来更为连贯流畅。[2]

除表示时间的顺序外，-ıp 结构类动词与另一动词（或类动词）的否
定形式连用时，语义表达较为特殊。此时，-ıp 结构类动词虽然是肯定形
式但表达否定含义。例如：Okuyup yazmıyor. 表示既不会读也不会写，但
Okuyup 并没有加否定形式。但是，在一些固定句式中上述规律不成立。
主要是两类。一类是句中同时有两个 -ıp 结构类动词，且语义上前后相连
接。如：Gidip gelmemek,gelip görmemek var. 他去了，没来，来了又没见
着（还有可能是去了没回来或者回来了没看见）。还有一类是 -ıp 结构类
动词与其词根相同的动词或类动词连用，表示选择含义。例如：Kızı sevip
sevmediğini bilmiyorum. 我不知道他是否喜欢那个姑娘。

其实，许多类动词在一些特定语境中都能够表达时间顺序的含义，
如：Zil çalınca, öğrenciler hepsi dersaneye girdiler. 铃一响学生们就都进教室

---

[1] 胡壮麟:《系统功能语法概论》，湖南教育出版社，1989，第 151~162 页。
[2] 朱永胜、严世情:《功能语言学导论》，上海外语教育出版社，2004，第 135 页。

了。这句话中的类动词 çalınca 就暗含有铃响这一动作发生在学生们进教室这一动作之前。再比如含义与 -ınca 结构类动词相类似的 -ır/-maz 结构类动词也能表达时间顺序的含义，只不过 -ır/-maz 结构所表示的前后两个动作的连接更加紧密。来看一下前面这个例子用 -ır -maz 结构的表示：Zil çalır,çalmaz,öğrenciler hepsi dersaneye girdiler. 铃刚一响学生们就都进教室了。由此可见，在表示句中前后两个动作的衔接程度上，通常是 -ınca 结构要强于 -ıp 结构而弱于 -ır/-maz 结构。

五　时间发展语义场

这个语义场同时间顺序语义场相比更多表示的是一个动态的时间概念，其表示的是一个持续的时间推移，也可以说是一段时间流。而时间顺序语义场则可以看作一段时间流中的两个点，是一个相对静态的概念。时间发展语义场与动作概念的联系也相对更为紧密，里面的类动词义域 F 与配义 C 比较多，故而处于时间概念场中较为边缘的地带。

（一）-dıkça 结构类动词

-dıkça 结构类动词的语义非常丰富。不仅具有行为过程意义，还具有一定的环境意义（这里主要是伴随意义）。[①] 主要表达一个行为动作在随着时间的不断推移而不断发展，而它又会引起另一个行为动作也不断发展。并且 -dıkça 结构在句中多是充当状语。这是 -dıkça 结构类动词各种语义在表达上的共性。下面我们具体来看 -dıkça 结构各个性义素。

表示"随着……"之意。这也是 -dıkça 结构类动词比较常见的语义。例如：Zaman hızlı ilerledikçe şimdi güzel bir kız oldu. 时光飞逝，她现在已经是一个漂亮的姑娘了。从环境意义看，它不仅有伴随之意，还有条件意义。即前面小句的行为动作是后面小句行为动作的条件。

表示"越……就越……""越来越"之意。这层语义前后两个小句的行为动作衔接更加紧密，且前后两个行为过程的行为者必须一致，这与表

---

① 朱永胜、严世情：《功能语言学导论》，上海外语教育出版社，2004，第 146 页。

示"随着"之意有所不同。例如：İçtikçe içeceğini geliyor. 他越喝越想喝。Yağmur yağdıkça yağıyor. 雨越下越大。从以上两个例子中我们也可以看出 -dıkça 结构类动词在表达这层语义时紧贴句子的谓语动词，有对谓语动词语义强化的作用。

Gittikçe 与 oldukça 分别表示固定语义"逐渐地"与"相当地"。看两个例句：Bilgileri gittikçe biriktiriyordu, şimdi çok iyi bir öğretmen oldu. 随着知识的积累，他现在已经是一名很优秀的老师。再如：Bu kitap oldukça pahalı . 这本书相当贵。这两个类动词的语义如今已被固定化，尤其是前者更暗含一种动态的时间推移的概念。而 oldukça 的语义则在不断转移、扩大，现在可以用来表达程度、数量等概念；笔者认为这与 olmak 动词本身的丰富语义与其在句子中的灵活功能是分不开的。这两个类动词在句中的衔接功能比较弱，在前后语境中的语义也不是很突出。

除此之外，-dıkça 结构类动词还有个配义，表达"每当……"之意。例如：Bu fotoğrafı aldıkça, bizim birlikte geçirdiği o neşeli günler aklıma gelir. 每当我拿起这张照片，我就想起了我们一起度过的那段愉快的岁月。这个义素更多表达的是时间点的时间概念，是属于时间发展语义场的外沿与时间点语义场的交汇部分。

（二）-dıktan beri 结构类动词与 -eli 结构类动词

这两个结构在语义表达上基本是相同的，都表达从一个时间点后行为、存在、心理、关系等的发展变化过程。而这个变化过程是随着时间发展这一暗线展开的，不过这个时间点的开始界限较 -dıkça 结构类动词是明确的而不是模糊不清的。从语篇角度看，这两个结构较 -dıkça 结构的功能也不同。它们都能在句子中充当结构性的衔接系统。只不过 -dıkça 结构在句中更多的是通过词汇的重复来完成，是词汇衔接；而 -dıktan beri 结构类动词与 -eli 结构类动词则是通过句中逻辑关系所表现出来的零形式连接来完成衔接功能[1]。从语法形态上看, -dıktan beri 结构类动词与 -eli 结构类动

---

① 胡壮麟：《系统功能语法概论》，湖南教育出版社，1989，第 151~162 页。

词较 -dıktan beri 结构类动词更为丰富，尤其是 -eli 结构。在此，笔者有必要对 -eli 结构类动词在句中的语法形态进行概括。

（1）动词词干 +eli Üniversiteye gireli burada beş sonbaharı geçirdi. 自从他进入大学已在这里度过了五个秋天。

（2）-diği 结构类动词 + 动词词干 +eli Üniversiteye girdiği gireli burada beş sonbaharı geçirdi. 自从他进入大学已在这里度过了五个秋天。

（3）动词一般过去式 + 动词词干 +eli Üniversiteye girdi gireli burada beş sonbaharı geçirdi. 自从他进入大学已在这里度过了五个秋天。

（4）动词词干 +eli（den）+beri Üniversiteye gireli (den) beri burada beş sonbaharı geçirdi. 自从他进入大学已在这里度过了五个秋天。mış/miş 结构

正如前文所提，时间发展概念语义场由于其语义表达的缘故（时间的发展必须有明确的动作去体现）势必会与动作状态语义场有联系，这也就决定了它在时间概念语义场中会处于相对外沿的位置。

六　隐含时间语义场

其实众多类动词都有时间的含义在里面，比方说 -an/en 结构类动词可以表示现在进行的概念，-dığı/diği 结构类动词表示过去的概念，-mış/miş 结构类动词表示更长远的过去概念，-acak/ecek 类动词表示将来的概念等。上述这四个结构的特点是它们单独使用或是构成名词短语使用时就蕴含时间含义，这也就决定了它们在句子中或是语境中功能的局限性。看几个例子：kitap okuyan kız 正在读书的女孩，onun okuduğu kitaplar 他读过的书，gelişmiş ülke 发达国家，gelecek tren 将开来的火车，从这些短语中不难看出它们无须与句子中其他成分发生关联即可表达时间语义，独立性比较强。不过这些类动词里面的时间特征并不是很明显，而是诸如动作、状态、情态等方面的特征较为明显，此处不再一一赘述。

还需要指出的是，一些类动词与 olmak 助动词的组合也隐含有较强的时间概念，比如说 -mış/miş 结构类动词与 olmak 助动词的组合。具体如下。

（1）-mış/miş 结构类动词 +oldu：表示在过去某一时刻某行为动作已经

完成（类似于英语中的过去完成时）。例如：O kitabı iki kez okudu ve artık öğrenmiş oldu. 那本书他读了两遍已经学会了。

（2）-mış/miş 结构类动词 +oluyor: 表示在交际时刻某行为动作已经完成或将要完成（类似于英语中的现在完成时）。例如：Böylece teklifini kabul etmiş oluyorlar. 这样一来，他们会接受你的建议。

（3）-mış/miş 结构类动词 +olacak 有两个个性义素，其一表示将来某一时刻某行为动作已经完成（类似于英语中的现在完成时）；其二表示推测与不确定的情态概念，需根据具体语境确定其究竟是认识情态还是道义情态。分别看两个例子：Bir ay sonra yaz tatili başlamış olacak. 一个月后的今天已经放暑假了。Hastalandığı halde Ali yarın okula gitmiş olacak, çünkü çok çalışkan bir öğrenci. 尽管阿里生病了但他明天应该会去上课，因为他是个非常勤奋的学生。

（4）-mış/miş 结构类动词 +olur 这里面大多数义素已几乎没有时间概念，表示对未来的一种推测，一种倾向性，属道义情态。例如：Yarına kadar öfkesi geçmiş olur. 到明天他就会消气了。

再比如 -ar 结构类动词与 olmak 助动词的各种时态组合除了表达推测、不确定性的情态概念还有一定的语气功能，当然它们也都暗含着时间的延续概念，此处不再一一展开。

还有 -acak 结构类动词与 olmak 助动词的各种时态组合除了表达主观意愿的情态概念外还隐含着将来的时间概念。

其实既然类动词是由动词派生而来，它的核心义应该是动作，且不论这个动作是一个行为过程、心理过程，抑或存在过程，从时间的维度去观察，都能挖掘出一定的语义，只不过是这个语义有无规律、有无特性、有无价值罢了。

七　对时间概念类动词语义研究的意义

以类动词的语义特征为基准对类动词进行语义层面的归类性研究在对土耳其语类动词的研究中很少见，但事实上其研究价值绝不仅仅停留在语义层面。语言学家马庆株认为语义特征对词类的划分具有重要的意义，并可以把它作为词类划分的标准。把语义特征作为词类划分的基础并以此建立语义语法的范畴，可以使语法研究走上精密化道路，同时也使语法学不仅是描写，也更富于解释力。① 笔者认为，通过对类动词语义特征的分析，我们会对类动词有一些更深刻的认识或是有一些新的思考，甚至是包括一些较基础的层面。比如看以往对类动词的定义：第一，对于那些可以用来描述一个动作的名称而可以当名词使用、形容一个事物的特点而去当形容词使用、用以连接两个分句而去当连词使用，并且在所处分句中充当逻辑主语、逻辑宾语、逻辑补语的一类词，我们称之为类动词；② 第二，将那些不能变形、已经名词化（这类名词不能加人称词缀，且通常不加领属格词缀）、只有在表示一个动作没有完成时才能在句子中充当谓语的一类词称为斜动词（也叫未完成动词）。③ 这两种描述性的定义都是只关注到了类动词语法方面的特征，而对语义方面的描述只有第二种定义有很少的涉及。其实，完全可以把定义中加入一些对类动词语义层面的描述。可以给出这样一个简单的定义：对于那些不能加时态、人称词缀却可以无障碍地表达出时间、逻辑、动作、状态等含义，并且可以在句子中充当名词、形容词、副词并且由动词词根派生出来的一类词，可以称之为类动词。这种定义对类动词的描述应该说更为生动、全面。

时间概念类动词语义特征的研究又对类动词其他三个语义场的研究具有启示意义，是类动词语义研究的基础性工作。尤其值得一提的是，笔者在研究过程中也发现了未来类动词语义研究中的一些重点与难点。首先是宏观理论上，由于之前没有可以参考的研究范式，且笔者限于自身的学识与能力选取了系统功能语法，但是否可以把马庆株先生提出的语义功能语法进行一番尝试？④ 因为马先生的理论更加侧重结构性研究却又不忽视意

---

① 马庆株：《汉语语义语法范畴问题》，北京语言文化大学出版社，1998，第 202~220 页。
② 目前国内使用的土耳其语教材中对类动词没有统一的明确定义，笔者对里面的主要观点进行了总结概括。
③ Tahsin Banguoğlu, "*Grameri* Türk Tarih Kurumu Basım Evi", 1986, Ankara, s419.
④ 龙涛、彭爽：《语义功能语法——功能主义在中国的新发展》，《语文研究》2005 年第 3 期。

义研究，这似乎更加符合土耳其语黏着语的特征，能更加全面、科学地反映类动词。不过必须指出这种研究是建立在对结构与功能的充分认知之上的。其次是具体研究过程中，比如说尽管韩礼德的系统功能语法对语言中个别特殊用法表示出较强的包容性，[①]但是各子语义场的划分标准可以再合理精细些，以使其边界能更加清晰、场的包容性更强；再如某些类动词的虚词性特征已经很明显，将其以语义特征归类研究并不容易；还有对义域F与配义C的研究、历时性研究可以再深入挖掘。总之，对类动词语义研究笔者只是进行了初探，希望能达到抛砖引玉的效果。

八　结语

本文对土耳其语类动词的语义研究进行了初探。宏观上借鉴韩礼德的系统功能语言学相关理论，以其中典型即时间概念语义场为例，尝试挖掘类动词的语义潜势并构建时间概念类动词的语义网络；具体操作上把语义场理论与义素分析法相结合，在对时间概念场中类动词各不同层级义素分析的基础上，理清其特点、把握其联系，以期对类动词语法、语用层面有一些新的认识。最后，应该指出这种对土耳其语类动词的研究方法对于黏着语中类动词的多维研究具有一定的参考意义。

责任编辑：周利群

---

① 胡壮麟：《系统功能语法概论》，湖南教育出版社，1989，第6~10页。

Semantic Field Analysis on Temporal Conceptual Verbs in Turkish Language

Yunpeng Li, Zhixing Shen

Abstract: In this paper, the verbs of Turkish language will be divided into four categories from the semantic perspective, namely temporal concept, action concept, logical concept and terminology concept. The semantic field of temporal conceptual, as a typical representive, will be studied emphatically. At a macro level, the semantic field theory is considered to be jointly with the systematic functional grammar analysis. In the detailed research, the temporal conceptual field will be divided into 4 semantic sub-fields with componential analysis and comparative method, including point- in-time concept, chronological concept, temporal-development concept and latent temporal concept. The characters of the 4 sub-fields will be analyzed in details as well as their positions and relationships. A multi-dimensional thinking of the grammar and the pragmatic category of the verbs is expected to be formed based on the analysis, which also provides some means of use for reference to the study of the verb in agglutinative languages.

Key words: Turkish verbs; systematic functional linguistics; semantic field; temporal concept

语法隐喻视角下波斯语网络新闻标题中名词化应用简析

蒋人文 *

【摘　要】 名词化是指将其他词类转化为名词的过程或者将一个句子转化为
名词短语的过程。西方学者从各种角度对名词化这种普遍的语言
现象进行了研究，其中 Halliday（韩礼德）从语法隐喻角度对名
词化的研究最有影响。本文利用韩礼德的理论，借鉴英语网络新
闻标题的研究角度和方法，分析波斯语网络新闻标题的特点，以
给从事波斯语教学和新闻编辑的人员提供参考。

【关键词】 名词化　语法隐喻　网络新闻标题

在传统的报纸中，标题通常与正文出现在同一页面，然而网络新闻
标题则完全独立于正文，并且只有当读者点击新闻标题之后才可以阅读正
文。为了吸引读者从而获得更多的点击量，新闻编辑总是试图编辑更新
颖、更具有吸引力的标题。由于新闻标题的重要性，它已经吸引了新闻编
辑及语言学家的注意。① 名词化是人类语言的一种普遍现象，是指将其他
词类转化为名词的过程或者将一个句子转化为名词短语的过程。Halliday

---

* 蒋人文，解放军外国语学院亚非语系波斯语教研室助教。
① 温莎莎：《名词化在网络新闻标题中的应用研究》，吉林大学硕士学位论文，2012。

提出"语法隐喻"概念,并且把名词化和概念语法隐喻结合起来研究。根据 Halliday 的观点,语法隐喻分为两类,一类为概念隐喻,另一类为人际隐喻。Halliday 后来将语篇功能考虑在内对语法隐喻进行了重新分类,认为 13 种实现语法隐喻的方法中有 5 种与名词化有关,因此 Halliday 认为名词化是实现隐喻的重要手段。本文将把名词化与网络新闻标题结合起来进行研究,借鉴英语网络新闻标题的研究方法,探讨波斯语网络新闻标题的名词化现象,以期为从事波斯语的教学和新闻编辑的人员提供参考。

本文篇幅有限,因此只选择四种类型的新闻标题作为研究对象,分别为政治类、经济类、科技类及体育类。笔者共收集了 480 条网络新闻标题。所收集的网络新闻标题全部是随机选取的,因此研究的可信度是有保证的。

一 语法隐喻与名词化

(一) Halliday 的语法隐喻

Halliday 将隐喻划分为概念隐喻和人际隐喻,由于本文不涉及人际隐喻,在此不做讨论。在功能语言学中,概念元功能主要通过及物性和语态体现,由此 Halliday 提出概念语法隐喻理论,认为及物性过程中的各过程都可以隐喻化,即一个过程可以隐喻为另一个过程,随着过程变化,该过程的参与者、环境等功能角色发生相应变化;随着功能角色变化,他们在词汇语法层的体现方式也相应发生变化。例如:Great changes have taken place in China.(物质过程) → The past twenty years has witnessed great changes in China.(心理过程)。在由一种过程向另一种过程转化的过程中,语义成分也随着功能和词类的变化而变化了。对于上面的例句,首先进行语义分析,然后确定各个相应的参加者所应使用的语法,根据语义语法的对应关系,我们可以得出结论,原句在语义和语法对应上保持一致,贴近日常表达习惯,可称为"一致式",而转换句中应该做环境成分的介词短语隐喻后还含有其他语法成分,可称为"隐喻式",由此可见,语法隐喻不是用一个词去代替另一个词,而是用某一语法类别或语法结构去代替另一语法类别或语法结构。这两个类别分别代表了一个给定意义的两种表达变异，需要指出一致式和隐喻式只是语法隐喻连续体中位于两极的最典型体现形式，[①] 连续体中的其他词汇语法形式由于隐喻程度不同，或偏向一致式，或偏向隐喻式。例如，在英语中表达"酒精使得大脑迟钝"这一语义概念时，一致度最强的句子为：If one takes alcohols, one's brain becomes dull. 中间强度为：The effect of alcohol is to make the brain dull. 隐喻度最强为：Alcohol's dulling effect on the brain。

（二）名词化与语法隐喻的实现

1.名词化

名词化最早由丹麦语法学家叶斯帕森提出。自提出之后，其独特的功能性引起了世界各地语言学家的关注，但尚没有一个被广泛接受的明确定义。本文将列举多种定义，以使读者对名词化有较全面的认识。

Quirk 给出的名词化概念为：如果一个名词短语和句子结构有系统内的相对应联系，那么这种联系就称为名词化。

a. If you expose the item for long, it will rapidly deteriorate.

b.Prolonged exposure will result in rapid deterioration of item.

b 句中的 prolonged exposure、rapid deterioration of item 和 a 句中的 expose the item for long,rapidly deterioration 有对应的系统结构，原句中的动词短语转化为名词短语在新句子中作名词成分，这种现象就称名词化。Quirk 为我们提供了一种仅与词汇相关的非常简单的定义。

根据《当代语言学词典》，名词化为：将其他词类转化为名词的过程或者一个句子转化为名词短语的变化过程。英语单词 nominalization 就是典型的名词化，其由动词 nominalize 演变而来。

语言学家从不同角度定义名词化，至今尚未达成统一结论，因此，当我们研究名词化的时候，必须结合大部分的定义以得到对名词化的总览。

2.语法隐喻的实现

1985 年，Halliday 将语篇功能进一步考虑在内，对语法隐喻进行了新

---

① Halliday, M.A.K. & C.M.I.M, *Matthiessen: Construing Experience Through Meaning*, Cassell, 1999.

的分类，共提出 13 种实现语法隐喻的办法、完善后的分类是清晰且具有可操作性，在此基础之上，Halliday 指出，名词化是实现语法隐喻的重要手段。Halliday 认为几乎可以把所有的其他语义功能实体化，即把语法隐喻的过程看成是各类词类转变为名词的过程。他把各种语义转化为实体的路径表示为：relator → circumstance → process → quality → entity，① 即某一语义可以从处在它左边的其他语义转化而来，整个转化过程就是向名词转变的过程。关系项、环境、过程、形状等都可以隐喻化为实体，被重新措辞为名词，成为名词词组中的事物。② 由于篇幅所限，本文只列举介绍五种可以一次直接转化为实体的语义转换（见表 1）。

表 1　语义转化路径

语义功能	语法分级	语法功能	英语例子	波斯语例子
（1）特性（quality）→实体（entity）	形容词（adj）→名词（n）	表述词语（epithet）→物（thing）	safe → safety	زیبایی→زیبا
（2）过程（process）→实体（entity）	动词（v）→名词（n）	事件（event）→物（thing） 助动词（auxiliary）→物（thing）	will/going to → prosepect try to → attempt can/could → possibility	پرواز→پریدن
（3）境遇（circumstances）→实体（entity）	介词（prep）→名词（n）	次进程（minor process）→物（thing）	with → accompaniment to → destination	اتفاق→با
（4）关联（relator）→实体（entity）	连词（conj）→名词（n）	连接性（conjunctive）→物（thing）	so → cause/proof if → condition	صورت→اگر
（5）零生（zero）→实体（entity）			→ the problem → the phenomenon	مسئله→

二　波斯语网络新闻标题中的名词化应用

（一）问题的提出

在新闻传播的过程中，新闻标题扮演了关键的角色。人们在阅读新

① Halliday, M.A.K, "Things and Relations Regrammaticizing Experience as Technical Knowledge", in Jonathan J.Webster(ed). *The Language of Science*, Peking University Press，2007.
② 方义桂:《语法隐喻的形容词化类型研究》,《西安外国语大学学报》2009 年第 2 期，第 35 页。

闻的时候，通常首先浏览标题然后决定是否继续阅读，正如俗语所说，新闻标题是新闻的眼睛。对网络新闻来说，它的标题更具有重要性：由于网络新闻的特点，新闻标题的好坏直接决定了此条新闻的点击率。如何写出具有创造性和吸引性的标题成为新闻编辑的一大挑战；为了获得更多的点击，他们使用了各种办法，一些人尝试使用标新立异、独一无二的词语，这些词语在一定程度上远远夸大了事实，而另一部分人试图通过创造性地使用词语和巧妙运用语法来写出更合适的标题。笔者早就注意到在波斯语和英语网络新闻标题中的名词化现象，在收集网络新闻标题的过程中，更加深了这种认识。笔者试图回答相关问题，为从事波斯语新闻编辑、写作和阅读有关文献资料的学习工作者提供参考。

问题如下：

（1）哪一种网络新闻标题中名词化应用最多？

（2）名词化的应用对网络新闻标题产生了何种影响？

（3）在网络新闻标题中名词化的应用是否存在缺陷？如果存在，如何消除？

（二）数据收集与分析

由于篇幅限制，本文只选取了四种新闻标题进行研究，分别为政治类、经济类、科技类和体育类。这些新闻标题均取自伊通社（www.IRNA.com）官方网站，本文在伊通社官网就每种题材按时间顺序就各类题材各选取 120 篇新闻标题，共 480 条，以确保定量研究与定性研究得以进行。

笔者对搜集的 480 条新闻标题统计如下（见表 2）。

表 2　新闻标题分类统计

单位：条

新闻网站名称	使用名词化的政治类新闻标题数目	使用名词化的经济类新闻标题数目	使用名词化的科技类新闻标题数目	使用名词化的体育类新闻标题数目
IRNA	31	30	49	37
所占比例	25.8%	25%	40.8%	30.8%

1.政治类新闻标题

在 120 条政治类新闻标题中，使用名词化的新闻标题共 31 条，现选取 5 条试做分析，经济、科技和体育类也各取 5 例进行分析。

دیدار معاون وزیر خارجه کشورمان با دبیرکل وزارت خارجه اتریش

过程（process）→实体（entity）动词（v）→名词（n）一致式为：

معاون وزیر خارجه کشورمان با دبیرکل وزارت خارجه اتریش دیدار کرد.

دعوت از سرمایه گذاران مقیم خارج در جریان سفرهای استانی روحانی

过程（process）→实体（entity）动词（v）→名词（n）

روحانی در جریان سفرهای استانی خود از سرمایه گذاران مقیم خارج دعوت کرد.

آشنایی رهبر معظم انقلاب اسلامی با شهید صباد شیرازی

过程（process）→实体（entity）动词（v）→名词（n）

رهبر معظم انقلاب اسلامی با شهید صباد شیرازی آشنا شد.

برای کالاهای اساسی در کشور باید تولید داشته باشیم.

过程（process）→实体（entity）动词（v）→名词（n）

باید کالا های اساسی در کشور تولید کنیم.

قانون اساسی جمهوری اسلامی حافظ منافع اهل سنت است.

过程（process）→实体（entity）动词（v）→名词（n）

قانون اساسی جمهوری اسلامی منافع اهل سنت را حفظ می کند.

2. 经济类新闻标题

اجرای قانون هدفمندی یارانه برای اقتصاد یک ضرورت است.

特性（quality）→实体（entity）　　形容词（adj）→名词（n）

برای اقتصاد ضروری است که قانونی که یارانه را هدفمند می کند اجرا شود.

ایران و چین برای همکاری در بخش علوم زمین موارد گسترده ای دارند.

零生（zero）→实体（entity）

ایران و چین می توانند در بخش علوم زمین همکاری گسترده ای داشته باشند.

انصراف مدیران بیمه ایران از دریافت یارانه

过程（process）→实体（entity）动词（v）→名词（n）

مدیران بیمه از در یافت یارانه انصراف کردند.

برقراری عدالت اجتماعی ویژگی مرحله دوم هدفمندی یارانه ست.

过程（process）→实体（entity）动词（v）→名词（n）

ویژگی مرحله دوم هدفمندی یارانه این است که عدالت اجتماعی برقرار شود.

تبادل ۲۶۸۱ مگاوات برق با کشورهای همسایه

过程（process）→实体（entity）动词（v）→名词（n）

ایران با کشورهای همسایه ۲۶۸۱ مگاوات برق تبادل کرد.

3. 科技类新闻标题

رویای تقابل روبات با انسان تا ۵۳ سال آینده

过程（process）→实体（entity）动词（v）→名词（n）/ 零生（zero）→
实体（entity）

احتمالاً تا ۵۳ سال آینده روبات با انسان تقابل می کند.

تبدیل آب دریا به سوخت

过程（process）→实体（entity）动词（v）→名词（n）

دانشمندان آب را به سوخت تبدیل کرده اند .

عزم دولت برای پیاده سازی استراتژی باند پهن

过程（process）→实体（entity）动词（v）→名词（n）

دولت عزم می کند تا استراتژی باند پهن را پیاده سازی کند.

گرایش روز افزون افراد مسن به استفاده از اینترنت و فناوری های همراه

过程（process）→实体（entity）动词（v）→名词（n）

افراد مسن به طور روز افزون به این می گرایند که از اینترنت و فناوریهای همراه استفاده می کنند.

استفاده از داروی پایین آورنده کلسترول برای کنترل بیماری ام.اس

过程（process）→实体（entity）动词（v）→名词（n）

برای این که بیماری ام.اس را کنترل کنند از داروی پایین آورده کلسترول استفاده می کنند.

4. 体育类新闻标题

سر مربی تیم پارسه: به رغم پیروزی از رسیدن به لیگ برتر بازماندیم.

特性（quality）→实体（entity）　形容词（adj）→名词（n）

سر مربی تیم پارسه: به رغم اینکه پیروز شدیم، از این که به لیگ برتر برسیم بازماندیم.

طری : ماندگاری پاس در لیگ دسته یک حق تماشاگران همدانی بود.

过程（process）→实体（entity）动词（v）→名词（n）

طری : حق تماشاگران همدانی بود که پاس در لیگ دسته یک ماندگار شود .

شادمانی بازیکنان و هواداران نیروی زمینی و فولاد یزد پس از بقا در لیگ دسته یک

特性（quality）→实体（entity）　形容词（adj）→名词（n）

پس از بقا در لیگ دسته یک، بازیکنان و هواداران نیروی زمینی و فولاد یزد شادمان شدند.

موافقت کمیته فنی فدراسیون فوتبال با میزبانی مرحله نهایی قهرمانی آسیا در رده سنی امید

过程（process）→实体（entity）动词（v）→名词（n）

کمیته فنی فدراسیون فوتبال با این که مرحله نهایی رقابت های قهرمانی آسیا در رده سنی امید میزبانی کند موافقت کرد.

برای نخستین بار، حضور و عضویت ایران در رالی خاورمیانه

过程（process）→实体（entity）动词（v）→名词（n）

برای نخستین بار ایران در رالی خاورمیانه حضوریافت و عضو شد.

（三）名词化应用简析

1.不同类别新闻标题中名词化应用频率差异及其原因

受篇幅所限，本文只选取四类新闻标题进行研究，分别为政治类、经济类、科技类和体育类，其新闻标题中名词化应用比例分别为 25.8%、25%、40.8%、30.8%，可见在科技类新闻中名词化应用最为频繁。

原因是科技类新闻大多阐述自然或科技上的最新成果和新兴领域，也就是客观性的现象和过程，而科技新闻的作者也努力用一种更为客观的方式来表达客观世界，因此主语"人类"通常被非生命性质的主语或者可以指示"物"为主语的名词所取代，这种转换通常要靠名词化实现。除此之外，汤普森指出，名词化过程是非限定的，它们不束缚于和说话时间相关的任何具体的时间。[1]换言之，它们不表现具体的时间、人物、数量特征。名词化之后，传统动词性句子中的主语和特征都"消失了"。名词化使表达可以超脱传统的"地点—时间"惯式，并且作为抽象实体存在的名词化成分更能加深读者的印象，使读者无法忽视。例如：

استفاده از داروی پایین آورنده کلسترول برای کنترل بیماری ام.اس

تبدیل آب دریا به سوخت

这两条新闻标题为科技类新闻标题的典型，一条报道了应用降胆固醇药物以控制疾病，另一条表明成功将水变为燃料，即只需说明"利用降胆固醇药物以控制 M.S. 疾病"，无须说明，"xx 科学家成功研制利用降胆固醇药物以控制 M.S.（多发性硬化）疾病"或者"xx 人在利用降低胆固醇药物以控制 M.S. 疾病方面取得成功"；只需说明，"水变成燃料"，无须

---

[1]　Thompson, Geoff, *Introducing Functional Grammar*, Edward Arnold, 2000.

说明"xx 人成功将水转变为燃料"。如上文所言，作为抽象实体存在的名词化成分起到了加深读者印象的作用。

2. 新闻标题中的名词化应用的作用与影响

（1）名词化使新闻标题更加简洁和准确

新闻语体的目的在于以最准确的方式将信息传递给读者，其表达手法应该最小化，特别是网络新闻标题——由于页面的限制而倾向于越短越好，而名词化是其最好的实现方式之一。"一包信息"可以通过名词化在更为简洁的句子中表达出来，这也使新闻标题更具有可读性。例如：

پاسخ ژاکوب به انتقاد از روبوسی با لیلا خاتمی

可以还原为

ژاکوب به انتقادی که از روبوسی او با لیلا خاتمی صورت گرفته است پاسخ داد.

韩礼德将名词化描述成一个"包装"的过程，更准确地说，描述过程的动词和描述特性的形容词分别被与其相关的名词所替代，换句话说，原来的句子被打包成了短语。在上句中，名词化的应用不仅使句子结构变短，而且也避免了次要词汇 صورت گرفتن 的出现，仅保留核心词汇，使表达更为直接准确。再如：

برای نخستین بار، حضو و عضویت ایران در رالی خاورمیانه

可以还原为

برای نخستین بار ایران در رالی خاورمیانه حضور یافت و عضو شد.

上句中动词需要搭配不同形式的助动词，而名词化避免了这种麻烦。

在波斯语写作中，许多学生喜欢使用复句，其结果是句子甚至整篇文章变得更为冗长和复杂，而这种情况可以通过使用名词化而有效地避免，学生掌握如何使用名词化，不仅可以帮助他们写出更为简洁的句子，也可以让他们在阅读中遇到名词化现象的时候能更好地理解文章和抓住主旨。例如：

اجرای قانون هدفمندی یارانه برای اقتصاد یک ضرورت است.

还原为

برای اقتصاد ضروری است که فانونی که یارانه را هدفمند می کند اجرا شود.

复合句整合为单句，避免了冗长和复杂。

（2）名词化使新闻标题更加客观

韩礼德提出了一致式和隐喻式的概念。在一致式中，动词仅仅表达动作的过程，这也就决定了在大多数情况下句子还需要施动者和受动者。而在隐喻式中，动词被与其相关的具有施动者和受动者特性的名词所替代，其结果是施动者和受动者可以在名词化的句子中省略，这就使得句子或新闻标题更为客观。新闻标题编辑的目的是精心准确地表达某个思想或某个事实，对逻辑性和严谨的结构有很高的要求。在这种情况下，名词化因其客观性是不二之选。比如：

تبدیل آب دریا به سوخت

其一致式为：

دانشمندان آب را به سوخت تبدیل کرده اند.

在一致式中"科学家"作为"转变"的主语，主观性过强，而在名词化中被省略，凸显了客观性。

（3）名词化使新闻标题更加生动

好的新闻标题在一些情况下需要丰富的词汇来表达其意义，而名词化在这方面也有优点：由于动词和形容词转化成为与其相关的名词，也就兼具了可以被修饰和调整改良的名词特性，从而使不整齐的句子可以更为整齐、生动。例如：

بستن تنگه هرمز عین آب خوردن است.

"关闭霍尔木兹海峡就像喝水一样"，名词化后的动词可以做主语被修饰。

（4）名词化使新闻标题更为正式

Halliday 指出，"带有语法隐喻的表达是成人语言的特征，唯一不存在语法隐喻的就是从儿童口中说出的话"。[①] 名词化作为语法隐喻的重要实现手段，具有让新闻语体正式化的风格性功能，也是衡量书面语言正式与否的指向标。在新闻语篇中，通过对复杂的片段进行"打包"，名词化扮演着一步一步展现语义的作用。例如：

بازداشت بیش از ۲۰ نفر در هند برای کشتار مسلمانان و سوزاندن خانه های آنها

还原为

به دلیل این که مسلمان را کشتند و خانه های مسلمانان را سوزاندند، بیش از ۲۰ نفر در هند بازداشت شدند.

还原句为含有三个小句的原因状语从句，语义表达上较为分散，而名词化后的单句结构更为紧凑，较多名词化的语篇，自然形成一种正式化的表达。再如：

اجرای قانون هدفمندی یارانه برای اقتصاد یک ضرورت است.

还原为

اجرای قانون هدفمندی یارانه برای اقتصاد ضروری است.

原句中的描述特性的形容词转变为抽象实体，这种"使读者感到陌生化的处理"增加了正式感。

3.名词化在网络新闻标题中的应用缺陷以及解决办法

名词化在网络新闻标题中起着重要的作用，在一定程度上它可以帮助获得更多的点击率，但它也并不是没有缺点的。在这里需要指出名词化的几种负效应，以便读者更好地理解新闻标题。

（1）名词化加大了理解新闻标题的难度

名词化在使新闻标题更为简洁的同时，也由于其较原句更为抽象而增

---

① Halliday, M.A.K, *An Introduction to Functional Grammar*, Edward Arnold, 1985.

加了读者理解的难度。但这一点可以通过传授名词化的相关知识而得到克服，这也是提高波斯语学习者理解能力的重要手段之一。本文就是很好的例子，不仅有具体的名词化知识，也通过举例使读者习得如何使用名词化。

（2）过度使用名词化使新闻标题格式死板僵硬

适度使用名词化可以使新闻标题更为生动形象，然而过度使用会带来相反的效果。因此在标题编辑和作文过程中有必要对此给予关注。虽然由动词、形容词转变为与其相关的名词的做法有可取之处，然而有时表达动态、变化的含义动词和形容词的使用是不可避免的，在这种情况下，最好使用动词和形容词。本文只提倡适度使用名词化。

三　结论

比起传统的报纸新闻，网络新闻的方便性和免费性使其在信息传播中发挥着越来越重要的作用。与传统的报纸新闻不同，网络新闻的标题具有更加重要的意义，因为只有网络新闻标题能吸引读者，读者才会选择点击标题来阅读新闻。新闻编辑为使标题更加具有吸引力，尝试了很多方法，名词化便是其中一种。通过研究，笔者发现科技类新闻标题的名词化应用最为广泛，占比为40.8%，其次为体育类。原因是科技类大多阐述自然或科技上的最新成果和新兴领域，也就是客观性的现象和过程，而科技新闻的作者也努力用一种更为客观的方式来表达客观世界，因此主语"人类"通常被非生命性质的主语或者可以指示"物"为主语的名词所取代，这种转换通常要靠名词化实现。同时，名词化使表达可以超脱传统的"地点—时间"惯式，并且作为抽象实体存在的名词化成分更能加深读者的印象、吸引读者注意。

为适应新闻标题获得关注的需要，好的新闻标题应该用更加简洁的表达来传达更多的信息，而名词化不仅使网络新闻标题更加简洁和准确，也使其更加生动形象。对于读者，特别是波斯语学习者和将来从事波斯语新闻编辑的工作者而言，掌握波斯语名词化非常有用，一方面有助于其快速抓住文章的主旨大意，另一方面也可以在波斯语写作中应用，名词化可以使行文更加清楚、简洁。

然而，名词化的使用并非没有缺点，它在一定程度上加深了理解标题的难度，当然这也是我们需要掌握新闻标题名词化的原因之一。波斯语网络新闻标题中名词化应用比例远远高于英语，结合之前分析，我们不难发现波斯语中名词化的实现很大比例是依赖其特殊的动名词现象，相较于英语中动名词需由"动词+ing"变形而来，[①] 波斯语中不论复合动词还是简单动词都可以直接充当动名词使用，且大多已作为名词收录进词典，这种便捷性在一定程度上增加了广义上波斯语名词化的应用比例。关于波斯语中动名词与名词化应用的联系，笔者将另文细述。

责任编辑：周利群

---

① 李绍山、陈存军:《全新英语语法》，西安交通大学出版社，2004，第86页。

The Usage of Nominalization of Farsi Internet News' Titles in the Perspective of Grammatical Metaphor

Renwen Jiang

Abstract: Nominalization is the process of converting the other kind words or sentences into nouns. M.A.K Halliday's study of using grammatical metaphor is the most influential. In this paper, the grammatical metaphor is applied to analyze the usage of nominalization of Farsi internet news' titles, to offer a new thinking of translating and editing Farsi news.

Key words: nominalization; Farsi; grammatical metaphor; Internet news' titles

东亚地区研究

论韩国语言语交际中的得体原则

刘吉文　王　克*

【摘　要】 不同的语言具有不同的语用原则和语用策略。在韩国这个具体的社会文化环境中，得体原则是韩国语十分重要的语用原则。得体原则有价值准则和语效准则两个评价标准，有变异性、非唯一性、层次性三个突出特征。在具体体现得体原则的语用策略方面，有礼貌策略、委婉策略、刻意曲解策略、幽默策略、权威策略、文字游戏策略等。

【关键词】 韩国语　得体原则　语用策略

　　语用原则是语用学不可或缺的核心。美国语言哲学家格赖斯（H.P.Grice）提出的"合作原则"，以及英国著名学者利奇（G.Leech）提出的"礼貌原则"，因其适用的普遍性在不同的语言中均有体现。然而"语用原则是根据不同的语用条件，针对不同的语用对象，从不同的语用观测点提出来的。不同的语用原则既有一定的独特性，又具有一定的互补性"。① 由

---

* 刘吉文，解放军外国语学院副教授，博士，硕士生导师。王克，解放军外国语学院硕士研究生。

① 冯广艺：《语用原则论》，暨南大学出版社，2009，第14页。

于语言的民族性、社会性，相应的语用原则也呈现出一定的民族性、社会性。而语用策略受语用原则的制约，语用策略的使用要符合语用原则的要求。

得体原则是重要的语用原则之一。这里的得体原则不是利奇（G.Leech）提出的得体准则，而是以索振羽、何自然、钱冠连为代表的中国学者提出的一条重要的语用原则。国内学界对得体原则进行过深入研究。修辞学界王希杰[①] 等认为得体性应成为修辞的最高原则，语用学界李瑞华[②] 等认为得体性应成为语用的最高原则。言语行为会因文化模式、地域、价值观、传统以及思维方式有所差异，因此出于言语得体的考虑，语用主体会使用很多具体的语用策略，反过来语用策略也是语用原则的具体体现。韩国和中国同属东亚儒教文化圈。深受儒教思想影响，信奉孔孟之道。虽然韩国拥有儒教、佛教、基督教、天主教和巫教等多种宗教文化，但儒教文化在社会中起核心作用，无论是否信奉儒教，儒教独特的价值体系决定了韩国人的行为方式，这种独特的文化特性也决定了韩国语语用原则和语用策略的特殊性，即得体原则和得体原则指导下的语用策略成为韩国语语用突出的特征。

目前国内韩国语学界研究韩国语语用问题的成果并不多，从中国学者提出的得体原则角度研究韩国语语用问题的就更少。本文在对 Leech（1983）的得体准则及李瑞华（1994）、王希杰（1996）及索振羽（2000）[③] 各自提出的得体原则及相关概念进行分析的基础上，试图从得体原则的角度分析韩国语的语用问题，以及得体原则视角下的语用策略，以期为韩国语语用问题研究提供一个新的视角。

一 韩国语言语交际中的得体原则

任何一门语言的语用原则都是多样化的，任何一条语用原则的提出都是从不同的侧面对语用实践的归纳，都有一定的科学性。语用原则的发展

---

① 王希杰:《修辞学通论》，南京大学出版社，1996，第58页。
② 李瑞华:《语用的最高原则——得体》，《上海外国语大学学报》1994年第3期。
③ 索振羽:《"得体"的语用研究》，《语言文字应用》1993年第3期。

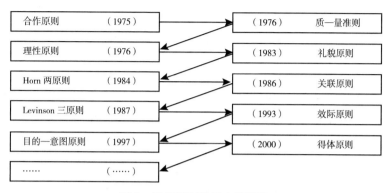

图 1　语用原则的历史性演变

资料来源：方宗祥：《语用原则理论的衍变：综述与反思》，《天津外国语学院学报》2004 年第 5 期。

也经历了长期的过程。

　　"得体性原则，归根到底，是交际活动的主体——社会的人，文化的人——的社会文化心理的价值评价，对语言材料和语言运用方式的一种主观评价，一种集体的有意识的或无意识的评价。"①"信息交流型话语是为了提供和获取信息，这种话语应该是一种相互真诚合作的交际，否则交际就会失败。而人际交流型话语的目的不（主要）是为了获取信息。"②受韩国文化的影响，韩国人重视人际交流，通过人际交流以融洽人际关系，这样得体原则就体现出高度的适用性。韩国社会受中国儒家文化影响深远，人与人之间有强烈的尊卑、亲疏、等级观念，与此同时韩国社会形成了仁、孝、礼、义等价值观念。在语言中则形成比较复杂的敬语法，在会话中需要根据人与人之间的关系不断调整阶称，并要始终处理好人与人之间的尊卑关系，以及使言语行为符合社会价值规范。

1.得体原则的评价准则

　　得体原则是语用主体对语言材料和语言运用方式的一种主观评价，一种集体的有意识的或无意识的评价。这种评价是双向的，也是双方的。双向的是指语用主体双方会互相评价对方的言语；双方的是指就一句言语交际而言，语用双方会同时对其进行评价。在评价的过程中语用主体会从两

---

①　王希杰：《修辞学通论》，南京大学出版社，1996，第 345 页。
②　何文忠：《论话语交际中的幽默原则》，《外语教学》2003 年第 4 期。

个维度对整个言语交际做出评价：第一个维度是价值，第二个维度是语效。所以得体原则的评价准则即价值准则和语效准则。

（1）价值准则

"言语得体的一个重要前提就是要符合社会的价值观念。"[①]就韩国社会的价值观而言，仁、义、孝、悌、温、良、恭、谦、让等价值准则，都是韩国人在日常生活中必须恪守的。虽然现代韩国社会多元文化相互交织，不同的人群有不同的价值认同，但是儒家文化作为最基本的文化价值观念，对韩国人的影响则更为深远，在会话中违反这些社会价值就达不到语用目的。

（2）语效准则

"语效准则是指表达者所说的话要与特定的语境相结合，以取得良好的语境效果。"[②]语境包括社会、历史、文化、地域、时节、情绪、距离等具体的因素，也就是语用主体要综合各方面因素，使说出的话得体，以达到交际的目的。在韩国独特的社会环境中，语效准则要求语用主体考虑更多的社会因素。

价值准则和语效准则是不可割裂的语用准则，几乎所有交际成功的例子都是价值准则和语效准则的统一。下面的例子可以阐释上述两个准则。

一对夫妻（年过四十仍然没有孩子）闹矛盾，妻子怀疑丈夫出轨，并将丈夫赶出家门。一天男方偷偷回家拿衣服，顺便拿些补药。这时正好被回家的妻子撞到。

女：밖에 있어도 몸 생각은 참 끔찍해 . 몇 개 안 남았던데 ? 열심히도 챙겨 드셔서 . 무슨 줄은 알고 먹는니 ?（在外面也不忘了爱惜身子，没剩几包了，你只知道吃，但是知道那是什么药吗？）

男：몸에 좋은 약이잖아, 보약 .（对身体好的药呀，补药。）

女：그래서 그거 챙기러 온 거야 ? 몸 축 날까 봐 ?（只是来拿药的吗？怕坏了身子？）

---

① 冯广艺:《语用原则论》，暨南大学出版社，2009，第 149 页。
② 冯广艺:《语用原则论》，暨南大学出版社，2009，第 146 页。

男：그럼 . 열심히 먹어야지 . 열심히 먹어야 아기 생기지 .[①]（当然呀，应该好好吃药，只有好好吃药才可以生出孩子。）

在这轮对话中，丈夫的目的在于缓解尴尬的场面，不至于引起冲突。为达到这个目的，丈夫将话题引申到吃药对身体好，可以生出小孩。这符合夫妻两人现在最关心的问题，而且表明自己是爱妻子的，符合社会价值的孝道。对夫妻两人来讲，符合夫妻间真诚相爱的价值标准。从言语交际角度来看，两人的对话遵循了价值准则和语效准则，所以会话是成功的。

（3）价值准则和语效准则的关系

价值准则和语效准则是相辅相成的，割裂两者的联系就会使会话失败。单纯追求语效准则而不顾价值准则，就会给人以"小人"的印象，为社会所不齿。例如下面发生在酒吧的一段对话。

女：홍 프로 남친 임태산 씨 친구고 직업은 건축가고 . 이름은요 ？

（你是洪选手男朋友的朋友吧！职业是建筑师，那么名字呢？）

男：호구조사 별로인데 .（你户口调查做得不怎么好呀！）

女主人公初次和男主人公谈话，就这么直接，显然是急切地想知道男主人公的信息，而且表现出对男主人公的好感。虽然有急切的会话目的，然而不符合女性内敛、含蓄的传统，招来男主人公的反感。

单纯追求价值准则，而不顾语效准则，就会给人以"死脑筋"的印象，难以使会话和谐。下面就是一个单纯遵守价值准则，而忽视语效准则的例子。

女主人公甲在事先不知道的情况下，敷着面膜为女主人公乙新交的男朋友开门，而这个男主人公又是女主人公甲曾经暗恋的对象。开门的一瞬间女主人公甲感到十分尴尬，正好女主人公乙出来和男主人公一起去约会。为了缓解尴尬的场面：

女甲：나도 나갈거야 . 전화가 계속 오네 .

〔我也要出去，怎么（口袋里的）电话一直在响？〕

---

① 本文的会话类例子均引自《绅士的品格》剧本。

女乙：네 휴대전화 화장대에 있던데 .(你的电话不是在化妆台上吗？)

女主人公乙显然说的话是诚实的，符合价值准则的要求，但是她没有考虑到具体的语境，也没有注意到说出的话会产生什么样的效果，以至于女主人公甲更加尴尬，所以价值准则和语效准则是相辅相成、辩证统一的，缺一不可。

2.得体原则的特点

得体原则作为重要的语用原则，语用主体在言语交际过程中会自觉或者不自觉遵守这一原则。又由于语境要素、语用主体的多变性、复杂性，得体原则又呈现出变异性、非唯一性、层次性等特点。变异性是从历时的角度而言，非唯一性是从共时的角度而言，而层次性则是从空间的角度而言。

（1）变异性

言语得体需要符合语效准则和价值准则，在语效准则中最重要的是符合语境。而语境的要素是不断变化的，随着社会的发展，社会、政治、文化等要素会变化，相应的言语存在语境也会发生变化。价值准则虽然变化缓慢，但也并非一成不变，所以得体性原则是变异的。在韩国社会中，人与人之间的称呼的变化，可以很好地说明这个问题。以前"선비"是韩国社会经常使用的称呼，用于对男性的敬称，相当于中国的"先生"一词，但随着社会发展这一称呼已经很少用，仅仅在年长者中还会使用。

（2）非唯一性

语用主体是会话最为重要的要素之一。作为语用主体的人，同时也是社会的人，就同时兼有不同的角色。在不同的场合扮演不同的角色，那么会话时就需要根据不同的身份角色，选择得体的言语，也就是得体原则的非唯一性。韩国语阶称十分复杂，有六种，分别是해라체、반말체、해게체、하오체、해요체、합쇼체（见图2），每一种对应不同的社会身份。同一个人，与不同的人在不同的时间、场合说话，就要选择不同的语阶。

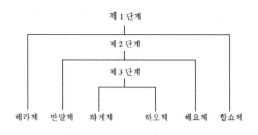

图 2　相对敬语法 3 级分类 [①]

（3）层次性

语境有宏观和微观的区别，"宏观层面是指社会语境中语言的得体性，微观层面是指从语言结构本身字面的意义上的得体性"。[②] 例如，韩国人见面问候，一般而言都会说"안녕하세요？"但是医生问候病人不这样说，因为病人正是身体不好才看医生的，所以医生应该说"어떻게 오셨어요？"宏观的语境指全面具体的语境，言语交际过程中语用主体应该全面考虑社会语境。而微观语境是指片面一般的语境，言语交际过程中语用主体应该避免这一情况。所以在会话中，不仅要照顾微观层面的言语得体，也要照顾宏观层面的言语得体。例如：

一对情侣在散步，女方曾经暗恋对话中出现的泰山，而泰山和男方是好朋友，都曾经暗恋过对话中出现的恩熙。

男：은희가 정말 좋아한 건 태산이었나 봐요．상당히 무시했었는데．

（可能恩熙真正喜欢的是泰山呀，当初我没怎么把他放在眼里。）

女：그렇다니까요．태산 씨가 그렇게 여자들한테 매력이．

（是呀，泰山本来就很吸引女生。）

在这个对话中女方的对话在微观的话语层面是没问题的，因为男女双方都在思考为什么"恩熙可能真正喜欢的是泰山"。然而考虑到女方曾经也暗恋过泰山，那么她说这样的话就会很容易引起男方的醋意。

通过上面的分析可以得出，得体原则是韩国语最重要的语用原则。语

---

① 李翊燮：《韩国的语言》，新丘出版社，2007，第 235 页。
② 冯广艺：《语用原则论》，暨南大学出版社，2009，第 154 页。

用主体要遵守相互联系、不可分割的价值准则和语效准则，割裂两者的联系就会使会话失败。同时得体原则还具有变异性、非唯一性、层次性，这就要求语用主体灵活选择语言。在韩国社会具体的社会环境中，语用得体必须充分考虑各种社会因素，这也是语用主体个人修养的体现。

二　韩国语言语交际中的得体原则的语用策略

"语用策略是语言使用者利用一定语境中语言结构的选择产生的具体言语意义达到交际目的的手段或途径，属于语用能力研究范畴。"[①] 换言之，语用策略的选择是以一定的语境为出发点，以达到一定的言语目的为落脚点，选择最优的语用策略。"不同的语言文化升华出不同的语用原理。"[②] 韩国社会独特的语言文化使得得体原则的重要性更加凸显。语境要素、语用策略、语用功能、语用原则之间的关系是复杂的。得体原则不仅要使言语得体，而且还必须考虑一定的语境要素，选择某种语用策略，产生某种语用功能，最终符合语用原则，达到语用目的。然而语境要素、语用策略、语用功能之间的关系不是一对一的关系，而是一对多的关系，即考虑一个要素可能有不同的语用策略，一个语用策略会产生不同的语用功能。具体如图 3 所示。同样，得体原则也是一个巨大的系统，语用策略作为得体原

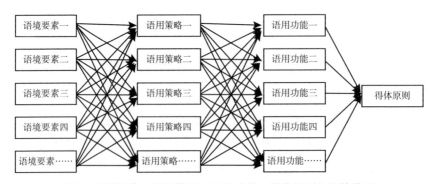

图 3　语境要素、语用策略、语用功能、得体原则之间的关系

①　刘森林：《语用策略》，社会科学文献出版社，2007，第 11 页。
②　钱冠连：《汉语文化语用学》，清华大学出版社，1997，第 2 页。

则的具体体现，也十分庞杂。本文着力阐述得体原则视角下的语用策略。限于篇幅，本文只能分析几个代表性的语用策略。

韩国社会重视尊卑有别，上下有序，在会话中十分重视礼貌策略的运用。韩国人内敛、爱好"面子"的性格决定了其在会话中更多地使用委婉策略。出于融洽人际关系、保护语用双方的"面子"、逃避相应的话题等语用目的，韩国人也多使用刻意曲解策略。韩国人幽默乐观的性格以及韩国语言的特有优势，导致在会话中语用主体多使用幽默策略以及文字游戏策略，以使会话顺利进行，缓和、融洽人际关系。正因为尊卑有别，在日常生活中，长辈、老师、上级出于一定的需要会对晚辈、学生、下级使用权威策略。

1.礼貌策略

礼貌策略是得体原则的内在要求。在语用过程中，根据具体语境有效使用礼貌策略可以使言语得体，从而实现语用目的。礼貌策略内容复杂多样，广义上讲言语委婉策略、含蓄策略也属于礼貌策略，本文将礼貌策略的概念缩小，本文的礼貌策略仅仅指使用礼貌用语、称呼、尊称、谦称等。本文接下来将对礼貌用语、称呼、谦称进行分析。

礼貌语言是指在日常对话中经常使用并且固定下来的语言。礼貌语言虽然流于形式，但是在日常的人际交往中发挥着不可忽视的作用。使用礼貌语言会使言语更加得体、人际关系更加融洽。在韩国语中经常使用以下礼貌语言：실례합니다 . 미안합니다 . 죄송합니다 . 안녕하세요 . 그동안 잘 지냈어요 ?

韩国社会对人的称呼也很有讲究。称呼直接反映称呼者与被称呼者之间的人际关系，这在韩国独特的社会文化环境中显得十分突出。假如김민호是一个课长，那么他人对김민호的称呼有 14 种之多。[①] 具体如下：

① 과장님 ② 김과장님 ③ 김민호 씨 ④ 민호 씨 ⑤ 민호형 ⑥ 김과장 ⑦ 김씨 ⑧ 김형 ⑨ 김군 ⑩ 김민호군 ⑪ 민호 군 ⑫ 김민호 ⑬ 민호 ⑭ 민호야

---

① 李翊燮：《韩国的语言》，新丘出版社，2007，第 238 页。

而每一种称呼都会用在不同的语境中，显示人与人之间融洽、礼貌、和谐的人际关系。

使用谦称也是韩国语的一大特色。例如저희（我们）、저（我）、졸고（拙稿）、가돈（家豚）、누택（陋宅）、소인（小人）、소생（小生）、우견（愚见）、비점（弊店）等。

2.委婉策略

"言语交际的最高标准是准确得体，如果说话者不分场合信口直言，就很可能会伤及别人的面子，自己的面子也必定受到威胁。"[1] 使用委婉策略，就是用比较"文雅"的词汇代替可能产生"粗俗"的内涵意义的词汇，避免伤及对方的面子，使得言语得体，以达到语用目的。韩国人内敛的性格、较多的文化禁忌、爱面子的心理使得委婉策略更为突出。例如：

男主人公坐在窗边看窗外的风景，正在很投入时他的朋友（这个女性朋友与男主人公关系微妙，既不是一般的朋友关系，也不是亲密的男女朋友关系）过来了，用手蒙上男主人公的眼让他猜自己是谁。

女：누구게?（猜猜我是谁？）

男：손 뜨겁다. 우리 약속 3시 아니었나?（你的手太热了，我们约会的时间不是3点吗？）

由于女主人公和男主人公玩的游戏打扰了男主人公的心情，所以男主人公心里很不耐烦，但是出于维护对朋友的爱护，他委婉地说："你的手太热了，我们约会的时间不是3点吗？"言下之意是对方所为令自己不悦。

3.刻意曲解策略

在言语交际中，言语接收方为了实现维护或者融洽两人和谐的人际关系、逃避令人难堪的话题、保护面子等语用目的，利用言语发出方可能出现的言语模糊等具体语境，而刻意采取的一种语用策略。首先，语用目的是言语得体，实现维护或者融洽两人和谐的人际关系、逃避令人难堪的话题、保护面子等。其次，必须是刻意地有意识地使用这种语用策略。无意识的语义曲解不属于该策略。例如：

---

① 梁红梅:《委婉语的语用分析》,《天津外国语学院学报》2001年第1期。

在汽车上一对年轻男女在谈话，因为自己的年龄等因素，男方对女方的追求显得冷漠，在进行这个对话前，男方已经果断拒绝了女方的表白。

男：내가 한 얘기 생각해 봤어？（我说的话你想过了吗？）

女：나는 맨날 모빠 생각만 하니까．（当然想了，我每天都想哥哥。）

男：그럼 답도 냈겠네．（那应该有结论了吧。）

女：냈죠．오빠는 못도된 말 할 때 그런 표정 짓는구나．일부러 더 상처 받으라고 그런 톤으로 말하는구나．（当然了，原来哥哥说狠话的时候是那种表情，为了让我受伤而用那种语气。）

在这个会话中女方为了回避令人伤心的话题，故意曲解男方的话。将男方要表达的考虑、思考的意思刻意曲解为思念。而且在回答第二个问题时也是答非所问，曲解男方的本意。因而女方的策略是成功的。

4.幽默策略

幽默策略在人际交流型会话中起到融洽人际关系的作用，而和谐融洽的人际关系又有利于达到一定的语用目的。幽默策略的成功使用，也会增加个人的人格魅力，体现高尚的人格修养，也有利于交际的成功。例如：

主人公甲和主人公乙是非常要好的朋友，也是同事。主人公甲负责建筑，主人公乙负责设计。主人公甲在建筑房屋的过程中遇到了麻烦，要求主人公乙修改设计图纸，而作为设计师的主人公乙坚持不修改。所以甲给乙打电话。

甲（情绪波动、发火）：그따구로 목소리 짝 깔고 전화받지？너 내 전화 왜 씹어？왜씹어？（不要故作深沉，为什么不接我电话？）

乙（以暧昧的语气）：우리가 나눠야 될 내용이 달콤하지 않아서？（因为我们的谈话内容不会甜蜜。）

甲在十分光火的情况下给乙打电话，而乙对此十分了解，既为了平复甲的情绪，又为了说服甲坚持自己的设计，所以乙采取十分肉麻的语气，在语言选择上非常幽默地使用"달콤하다"（甜蜜）这个单词，成功地避免了与甲的正面冲突。

5.权威策略

运用权威策略在表面上看不符合得体原则，但是在具体的语境中，长辈、老师、上级对晚辈、学生、下级就可以使用权威策略以获得特定的语用效果。在韩国这个尊卑分明的国家权威策略就使用得更加普遍，因而言语也是得体的。例如：

30多岁的高中伦理课女老师与新交的男朋友在校外咖啡厅约会，中午时间学生下课，发现了这件事，学生们就在外面起哄。

学生甲：선생님 애인이에요？（老师，是男朋友吗？）

学生乙：선생님 능력자．（老师你真可以啊。）

学生丙：아，윤리여신 연애한다．남친 간지 작살！（啊，伦理女神恋爱了，男朋友帅死了。）

学生丁：멋있다．（太帅了。）

老师：이것들이 점심시간에 누가 교문출입 하래，어？얼른 안 튀어들어 들어가？발 보인다．발．（你们这帮人，午饭时间，谁允许你们出入校门，嗯？还不赶快滚回去。）

很明显，学生们的起哄使这位女老师很是难堪。作为老师，她采用权威策略，迫使学生离开。相对于其他策略，权威策略的使用更符合老师的身份，在语用效果上也更加明显。

6.文字游戏策略

文字游戏是人们对语言文字的各种功能属性变本加厉地运用和淋漓尽致的发挥。利用文字游戏策略可以起到幽默、诙谐、讽刺、指责等一系列语用效果。尤其是在韩国语，由于是音素文字，相同的语音具有不同的语义内涵，这也使得运用文字游戏策略更加便利。下面是两个例子，也运用了不同类型的语言游戏策略。

女主人公在街边的摊位上挑东西，男主人公从她身后经过，不巧的是女主人公裙子的线头挂在了男主人公的提包上，在男主人公没意识到的情况下，女主人公裙子的毛线被拆掉一大截。当两人发现时进行了以下对话。

女：어머，어떻게 해？어떻게 해？（天啊！这可如何是好？）

男：진정한 하의 실종이네요．（真正的下衣失踪啊！）

下衣失踪和韩国有名的一部影视《下衣失踪》同名，男主人公在这样尴尬的环境下，以语用幽默手段在一定程度上缓解了女主人公因裙子缩短而走光，无地自容的心境。在这个对话中，男主人公将真实的"下衣失踪"与电影名联系起来，不得不说是很好的语言游戏。

又如，女主人公接到心仪的男人的电话。他俩的关系是，女主人公追男主人公，但是由于种种因素，男主人公没有接受女主人公的爱意。

女：여보~세요？（你好！）

在韩国语中"여보세요？"是韩国接打电话惯用语，相当于中国人接电话的"喂！"。如果女主人公这样接电话是正常的。然而韩国语"여보"是夫妻之间的称呼，女主人公在接电话时故意将"여보"的语音拉长，意图是很明显的，即向男主人公表达爱意。在这个例子中，女主人公运用了韩国语词汇同音不同义的特征，并通过语气手段成功地运用了语言游戏策略。

得体原则的实现可以有很多语用策略，其中礼貌策略、委婉策略、刻意曲解策略、幽默策略、权威策略、文字游戏策略等是韩国言语交际中比较突出的策略。每一种策略都体现出韩国文化的特殊性，也都有一定的代表性。在遵守得体原则的前提下，灵活运用语用策略，使言语得体，对语用主体达到一定的语言效果有很好的作用。

三　结语

本文对韩国语言语交际中的得体原则进行了分析研究。虽然得体原则由中国学者提出，但笔者经过分析发现韩国语言语交际中得体原则的评价标准同样是价值准则和语效准则。只不过价值准则的价值内涵由韩国社会这一具体的社会环境决定，因而价值标准具有特殊性。价值准则和语效准则是相辅相成的，两者缺一不可。由于韩国语言语交际环境的特殊性，得体原则在言语交际中体现出变异性、非唯一性、层次性等特点。得体原则对语用主体的制约作用体现在语用策略的选择上，礼貌策略、委婉策略、刻意曲解策略、幽默策略、权威策略、文字游戏策略是语用主体经常使用的语用策略，这也是由韩国独特的社会文化、民族心理等决定的。从中国学者提出的得体原则这一角度研究韩国语语用问题存在不小的挑战，还有待深入研究。

责任编辑：黄立志

Study on the Appropriate Principle of Korean in Daily Life

Jiwen Liu, Ke Wang

Abstract: Different languages have different pragmatic principles and strategies. Taking Korean social and cultural circumstances into consideration, the principle of appropriateness is a very important pragmatic principle of Korean. Featured by this principle's variability, non-uniqueness and hierarchy, it has two criteria: value and language effect. As to the pragmatic strategies displaying this principle, there are different ones such as strategy of courtesy, strategy of euphemism, strategy of deliberate misinterpretation, strategy of humor, strategy of authority, strategy of parsimonious and so on.

Key words: Korean; the principle of appropriateness; pragmatic strategy

国人日本观的演进与检讨

马永平[*]

【摘 要】 从近代"知日三白眉"到维新派、革命派、文化派及普通民
众,国人的日本观在不同时期呈现出不同特点。归纳整理和比
较分析国人曾经的日本观,能够使对日本国民性的重新认识站
在一个恰当的、有向前迈进可能的起点之上,并有助于强化对
日本国家政策走向的分析和研判。

【关键词】 日本观 国民性 文化人类学

戴季陶说过,对于"中国"这个题目,日本人也不晓得放在解剖台上解剖了几千百次,装在试验管里化验了几千百次,而国人大部分还保有以天朝大国自居的思想,只是一味地排斥反对,不肯做研究功夫,几乎连日本字都不愿意看,日本话都不愿意听,日本人都不愿意见,这真叫作"思想上的闭关自守""智识上的义和团"。[①] 通过对"中国"这个题目的精细化研究,日本最终成为李鸿章所断言的"未来中国的心腹大患",而国人也因对近邻的轻视和缺乏研究,付出了沉重的代价,遭受了空前的耻辱和

---

* 马永平,中国社会科学院法学研究所博士研究生。
① 戴季陶:《日本论》,九州出版社,2005,第3页。

灾难。二战后，在美国主导下，日本制定和平宪法，该宪法第二章第九条规定："日本国民衷心谋求基于正义与秩序的国际和平，永远放弃以国权发动的战争、武力威胁或武力行使作为解决国际争端的手段。为达到前项目的，不保持陆海空军及其他战争力量，不承认国家的交战权。"但被"阉割"后的日本并不安稳，一方面依托《日美安保条约》成为美国亚太政策的附庸，另一方面处心积虑寻求恢复"正常国家"的途径和机遇。鲁丝·本尼迪克特在她的《菊与刀》一书的末尾已经警醒后人，"日本的行为动机是随机应变的，如果情况允许，日本将在和平的世界中谋求其地位。如若不然，他们也会成为武装阵营中的一员"。[①] 当前，中日关系又进入了看似扑朔迷离的时期，基于对日本国家政策走向的预测和判断，对日本国民性的探究和解读也重新升温。鬼谷子有言："故知之始己，自知而后知人也。"（《鬼谷子·反应》）欲要探知他国的国民性，首先应洞悉本国的国民性，更要梳理本国人对他国国民性曾经出现的认知，以期比较分析、汲取教训、减少误判。为此，笔者对国人曾经的日本观进行了归纳整理和比较分析，意图使国人对日本国民性的重新认识能够站在一个恰当的、有向前迈进可能的起点之上。阅读《菊与刀》这本书会发现，该书作者正是切中此点，运用文化人类学的经典研究方法，即提炼最孤立的细小行为之间的系统性联系，进而搭建起特定人群的总体生活模式，[②] 对日本国民性格进行精准描述和合理判断，纠正对日本国民性的一些传统定型认识，最终为美国政府决策提供了准确依据。

一 近代"知日三白眉"的日本观

日本虽是中国近邻，但国人知日甚晚、知日之人甚少。清代以前，中国文人横渡大洋到达日本本土的很少，文学中的日本人形象，一方面出自想象；另一方面，认识材料多来自西来中国的日本僧侣、学者、使节、商人、倭寇等。隋唐以前，日本人形象基本为想象中的非人类，或为长寿仁

---

① 〔美〕鲁丝·本尼迪克特:《菊与刀》，吕万和等译，商务印书馆，2007，第218页。
② 〔美〕鲁丝·本尼迪克特:《菊与刀》，吕万和等译，商务印书馆，2007，第8页。

者、近于仙；或为形态怪异者，近于兽。隋唐以后，由于两国交往频繁，日本人的形象由想象中的非类复原到人类，执着、和善、重情、有学问的形象开始出现，宋元时也出现奸商形象；明清时期，凶顽、恐怖、惨无人性的倭寇形象得到加强。这些不同的形象描述分别衍化成文学作品中敬业、守时、执着、温和的日本劳动者或学者形象，以及野蛮、丑陋、愚蠢的倭寇、"日本鬼子"形象，[①]并且一直影响到近现代普通民众对日本人的基本印象。

日本明治维新崛起后，中国出现研究学习日本的热潮，许多官员、留学生、流亡人士经过在日本的多年生活，对日本的风土人情有了直接的感知，对日本的认识也发展到了一个新的阶段。日本学者竹内好就曾把黄遵宪、戴季陶和周作人三人称为中国近代"知日三白眉"，认为他们是当时最了解日本的三个中国人。

1.黄遵宪的"并立说"

黄遵宪作为知日派的先声，是公认的近代中国研究日本的第一人。他以参赞随使身份出访日本期间，"采风问俗，搜求逸事"，收集了大量日本文献资料，著成《日本国志》，当时的日本诗人赞叹该书"叙樱花之美、儿女之妍，使读者艳想。此书一行，好事之士，航海而来者必年多于一年"（龟谷省轩）。但该书直至甲午战败才得以在国内公开刊印，甚而遭致误解，"知中国之所以弱，在黄子成书十年久，谦让不流通。令中国人寡知日本，不鉴、不备、不患、不惊，以至今日也。"（梁启超）实则是由于在日本期间，黄遵宪接触到卢梭、孟德斯鸠等人的学说，"心志为之一变，以谓太平世必在民主"，并提出"休唱攘夷论，东西共一家"（《人境庐诗草》）。该书的核心思想也是介绍日本明治维新的成就，"张民权，抑君权，显为背君犯上之说"，从而遭到清廷的冷遇。[②]黄本人曾在《日本国志书成志感》一诗中，无奈感慨："湖海归来气未除，忧天热血几时摅。千秋鉴借吾妻镜，四壁图悬人境庐。改制世方尊白统，罪言我窃比黄书。频年风雨鸡鸣夕，洒泪挑灯自卷舒。"黄遵宪切身感受到日本对中国的了解"如

---

① 张志彪：《中国古代文学中的日本人形象》，《贵州社会科学》2014年第2期。

② 李长莉：《黄遵宪〈日本国志〉延迟行世原因解析》，《近代史研究》2006年第2期。

烛照犀燃"，而中国士大夫封闭落后，"好谈古义，足己自封，于外事不屑措意，无论泰西。即日本与我，仅隔一衣带水，击柝相闻，朝发可以夕至，亦视之若海外三神山，可望而不可即。若邹衍之谈九州，一似六合之外荒诞不足论议也者，可不谓狭隘欤"（《日本国志序》）。为此，他对日本全境进行"汗漫之游"，详尽描述了日本明治维新后的新民俗、新民事、新风尚，[①] 十分欣赏日本人善于吸收外来文化的传统，期望日本的改革能对中国有所启发和借鉴，"藉资于彼法以为之"。[②] 而且，他深刻认识到，日本"变从西法"是从"官职、国计、军制、刑罚诸大政"入手进行的触动政治体制的根本性变革，而非仅仅是师夷长技，也觉察出日本"虽曰自守，亦颇有以小生巨、遂霸天下之志"。[③] 中国的应对之策只能是变法求强，以强制强，以强势均衡而求与日并立，以并立而免战祸、求和平。[④]

2.戴季陶的"非敌论"

日本有学者认为，在外国人撰写的日本文化论著中，有一部甚至可以凌驾《菊与刀》之上，这就是作为"知日三白眉"之一的戴季陶出版于1928年的《日本论》。[⑤] 戴季陶十六岁时到日本留学，1913年又随孙中山赴日本考察，对日本怀有特殊感情，"对东土之爱慕，真如第二故乡"，退出政坛归隐后，仍然关心时局，重视对日本的研究，发表了大量关于日本的文章，堪称中国日本研究的鼻祖。中国对日本的研究，戴季陶的日本观研究始终是一座绕不过去的高峰。

《日本论》全书"评论锐利，观察深刻"，对日本民族特性和日本国策进行了深刻剖析，内容涉及神道教、武士道、明治维新等多个方面，意图对从神话时代迄今的日本历史加以解说，把"日本"这个题目的哲

---

① 杨华、胡楠：《黄遵宪的日本民俗研究》，《民俗研究》2012 年第 6 期。
② 俞祖华、赵慧峰：《略论近代中国人的日本观》，《广东社会科学》2007 年第 5 期。
③ 李庆：《论黄遵宪的日本观——以〈日本杂事诗〉为中心》，《复旦学报（社会科学版）》1994 年第 4 期。
④ 李长莉：《黄遵宪〈日本国志〉延迟行世原因解析》，《近代史研究》2006 年第 2 期。
⑤ 董春辉：《戴季陶与本尼迪克特的日本观比较研究——以〈日本论〉和〈菊与刀〉为例》，吉林大学硕士学位论文，2009，第 11 页。

学、文学、宗教、政治、风俗以及构成这种东西的动力材料，在中国人的面前清清楚楚地解剖开来，再一丝不苟地装置起来。[1] 早在 1919 年，戴季陶就在《建设》刊物上发表《我的日本观》共十二节长达三十页的长篇论说，对比总结出近代以来中国落伍的原因：一是中国的文弱、颓丧与日本的尚武、进取；二是中国的"排外"和日本的"开国"；三是中国失却了自信力而日本具有自信力；四是日本人信仰的真实性与中国人信仰的功利性；五是日本民族一般比中国人审美的情绪优美而丰富。而且他对日本军国主义的野心也有警惕，指出，日本在接受外来文明到某个阶段之后，总会产生一种本能的反弹，本土的神道观念总会出来发生作用，这也使日本接下来的发展具有更大的不确定性。日本在民族主义开始的时期已经包含着帝国主义的胎种。[2] 戴季陶的日本观经历了辛亥时期的"敌视论"、讨袁时期的"提携论"、护法时期的"批判性提携论"、五四时期的"对决联合论"，以及国民革命时期的"幻灭性日本论"这一发展变化历程，[3] 最终定位于影响深远的日本"非敌论"。他引用《左传》中的"佳偶曰妃，怨偶曰仇"，将中日关系比作夫妻关系，"中国能刻苦奋发，自致富强，为亚洲作盟主，为世界进文明，则日本为中国之妃，不然，则为中国之仇，而非中国之敌也"。并进一步分析认为，"盖敌者，相对之完全独立体，而有其自生之特性特质者也。日本之民族，无自生之历史，而为东方之子族；其宗教无自生之创造，而为东方之子教；其语言文字，为中国及印度文明所感发之语文，而非独立之发明；其文物制度，为世界各国文物制度所造成，而非独立之建设。何足为敌哉！"日本与中国文明渊源甚深，不能独立于中国文明之外，故不足以成为中国之敌。日本本应与中国共存共荣，但不幸走上了侵略中国的歧途，中国则不得不抵抗，此正如夫妻反目。一俟战争结束，日人觉悟后，中日友谊即可恢复。[4]

---

① 戴季陶：《日本论》，九州出版社，2005，第 1 页。
② 俞祖华、赵慧峰：《略论近代中国人的日本观》，《广东社会科学》2007 年第 5 期。
③ 张玉萍：《戴季陶"日本非敌论"的真意》，《社会科学研究》2013 年第 2 期。
④ 张玉萍：《戴季陶"日本非敌论"的真意》，《社会科学研究》2013 年第 2 期。

3.周作人的"文化共同体说"

周作人在日本生活长达六年之久，娶羽太信子为妻，其间过着完全日本式的生活。他对于日本的文化与生活有着真正的喜爱和欣赏，认为日本文化虽来源于中国，但"唐时不取太监，宋时不取缠足，明时不取八股，清时不取鸦片"。他从普通人的日常生活中，领悟到渗透在日本民族衣食住行中的崇尚朴素、亲疏有致，常称日本是自己的"第二故乡"。回国后，著有《日本管窥》系列、《日本之再认识》，还翻译了大量日本作品，如《古事记》《浮世澡堂》《日本狂言选》等。

对于日本国民性，周作人提出了新的两点：一是现世思想，二是美之爱好，而"现世思想"与"美之爱好"结合，就是"人情美"。① 他认为，日本文化诚然是取材于中国与西洋，但经过一番调剂，已成为自己的东西、抱有独特的精彩，虽然缺少庄严雄浑的空想，但其优美轻巧的地方也非远东的其他民族所能及，日本自有它的文明、独立的地位与价值。② 周作人对日本文化爱之过深，加之自我定位模糊，"半是儒家半释家，光头更不著袈裟"（《知堂五十自寿》），逐步形成了自己也是"东洋人"的文化身份确认，并提出"中日文化共同体"的假想，成为其后期附逆于"大东亚主义"，听命于汪伪政权的思想根源。周作人完全超越民族立场的文化研究注定以失败告终，后期他不得不宣布日本国民性终不可解，日本研究小店惨淡关门，正应了林语堂的诗谶，"织就语丝文似锦，吟成苦雨意如麻"，徒留令人惋惜的"诗意般笔触"。

二 维新派的"以日为师"

维新派主张全面学习、仿效明治维新，像临摹名书佳画、穿现成衣裳那样，取鉴于日本之维新，可以聘请日本人为官衙顾问，甚至可以请伊藤博文到中国来当宰相。③ 而同时期的洋务派受体用思想限制，对于日本的明治维新和全盘西化持鄙视态度，"轻日"思想严重，"师日"之心不足，

---

① 管延滨：《周作人散文中的日本形象》，延边大学硕士学位论文，2009，第4页。
② 许宪国：《关于周作人对日本文化及日本国民性研究的思考》，《沈阳农业大学学报（社会科学版）》2007年第6期。
③ 中国史学会主编中国近代史资料丛刊《戊戌变法》（二），上海人民出版社，1972，第603页。

"制日"观念占主导地位。如李鸿章对日本改穿欧式服装很不理解，认为服装是能够激起对祖先神圣回忆的事物之一，后代理应以崇敬的心情永远保持下去，表示决不会进行这样的变革。只是军器、铁路、电信及其他器械是必要之物和西方最长之处，才不得不采之外国。洋务派的日本观实质代表的是当时清政府的日本观。①

1.康有为的"死抱"

甲午前，康有为的日本观以防日、攻日为主，著有《攻日策》，甲午后转变为学习日本，变法维新，先后编写了《日本书目志》《日本变政考》，进呈给光绪帝以供参考。变法失败后，康有为流亡日本效"秦廷之哭"，企图借助日本的力量帮助光绪复位，继续其未尽的事业，而且一直死抱日本模式作为其救国方略。②

康有为总结日本强盛的原因，认为日本有一个"一姓传系"的天皇，这是构成日本内部凝聚力的重要条件。而且日本物质学发达，注重实用，"故方今竞新之世，有物质学者生，无物质学者死"。中日"两邦兄弟唇齿，同种同洲，祸福共之"，日本明治维新为中国变法图强提供了一个成功的模板。他力倡"以日为师"，在《进呈日本明治变政考序》中写道，"譬如作室，欧美绘型，日本为匠，而我居之也；譬如耕田，欧美觅种灌概，日本锄艾，而我食之也"，"日本地势近我，政俗同我，成效最速，条理尤详，取而用之，尤易措手"。③但康有为对日本语言并无好感，尤其对日译英文和汉语中直接引入日文极为反感，就此还多次指责过梁启超。如他认为译自英文的"自由"一词有失片面："英文非里泵freedom者，仅为释放之义，尚含有法律之意。若日本所译为'自由'二字，则放手放脚、掉臂游行、无拘无管、任情肆意、不怕天不怕地之谓，则人道岂有此义理乎？此等名词，不特意偏而不举，亦且理穷而难行，而可公然标为名理，从之者举国若狂，不辨皂白。"④

---

① 韩小林:《论李鸿章的日本观》,《广西社会科学》2006年第6期。
② 臧世俊:《康有为的日本观》,《学术论坛》1995年第3期。
③ 陆军:《浅析康有为的日本观》,安徽大学硕士学位论文,2013,第11页。
④ 陆军:《浅析康有为的日本观》,安徽大学硕士学位论文,2013,第22页。

2.梁启超的"调头"

梁启超作为百科全书式人物，一生治学、政见都处于多变状态，他的日本观亦不例外。戊戌变法前后，梁启超对日本充满敬意，在公开发表的文章中大谈中日"同文同种"，极力宣传中日提携，提倡"大亚洲主义"，呼吁日本实行"保亚洲独立主义"，劝导清政府实行改革，以振国势，杜欧势之东渐。亡命日本期间，"亲见一新邦之兴起，如呼吸凌晨之晓风，脑清身爽，亲见彼邦朝野卿士大夫以至百工，人人乐观活跃，勤奋励进之朝气，居然使千古无闻之小国，献身于新世纪文明之舞台。回视祖国满清政府之老大腐朽，疲癃残疾，肮脏蹒跚，相形之下，愈觉日人之可爱、可敬"。①

讨袁护国运动后，梁启超的日本观发生重大转变，他从日本的系列行为中，"始惊讶发现日人之可畏可怖而可恨，憎日、恶日与戒备日之念，由微末种子培长滋大而布满全脑"，并得出结论，"他日欲亡我国，灭我种者，恐不为白色鬼，或竟为倭人也"。对日本的发展前景也不再看好，在《辛亥革命之意义与十年双十节之乐观》一文中，他写道："你看近五十年来的日本，不是跑得飞快吗？可惜走歪了路，恐怕跑得越发远，越发回不过头来。我们现在所走的，却是往后新世界平平坦坦的一条大路。"②

三　革命派的"以日为资"

清末，中国留日生创造了世界史上最大规模的学生出洋记录，他们中的许多人汲取日本尚武精神，敢作敢为，立志以武力推翻专制的封建王朝，许多反清革命团体在日本成立并发展壮大，日本因之成为辛亥革命的大本营。③ 日本政府对革命与反革命双方表现出不偏不倚的姿态，实际是企图于两端之际，取得操纵与干涉之代价。④ 日本民间人士中则有不少同

---

① 崔志海：《梁启超日本观的演变与反思》，《江海学刊》2011 年第 5 期。
② 崔志海：《梁启超日本观的演变与反思》，《江海学刊》2011 年第 5 期。
③ 周一良：《孙中山的革命活动与日本——兼论宫崎寅藏与孙中山的关系》，《历史研究》1981 年第 4 期。
④ 简明：《日本政府与中国革命》，《长白学刊》2005 年第 6 期。

情、支持中国革命的，他们对于中国资产阶级民主革命的贡献，是中日人民友好历史上有意义的篇章。从整体上来看，此时革命派的日本观是理性的、功利的，一切为了中国革命。[①] 抗战时期，国共两党结成统一战线，并肩浴血奋战，打败日本，破除了有关日本的迷信和神话，也为世界反法西斯战争胜利做出了巨大贡献。

1.孙中山"联合共谋"

孙中山在三十余年的革命生涯中，为了寻求日本对中国革命和建设的资助，曾先后进出日本 16 次，在日本度过了 9 年半的时光，还以贵宾身份访日 39 天之多。其间不仅接触了日本政府，而且结识了一些军政财各界要员，尤其是与民间有识之士、大陆浪人和在野党首脑来往密切。[②]

孙中山的日本观包括两个方面：一是视日本为侵略成性、亡我之心不死的军国主义国家；二是视日本为中国革命和建设可以借鉴的先进国家。二者看似矛盾，实则相辅相成。日本学者藤井升三分析孙中山将日本作为革命基地的根源有三：一是中日在地理上接近；二是日本一部分政治家和民间人士支援中国革命的动向和孙中山对他们的亲近感、信赖感；三是孙中山基于黄白人种斗争观的"亚洲主义"思想。[③]

孙中山很早就有中日两国联合共谋亚洲复兴的思想，在他的著述中曾再三阐述中日友好对于振兴亚洲的重大意义，这也是孙中山的对外政策之所以长期集注于日本的思想因素中不可忽视的一点。他把自己领导的革命事业的成功，很大程度上寄望于日本的援助，并打算以日本为借鉴把中国建设成一个近代化的先进国家。他对于日本政府露骨的侵华面目和明显的敌对行为也有所觉察和感受，只是由于缺乏实力，以及策略上的考虑，所以较长时间内对其采取相当宽容的态度。孙中山自述的"向为主张中日亲善之最力者"之语绝无虚夸，他所倡导的中日友好，完全是因为日本军国主义者的破坏而未能实现。直到 1924 年逝世前，他仍期盼着中日友好的早日实现。

---

① 左汉卿：《章太炎在日本的活动及其日本观变化》，《中国文化研究》2001 年第 4 期，第 36~41 页。

② 刘焕明：《论孙中山先生的日本观》，"辛亥革命与民族振兴"论坛交流材料。

③ 高强：《孙中山的日本情结》，《常德师范学院学报（社会科学版）》2003 年第 1 期。

2.蒋介石的"苦撑待变"

青年时代蒋介石曾两次留学日本，二战期间又作为盟军中国战区、中缅印战区最高指挥官，直接领导对日作战，被西方称为"最勇敢的、远东地区骨头最硬的国家元首"。

蒋介石在青年时期就树立了"光我河山完我责"的信念，也欲图以日本作为自己统一中国的靠山，但日本扩张步伐的加大使他逐步清醒地认识到日本是"一种最野蛮的军阀"。在完成全国形式上的统一后，日本成为蒋最棘手的对手，而蒋本人对日本决策者的意图和民意也非常了解。他在1934年《抵御外侮与复兴民族》的秘密报告中指出：

> 日本向外侵略扩张是有其必然性的，日本军人（包括所有的人）认为，他们本国的领土很小，在那区区三个小岛，是不能生存的。所以他们国民的思想，尤其是全国军官，脑筋全充满向外侵略的野心。他们以为非侵略别国的土地，自己就不能生存。日本为了向外侵略，毫无信用可言。我在日本时，和他们军官谈到国际政治问题，他们老实对我说，条约只不过是一张纸，一撕就破了。由此可见，他们向来就不重道义，向来就是主张强权，崇尚武力，时时准备作战。日本的野心不仅是要吞并中国，而且要争取整个太平洋的霸权，它的目标是，征服俄罗斯，吃下美国，击破英国。[①]

针对中国当时的国力，蒋认为：

> 即使我们从现在起，竭力来准备国防，拼命地制造飞机大炮，添置武器，那也来不及，不仅如此，就是大家同心一致在这方面努力，三十年还是不够。面对日本的侵略，中国在相当长的一段时间内，开战必败，应避免同日本决战。[②]

[①] 杨木武：《谈七七事变前蒋介石的日本观和抗战观》，《湖北教育学院学报》2003年第6期。
[②] 杨木武：《谈七七事变前蒋介石的日本观和抗战观》，《湖北教育学院学报》2003年第6期。

为此，他实施了"以空间换时间""苦撑待变"的对日策略，也被诟病为"消极抗战"。民间甚至有人附会说，蒋的名字取自《易经·豫卦》中的"中正自守，其介如石"，该卦爻辞曰："介于石，不终日"，这六个字预示了蒋介石无法终结日本之侵华，还要靠美苏帮忙。① 在发展外援上，他认定美国，在日记里写道："世界各国外交政策，有正义而不变者，惟有美国而已。"多次碰壁后，他感慨，"中国所能自为计者，唯有依自力，艰苦图存"，但他将中国的命运系诸英美援助的思想从未改变。蒋在抗战中不敢放手发动群众，又处心积虑积极剿共，增加了抗战的艰难性和复杂性。抗战胜利后，蒋不是及时清算日军罪行，谋求长远控制日本，而是将投降日军作为资本和工具，积极运用于剿共，从而被人民迅速抛弃。

3.毛泽东的"中间地带"

毛泽东在青年时期通过阅读《盛世危言》，对日本有了最初的了解，认为，"日人诚我国劲敌，二十年之内，非一战不足以图存"，并预言"中日必战、联美制日、中国必胜"。抗战时期，毛泽东写下了著名的《论持久战》和《论反对日本帝国主义的策略》，精辟地论述了进行全民族抗战打败日本帝国主义的基本方略。他分析形势的基本特点后指出，在日本变中国为它的殖民地的过程中，其他帝国主义国家像英美等国和日本必然产生矛盾。日本是帝国主义者中最幼稚者，还有结托中国统治阶级以政治的支配达到经济的侵略之必要。中国共产党的任务，就是应该利用矛盾，最大限度地孤立和打击对中国威胁最大的日本帝国主义；并要区分日本人民和日本帝国主义，和日本人民结成广泛的国际反法西斯统一战线，并把它上升到战胜日本帝国主义不可缺少的外部条件之一。②

毛泽东一生以恢宏的战略视野和坚决斗争的方法，灵活处理国内国际问题。新中国成立后，他出于为国内建设打造安全国际环境的目的，高度重视对日关系。一方面警惕日本"潜在的帝国主义"，告诫日本政府不要玩弄自以为"八面玲珑"的聪明，自找绝路；另一方面积极支持日本国内

---

① 刘继兴：《毛泽东蒋介石名字均取自易经》，凤凰网，http://bloghistory.news.ifeng.com/article/34944224.html。

② 《毛泽东选集》，人民出版社，1965。

的正义力量。他一生都深信日本是中国的兄弟友邦，^①在接见日本进步人士时，引用鲁迅先生的诗，"万家墨面没蒿莱，敢有歌吟动地哀。心事浩茫连广宇，于无声处听惊雷"，表达对日本人民争取民族独立与和平民主的亲切关怀和坚定支持。总的来看，他主张对日本采取分化、利用策略，将日本作为处理中美中苏关系大局、分解国际压力的一枚棋子。在对日方针上，他先后提出了"间接同盟军"和"中间地带"理论。一方面认为，日本的反主流派是中日两国人民间接的同盟军；另一方面指出，"美国到处驻兵，在亚非拉欧四大洲都有军队，这么几个兵，分得这样分散，我不晓得它这个仗怎么打法。所以，我总觉得，它是霸占中间地带为主。我看中间地带有两个，一个是亚非拉，一个是欧洲和日本。日本是个强大的资本主义国家，对美国不满意，对苏联也不满意"。毛将日本划入"中间地带"并寄予厚望，认为日本是反对霸权主义斗争，执行"一条线"、"一大片"国际战略应该联合的一支重要力量。^②

四 文化派的"以日为根"

近代以来，留学日本的一些文学艺术人士大多抱有寻找济世救民方略的现实目的，以仰视的视角来对日本进行观察描写。文学中的异国形象，既是观察者对异质文化现实的书写，也混合了观察者个人的思想与感情。他们描绘的日本形象，大多体现出他们对日本生活的向往。^③在中国现代作家笔下，日本的自然风光纯净、细腻、优美，如诗如画，与他们所面对的日本社会现实，如压抑、冷酷、贫富不均等形成鲜明对照。日本文化中的悲凉情调和汉唐遗风最易激发中国文人的悲悯和怀古情怀，这种影响与其说是一种外来的给予，不如说是一种启示，一种共鸣，以至于不少人得出应该到日本寻根中国文化的结论。

---

① 〔美〕罗斯·特里尔：《毛泽东传》，胡为雄、郑玉成译，中国人民大学出版社，2006，第87页。
② 许屹山：《毛泽东的日本观研究》，湖南师范大学博士学位论文，2013，第183~186页。
③ 管延滨：《周作人散文中的日本形象》，延边大学硕士学位论文，2009，第24~25页。

如今村与志雄和松枝茂夫在《鲁迅的故家·解说》中写道，周作人每天晚上，只要有闲暇，便身穿和服、脚踏木屐，到神田和本乡一带的新旧书店及夜间商店去，他为在日本的庶民生活中，发现在中国已经失去了的唐代的风俗习惯而兴奋。他所以会对日本的庶民生活（及其艺术）如此感到亲近，一是因为日本的风土与他的故乡绍兴很相像；二是被伴随革新的复古思想所吸引（鲁迅也同样）。①

郁达夫在日本曾度过十年的留学生活，对日本有着"初恋情人"般的留恋。日本诗人金子光晴在回忆郁达夫时说："给我的印象是他简直不像中国人，而更像日本人。即使在东京和他走在一起，大概谁也看不出来他是中国人。他看上去好像很生硬的样子，但一接触却不是那样，这一点很像日本人。至于性格，谈起话来，容易亲近，没有抵触感，让人觉得一见如故。"在《日本的文化生活》一书中，郁达夫多次表达了对日本民族"刻苦精进"精神的钦佩和赞许，他说："若在日本久住下去，滞留年限，到了三五年以上，则这岛国的粗茶淡饭，变得件件都足怀恋：生活的刻苦，山水的秀丽，精神的饱满，秩序的整然，回想起来，真觉得在那儿过的，是一段蓬莱岛上的仙境里的生涯，中国的社会，简直是一种乱杂无章，盲目的土拨鼠式的社会。"②

辜鸿铭甚至认为，日本人才是真正的中国人。他说，日本明治维新以来不过五十年的时间，就如蛟龙出水，迅速升腾为世界五大强国之一，其成功"正是依托东方文明优越之处的基础上"。中国之所以处于这样悲惨的境地，主要是因为我们中国人，尤其是知识分子将东方文明的精华部分抛却了。假如把日本比作美丽的蔷薇花，那么，"培育这朵花的肮脏的泥土可以说是中国，中国文明之花却在本土凋落了"。今日的日本人是真正的中国人，是唐代的中国人，那时中国的精神，今天在日本继续着，而在中国却已大部失传了。由于蒙古人的入侵，中国人中大约有一半被蒙古化

---

① 许宪国:《郁达夫对日本文化和日本国民性的认识》,《湖南工业大学学报（社会科学版）》2012 年第 4 期。

② 许宪国:《郁达夫对日本文化和日本国民性的认识》,《湖南工业大学学报（社会科学版）》2012 年第 4 期。

了。日本人有许多东西值得中国人学习，"如果拿现代中国和日本相比较的话，中国人只是口头饶舌，而懒得去做，日本人是口头上不怎么说，但却认真地付诸行动"。①

还有研究发现，就是在反思本国国民性这个问题上，日本人的著作对中国作家的影响也是潜在和深远的，特别是芳贺矢一所著的《国民性十论》。该书是芳贺矢一应邀在东京高等师范学校所做的连续讲演，完整保留了其著称于当时的"富于雄辩的以书面语讲演"的文体特点。全书共分十章讨论日本国民性：① 忠君爱国；② 崇祖先，重家名；③ 讲现实，重实际；④ 爱草木，喜自然；⑤ 乐天洒脱；⑥ 淡泊潇洒；⑦ 纤丽纤巧；⑧ 清净洁白；⑨ 礼节礼法；⑩ 温和宽恕。②作为文学"教科书"，芳贺矢一显然给周作人等中国留学生留下了比其他人更多的"启蒙"痕迹。鲁迅曾在不同场合发表过对日本民族"认真"精神的肯定，以与本民族"马马虎虎"的缺点相对照，实则也是以该书列举出的日本国民性作为参照系谱，来寻找整治本民族缺点的"药"。③就《狂人日记》"吃人"这一主题意象的生成问题而言，虽然其与日本明治时代"食人"言说密切相关，是从这一言说当中获得的一个"母题"，但可以肯定的是，正是《国民性十论》第十章列举的中国旧文献中的事例，将中国历史上的"吃人"事实暗示给了鲁迅。④

五　民间的"以日为害"及结论

大公网 2014 年 4 月 9 日报道，《朝日新闻》在中日韩三国进行了一项民意调查，试图了解在安倍晋三加速推进解禁集体自卫权，中日、日韩关系继续冰封的背景下，三国民众如何看待如今的日本和东亚局势。在"喜欢""讨厌""没有特别想法"三个选项中，日本"讨厌中国"的占 51%，

① 《辜鸿铭文集》（下册），海南出版社，1996，第 312~313、274~276、295 页。
② 李冬木：《芳加矢一〈国民性十论〉与周氏兄弟》，《山东社会科学》2013 年第 7 期。
③ 许宪国：《鲁迅视野中的日本文化和日本国民性》，《重庆理工大学学报（社会科学版）》2013 年第 8 期。
④ 李冬木：《芳加矢一〈国民性十论〉与周氏兄弟》，《山东社会科学》2013 年第 7 期。

而中国给出"讨厌日本"回答的为74%。[①] 其实在2005年的调查中，中国的对日情感也不甚乐观，新华网当时报道，中日双方公布的由两国新闻界、学术界和民间组织同步进行的民意调查显示，62.9%的中国被调查者对日本印象"很不好"和"不太好"。[②] 2012年的民意调查显示，九成民众支持对日采取更多反制行动。[③] 年轻一代比父母更仇恨日本、更抵制日货。[④]

　　由于历史上日本的侵略行为给中国人民带来了沉重的灾难和痛苦，并给中华民族整体记忆留下了深刻的、不可磨灭的印象，普通民众的对日反感情绪高涨也有一定的必然性。近代以来，普通群众自发性的、大规模的排日、反日活动从未间断过，但采取的方式主要是抵制在国内营销的日货，甚至在简单思维主导下，出现"打砸烧"本国国民自购日货的现象。笔者认为，其原因主要有两个。一是中国虽然是第二次世界大战战胜国，但没有像美苏那样对战败的日本形成实质或形式上的控制，也没有彻底清算日本战争罪行，对日方针缺乏整体长期布局。精英层和政治人物僵化的"亲日"倾向主导着对日关系的决策，且不时出现反复，要么片面强调中日友好，称赞日本民族的长处；要么对日本持不真实的敌对态度，关注日本的负面新闻，[⑤] 经常同时打出对日灵活和民族主义两张牌，但又不具备有效驾驭民族主义情绪的能力。二是在对日本国民性的整体判断上，长期局限于《菊与刀》以及国内知名人士日本观的引导，没有形成独立的、饱含历史责任感的认识，没有以发展的眼光来看待特定种群的发展。《菊与刀》的核心是要回答"日本是否会投降，能否利用日本政府机构并保留天皇"

---

① 《日媒调查显示：半数日本人讨厌中国》，大公网，2014年4月9日，http://news.takungpao.com/world/exclusive/2014-04/2409414.html。
② 《中日民间组织民意调查，6成中国人对日印象不好》，http://news.sohu.com/20050824/n226764358.shtml。
③ 《调查显示：9成民众支持对日更多反制行动》，http://www.ahradio.com.cn/news/system/2012/09/17/002406809.shtml。
④ 李劲澄等：《对人大附中学生日本观及产生原因的调查》，《中国校外教育》2010年第8期。
⑤ 张新萍：《清末民初30年间山东人的日本观》，华中师范大学硕士学位论文，2006，第36页。

这两个问题，①全书每个细节的解读最终都回到这两个问题上，这些解读在上述两个问题的判断上是准确的，但如果运用于回答当代问题，则略显针对性不足。而国内知名人士的日本观又非常散漫，在回答诸如"右倾化"及对日现实和长远策略等具体问题时常常含糊其辞、不着边际，以至于普通民众更相信《推背图》对中日关系的预测。

中国是一个传统大国，国人的日本观具有历史形成的内在心理优势。梳理国人的日本观能够看到，日本崛起后，国人所持的是对变革的欣赏心态，实际借鉴时又着眼于大国，而极少取法与之不相对称的小国日本。国人也从没有将日本看作真正的对手，即使在抗战时期这种极端劣势的状态下，日本必败也是多数人的判断。因此，与日本图谋进驻大陆的思维相反，中国历代统治者向周边扩张、剪灭隐患的动力不足，防止内乱、对外怀柔的心态明显，常为世界历史增加"内战内行，外战外行"的笑料，甚至发表对侵略和屠杀表示感谢的奇谈怪论。如马关谈判之时，李鸿章当面向伊藤博文坦然承认，此次战争收到两种好结果，一为日本利用欧洲式海陆军组织有显著成功，证明黄色人种绝不亚于白皙人种；二为因此次战争，中国侥幸从长睡迷梦觉醒，此实为日本促中国自奋，助中国将来之进步，其利可谓宏大，故中国人中虽有怨恨日本者众多，我反而多感谢日本。②

最近有观点认为，日本民族的文化心理不乏优秀品质，但在根本之处存在严重缺憾，自古缺乏海纳百川的心胸和包罗万象的气度，表现为对"权力至上"的狭隘追求。③笔者认为，对强权的膜拜是人类进化保留下来的基因，是各民族的共性。最终决定日本重大国策走向的是日本民族的悲情和宿命，以及对死亡的崇拜和赞美，正如深为日人所喜爱的《樱花散落》一诗中所述："大地天光照，春时乐事隆。此心何不静，花落太匆匆。"（纪友则）生命短暂如樱花，与国土树木悉皆成佛。④国家、民族和个人

---

① 〔美〕鲁丝·本尼迪克特：《菊与刀》，吕万和等译，商务印书馆，2007，第1页。
② 陆奥宗光：《甲午战争》，台北：开今文化出版社，1994，第157页。
③ 李文：《日本国民性的历史折射——杨栋梁主编〈近代以来日本的中国观〉读后》，《日本学刊》2014年第4期。
④ 闫志章：《樱花和日本国民性》，《吉林化工学院学报》2010年第12期。

都要表现出对死亡的凛然和从容，俨然如同一种美学上的诉求，因为日本国、日本民族和日本人，从诞生的那一刻起，就注定为短暂的美丽所笼罩，这是宿命，不可改变。这看似难以理解，但的确如此，超八成日本人仍表示，"下辈子还做日本人"。^① 日本之所以会给世界带来灾难，并不是单纯的军国化、右倾化问题，而是具体政策中隐含的对死亡美的追求。以个体为例，三岛由纪夫被某些日本右翼当成一种教父级的存在，如果把三岛由纪夫的一生比作一个行为艺术的话，他切腹咽气的那一刻就是他的美学的完成。川端康成死前发表著名小说《睡美人》，他觉得人老了以后会变得非常邋遢，失去美感，这对于他来说是无法接受的，他要保全"洁"的核心价值，所以必须自我了断。^② 日本个人、民族和国家都有一种自我了断的冲动，生如有污，必以死来作一些挽回。在和平宪法的框架下，不能进入正常国家的行列，犹如生而受污，必求死以作些挽回。因此，日本必将是国际社会动荡不安的源头，作为近邻，中国必须保有一击成全其速死之心的实力，方能免受其害。

责任编辑：周利群

---

① 《日本国民性调查：超 8 成日本人"下辈子还做日本人"》，http://world.people.com.cn/n/2014/1031/c1002-25947101.html。

② 《日本国民性的变迁——刘柠、徐静波谈日本人独特的伦理生死观》，http://blog.ifeng.com/zhuanti/ribenguominxingwenzi/。

Study on the Evolution and Reflections of Chinese Attitudes towards Japan

Yongping Ma

Abstract: From the modern "Three bridles acquainted Japan" to the reformists, the revolutionists, the cultural circles and the general public, the attitudes and views towards Japan display different characteristics in different periods. To generalize and compare the historical attitudes and views towards Japan in China, it enables us to rediscover the Japanese national trait putting us at a new starting point where we may further our opinions to Japan. It also emphasizes the importance of the analysis and research of Japanese national policy trend.

Keywords: attitude towards Japan; national trait; cultural anthropology

非洲地区研究

中非投资合作的法律障碍

莫林・康多

一 引言

2000 年，中非合作论坛诞生于北京召开的一次中国和非洲国家间的部长级会议上。其宗旨是通过平等磋商、增进了解、扩大共识、加强友谊、促进合作来加强中非之间的友好合作。第一届部长级会议的代表们讨论了包括如何加强中非经贸合作在内的诸多议题。此后，2003 年 12 月、2006年 11 月、2009 年 11 月和 2012 年 7 月，又分别在埃塞俄比亚首都亚的斯亚贝巴、中国北京、埃及沙姆沙伊赫、中国北京召开了四届部长级会议。在北京召开的第三届部长级会议上，时任中国国家主席胡锦涛宣布了旨在加强中非务实合作、支持非洲国家发展的八项举措，包括增加对非援助、提供优惠贷款和优惠出口买方信贷、设立中非发展基金、援建非洲联盟会议中心、免债、免关税、建立经济贸易合作区以及加强在人力资源开发和教育、医疗等领域的合作等。十多年来，通过这一平台，中非在上述领域的合作不断加强，中国自 2009 年以来已成为非洲最大的贸易伙伴。而到

* 莫林・康多，南部非洲发展共同体律师协会执委会委员、原马拉维法学会副会长；翻译：顾冉，中国法学学术交流中心项目官员。审校：谷昭民，中国法学会对外联络部部长；祁蒙，中国法学会对外联络部项目官员。

2013 年 8 月，非洲也已成为中国的第四大投资目的地。

中非合作论坛采取很多措施来保障其宏伟目标的实现，投资即是其中一项。根据《中华人民共和国政府和津巴布韦共和国政府关于促进和相互保护投资协定》(《中津协定》) 1.1 款，"投资"是指缔约一方投资者在缔约另一方领土内所投入的各类资产，主要是，但不限于：

（1）动产、不动产及抵押权等其他财产权利；

（2）股份、债券或其他在公司的权益；

（3）债权或具有经济价值的行为请求权；

（4）知识产权，特别是著作权、专利、实用新型、工业设计、商标、商业机密、工艺流程和商誉；

（5）法律授予的商业权利，包括勘探、开发自然资源的特许权。

投资分为直接投资和间接投资。直接投资是指投资者对另一经济体的企业拥有永久利益，对该企业具有经营上的控制权的投资方式。间接投资是指投资者对一个企业贡献一部分有形或无形资产，但不获得该企业的股权，不过这种间接投资者有权从该企业的收益中获得回报。

本文主要讨论中非投资合作面临的法律障碍。本文在简单介绍中国如何通过中非合作论坛与非洲开展投资合作的历史背景后，指出并分析了中非投资合作的具体法律障碍。作者认为，这些法律障碍在中非签订促进和保护投资协定之前就已存在，并且此后仍然存在。作者认为，在这些投资协定签订之前存在的法律障碍主要是中非不同的投资法律和政策，中非作为合作伙伴拥有不平等的话语权，以及中非投资制度框架的缺失和（或）不完善。

投资协定签订后，其他一些法律障碍随之产生，包括一些非洲国家没有将签订的投资协定上升为国家法律，对一些合作原则不够尊重、不遵守，使投资合作便利化的必要的非洲法律制度改革进展缓慢，中非投资合作监管执行机制不完善，官僚主义、许可要求不完善，在一些非洲国家比如利比亚发生了导致管理和法治坍塌的政治危机，还有不完善的投资者与东道国争端解决机制。文章最后提出了一些可以尽快解决上述法律障碍，保障中非合作论坛举措有效实施的建议。文章主张，投资合作应该走区域化道路，这个策略比每个国家"单打独斗"更好，有利于非洲国家从中非合作论坛中获取最大利益。必须建立一致、透明的中非投资合作制度框架，对非洲的投资法律、政策和制度进行战略性、及时的改革。最后，文章呼吁中非法学法律界人士更加积极地、定期参加中非合作论坛的活动，为中非合作论坛发展做出有益贡献。律师们加强对中非投资法律、政策及制度的学习是中非法学法律界更加积极参与中非合作论坛的必要组成部分。

二　中非投资合作面临的法律障碍的性质

中非投资合作存在一些法律障碍。这些法律障碍在双方签订促进和保护投资协定之前和之后均存在。这些法律障碍的性质不同，下面将分别阐述。

（一）促进和保护投资协定签订前的法律障碍

（1）中非之间不同的投资法律及政策。大部分非洲政府包括马拉维都制定并运用投资政策来促进国家经济增长和发展。基于此目的，马拉维于2012年颁布了《马拉维促进投资及出口法令》，并且出台了《国家投资政策》。通过对上述法令和政策的快速分析可以看出，促进、吸引、鼓励、便利国内及国外的直接和间接投资是马拉维政府促进私营经济在国家经济发展中起主导作用的最重要举措。

很多非洲国家都加入了中非合作论坛。以南部非洲为例，不同的法律制度和投资促进法在该地区存在，这种现象十分惊人。赞比亚和马拉维等国的法律制度以英国普通法为基础，南非、博茨瓦纳和纳米比亚的法律制度以罗马—荷兰法为基础，津巴布韦的法律制度则是英国普通法和罗马—荷兰法的混合，莫桑比克和安哥拉的法律制度以葡萄牙民法典为基础，还有以法国民法典为基础的刚果共和国。虽然中非合作论坛旨在促进中非之间的合作，然而事实证明，中国是同每一个非洲国家单独签订双边投资协定的。考虑到上述事实，以及非洲国家多样、不同的投资法律、政策和法律制度，毫无疑问，这是中非投资合作的一个法律障碍。

（2）合作双方不平等的话语权。观察中非之间签订的大部分投资合作文件可以得出这样一个结论，中国在这些投资活动中扮演的角色就是提供使投资变为可能的财政资源。换句话说，在这些投资中，中国和非洲的关系好像是捐赠者和受赠者，或者债权人和债务人的关系。基于此，毫无疑问，中国拥有比任何一个参加中非合作论坛的非洲国家更多的话语权。中国可以规定在何种条款和条件下，其才会提供用于投资的财政资源。在有些地区这些投资协定被描述为"企业契约权利"。这种不平等使接受中国投资的非洲政府很难执行其环境、资源和财政政策。

（3）中非投资制度框架的缺失和（或）不完善。中非合作论坛首届部长级会议赞同建立促进、保护和保障投资的法律框架。我们很难对中非合作论坛在这方面取得的进展进行评定。然而，中非合作论坛机制实施的法律框架依然是一个尚未引起足够重视的问题。这个法律框架需要落实到位、完善并正常运转。谢赫和卢刚巴在这方面的观察十分准确，他们认为："为了保证中国投资发挥积极作用，非洲政府需要建立完善的制度框架，保障政策的透明度，推行保护环境和社会的政策，鼓励科技转让，并且要求外国投资者使用本国劳动力和建筑材料。这些规定必须适用于所有投资者，不论是中国还是别的国家。"

一个完善的中非投资合作法律框架是中非合作论坛的必要组成部分，迫切需要关注。仅有投资协定里面的条款和条件是不够的。因此，不完善的中非投资合作法律框架是中非投资合作的另一个法律障碍。

（二）促进和保护投资协定签订后的法律障碍

（1）一些非洲国家没有将签订的投资协定上升为国家法律。统计表明，中国和有些非洲国家已经签订了一些促进和保护投资的协定。南非与中国签订了关于相互促进和保护投资的协定，并于1998年4月1日生效。津巴布韦和尼日利亚也与中国签订了类似的协定。作为固定的法律准则，一项国际协定对缔约国一方是否具有约束力，从而形成法律强制执行的义务，是由该项协定是否自动被吸纳为或者需要被转化为该国国内法律决定的。以马拉维1994年宪法的211（1）条款为例再合适不过。该条款明确规定，国际协定在马拉维没有约束力，除非议会通过法案，使其成为马拉维国内法律的一部分。211（1）条款表述如下：

> 在宪法颁布实施后签订的国际协定，在议会法案批准的前提下，可以成为共和国法律的一部分。

值得注意的是，这种"未本土化"现象不仅存在于投资协定领域，同时也涉及一些国际公约，比如《关于向国外送达民事或商事司法文书和司法外文书公约》及《关于解决国家和他国国民之间投资争端公约》等。如果发生任何需要适用上述国际公约的争端，那么中非投资合作的便利化便还有很长的一段路要走。

（2）对达成的合作原则不够尊重、不遵守。中国同包括津巴布韦和尼日利亚在内的一些国家达成一致：在投资合作中必须遵循平等互利等基本原则。在中非合作论坛下，中国同合作伙伴商定：投资项目必须使用当地技术和材料，创造就业机会，发展人力资源。然而，中国好像并没有一直遵守达成的这些投资合作的基本原则。我们从马拉维和赞比亚的例子中可以很清楚地看到这一点。先以马拉维为例。中国政府已经在利隆圭建了一个五星级酒店、一个国际会议中心、议会大厦、中国购物中心及总统别墅。在建设过程中我们发现，工地上大多数的劳动者是中国人，使用的建筑材料也是从中国进口的。赞比亚总统迈克尔·萨塔在赞比亚也观察到类似的情况。他曾说过这样一段具有启发性的话："中国在赞比亚的投资在很多方面都引起了争议。大型的矿产和建筑公司带来了工业上的不和谐，因为这些公司提供的工作条件很差，没有遵守当地的劳动法、环境法规、职业健康和安全标准。他们开出的工资也极低，像给奴隶的工资一般。大部分技术和管理岗位以及相当一部分非技术工作都留给（中国人）或由同投资项目一起来到赞比亚的中国工人承担。"

考虑到中非投资合作中不遵守一些达成的基本原则的情况存在，很奇怪，投资协定中对这些却没有任何规定。因此，不遵守这些原则并没有违反协定中的任何条款或条件，但明显是投资合作的一个障碍。

（3）使投资合作便利化的必要的非洲法律制度改革进展缓慢。中国同一些非洲国家签订的促进和保护投资协定的性质决定了需要重新审查一些对投资有影响的非洲法律、政策和制度，并最终实现改革的目的。中国在成立中非合作论坛之前及不久后，迅速颁布了专门的、便利投资的法律。据报道，中国在2001年修订了1979年颁布的《中外合资企业法》，2005年10月修订了1993年颁布的《公司法》。中国对1997年颁布的《中华人民共和国合伙企业法》于2006年进行了审查，2007年6月1日起正式施行。另外，《外国企业或者个人在中国境内设立合伙企业管理办法》于2009年11月公布，并于2010年3月1日起施行。这些法律向外国投资者明确了在中国投资设立合伙企业要遵循的行政规则和程序。

与中国相反，类似的改革在非洲进展较为缓慢。因此，朱教授的想法就不足为奇了。他认为，一些非洲国家仍然在固守其独立后从宗主国那里移植来的投资法律。戴维斯博士指出，非洲政府采取了一系列与政策有关的改革措施和战略，使经济更便利于商业和投资的发展。他强调，非洲的制度改革在2008年是"创纪录"的，共有28个国家宣布完成了58项改革。在写这篇文章的时候，我尚未得到有关这些改革的具体细节。2008年，马拉维同中国签订了《贸易及工业协定》。受世界银行《营商环境报告》关于与经济部门有关的改革的分析的影响，马拉维着手开展审查投资法律项目，并最终在中非合作论坛成立12年后的2012年颁布了《马拉维促进投资及出口法令》。尽管如此，马拉维还没有同中国签订任何有关避免双重征税的协定，也没有对已废止的《投资促进法案》的附录A进行审查。附录A中的附属条例在《马拉维促进投资及出口法令》颁布后仍然对包括中国在内的国家具有法律效力。一些非洲国家的投资法律审查和改革项目的进展缓慢，这是中非投资合作的一个法律障碍，对此怎么强调都不为过。

为了使中非投资合作有意义、更便利，一些相关方面的法律需要进行实质性改革，比如涉及公司、企业、个体营业者、合同、保险、海运和航运、仲裁、税收等的法律。

（4）中非投资合作监管执行机制不完善。毫无疑问，中非通过中非合作论坛开展投资合作已经很多年了。在政治层面，部长级会议、高官会以及为部长级会议做准备的高官预备会等监督中非合作论坛实施的机制无疑已经落实到位。非洲驻华使节以及中方后续行动委员会被要求进行定期协商。2001年7月在卢萨卡召开的部长级磋商会上建立了后续机制。从法律角度讲，也应该针对中国同非洲国家签订的促进和保护投资协定，设立专门的监管执行机制。中国同津巴布韦和尼日利亚签订的投资协定中的第11（1）款和12（1）（a）款指出，缔约方代表必须不定期召开会议，审查协定的执行情况。但协定对代表的人员组成、会议频次、评定协定执行情况所必须检查的具体问题等事项没有明示。因此，这种监管执行机制是不健全的。最近，中国同南非建立了一个双边联合委员会。这好像是两国在尝试建立一个正式的监管机制，来监督双方达成的投资合作协定的执行情况。在该委员会下，双方设立了一个联合工作组，监督双方投资合作项目的实施。另外，双边联合委员会的全体会议已经召开。

建立一个有效的投资合作监管机制意义重大。它非常有助于发现合作面临的经济、社会及文化障碍，并为成功及更好地执行相关协定提供合理化对策。它还有助于发现投资合作中未预见的困难并找到有效的解决办法。毫无疑问，这样一个机制还有助于潜在的投资者决定何时、何地及怎样进行投资。

（5）官僚主义。中非投资合作是双向的。中国的国有企业和自然人在非洲的一些国家投资，比如马拉维、南非、津巴布韦、安哥拉和尼日利亚；非洲的一些法人和自然人，比如南非的萨索尔公司和莱利银行，也在中国投资。依据《马拉维促进投资及出口法令》，马拉维建立了投资和贸易中心，作为一站式服务点，便利在马拉维的投资。中心与相关的公共机构比如注册总署和市议会保持联络。与此不同的是，中国有很多协调投资的机构，这些机构的职责不同，但有一些重叠。在中国，除了中国国际贸易促进委员会外，同中国对外直接投资有关的机构还包括商务部、国家发展和改革委员会、外交部、国有资产监督管理委员会、财政部、国家外汇管理局，以及商务部下属的对外投资和经济合作司、贸易发展局、投资促进局、中国对外贸易中心、中国国际经济技术交流中心和国家发改委下属的利用外资和境外投资司，以及一些商业和政策性银行。

商务部起草管理境外投资的法律、法规，设计实施细则和规定，批准必须投资和建立海外机构的中国公司并监督其经营。对外投资和经济合作司管理所有中国的对外直接投资。据称，所有拥有超过 1 万美元对外直接投资额的中国企业，在将这些资金投资到海外之前，必须在该司注册。该司还有权征收罚金，对于任何违反相关中国法律、法规者，可撤销其境外投资许可。

除了接受上述很多与投资有关的机构的管理之外，想要在中国创业，还必须取得各种各样的许可。比如说，商务部是批准设立合资企业，颁发许可证的最高权威机构。商务部的地方机构执行审批程序。商务部颁发许可证后，合资企业要在 30 天以内到当地工商行政管理局注册，以取得营业执照。然后，在接下来的 30 天内，到当地税务部门注册。

与投资有关的中国机构的组成复杂，是中非进行有效的投资合作的一个明显障碍。在很多情况下，非洲政府、企业、法人或自然人以及他们的法律、贸易、金融和投资顾问，还有法律界人士，不知道也不理解这些机构的职责，它们的相关性，以及它们批准或不批准某项投资决定的法律含义的依据。

（6）不完善的许可要求。无论是直接投资还是间接投资，中非投资合作都要求投资一方遵守另一方的法律法规。依照此要求，任何负责完成投资的法人实体必须根据实际需要，在合作一方的国内管辖范围内注册和（或）取得许可。在中国取得许可证有时候似乎是一个挑战，我们可以用亚成有限公司和国际贸易有限公司的一个例子来说明（见《建筑法报告》第 146 卷）。在这个案例中，原告是新加坡的一家股份有限公司，被告是一家英国公司，原告在销售香水方面经验丰富。2009 年，双方签订了一份书面合同，规定被告给予原告在指定区域内对"曼联"香水的独家销售权。这些权利大部分限于免税市场销售，但也有一些涉及国内销售，比如在中国的两个省份销售。原告下了很多订单。被告需要获得一个进口许可证才能将商品出口到中国。勒加特法官将在中国取得该进口许可证的过程描述为"复杂而且官僚化的"。他进一步观察到：

在某种化妆品出口到中国前，必须到中国政府相关机构登记。随后，在2009年4月6日，普莱斯威尔教授给图里教授发了一封邮件，确认四种曼联商品（淡香水和香体露，分别有红色和黑色包装）在接下来的四个月内将完成注册手续。普莱斯威尔教授在证词中承认，当他发这封邮件的时候，他没有询问在中国的注册程序，并对此一无所知。他声称四种商品将在四个月内完成注册仅是凭借乐观的想法，而毫无其它根据。接下来他认识到，注册程序远比他想象的更复杂、更官僚化。他的法庭证词指出，在中国注册一种新商品预计至少需要12个月，甚至需要更长的时间。

这个看法证明，虽然如上文所述，中国实施了很多便利投资的法律改革，但当遇到在该国经营需要获得许可证的问题时，法律障碍依然存在。

（7）政治风险（利比亚案例分析）。政治风险可以简单地定义为由于某一个特定国家政治不稳定，而使外国投资者、企业和政府面临的风险。利比亚曾经是一个经济发展良好的非洲国家。2011年，穆阿迈尔·卡扎菲上校死后，爆发了政治危机，导致了管理和法治的坍塌。中国企业在利比亚的投资很多。据称，中国在利比亚有重要的商业利益，涵盖铁路工程、汽车销售等领域。阚教授和严教授认为，利比亚的国内战争影响了中国在利比亚的大部分投资。两国签订的双边合同的总价值超过200亿美元。中国投资者只能忍受利比亚的政治动乱和国内战争带来的巨大经济损失。这场政治危机使那些在利比亚投资基础设施建设工程的中国企业延缓并最终撤销了投资。受此影响，一些利比亚银行要求推迟11项预付款保证金的截止日期，这也影响了8项中国建设工程，价值为4.97亿美元。中国商务部宣布，在局势稳定前，中国不会在利比亚再进行投资。可以看出，就合同义务的履行来说，在利比亚突然爆发的政治危机是中非经贸合作的一个法律障碍。

（8）不完善的投资者—东道国争端解决机制。毫无疑问，随着中国对非投资以前所未有的速度增长，可能出现各种各样的争端。这种争端存在于促进和保护投资协定的缔约国之间，以及投资者和缔约国之间或者投资者和投资所在国的其他法律实体之间。朱教授认为，首先，研究表明中国法人或自然人与他们的非洲合作方之间的争端各有不同，但大体上主要与合同履行、销售合同、投资合同、信用证采用和支付以及扣押中国船只以进行相关审判等有关。研究还发现，大多数争端发生在非洲。一些非洲法院和机构，比如开罗地区国际商事仲裁中心等可以解决争端。研究还指出，争端有时涉及多个非洲国家和不同种类的当事方。投资非洲的中国当事方包括国有企业、非国有企业和自然人，这些实体在非洲的投资范围非常广泛，包括矿产、金融、制造、基础设施建设、旅游和林业等，投资方式包括使用投资者自有资本、合资、并购、收购等。2013 年 8 月，中国国务院的统计数据显示，2000 多家中国企业在 50 多个非洲国家和地区进行了投资，投资领域广泛，包括农业、矿产、工业制造、金融、商业物流和房地产等。

中国—津巴布韦和中国—尼日利亚促进和保护投资协定中的 11（1）（c）和 12（1）（c）款简单规定，缔约国代表必须定期碰面以解决投资争端。根据协定，争端分为两类，一类来自促进和保护投资协定的缔约双方，另一类来自投资者和缔约国。中津和中尼协定的 8（1）款规定，缔约双方由于对协定的解释和运用而产生的争端需要通过外交磋商解决。如果争端未能解决，就要在争端发生后六个月内提交特别仲裁庭解决。9（1）款规定，投资者与缔约国之间的争端必须通过双方的友好协商解决。9（2）款和 9（3）款分别规定，如果争端未能解决，双方需要在六个月内选择将争端提交一个合法的法院或者特别仲裁庭解决。

笔者不知道多少非洲律师熟悉中国法律和司法体制以及中国的合同、投资和一般性的争端解决法律；但是，毋庸置疑，正如中国的《环球时报》最近证实的那样，缺乏对当地法律、法规的了解是中国在非洲投资面临的一个障碍。笔者认为这些事实说明了投资争端解决在这种特殊背景下不仅成本高而且一般比较烦琐的一个因素。陶教授和岳教授下面的观点支持了上述结论："外国企业缺乏对中国司法和仲裁体制的了解和接触。相对于合同中其他条款来说，他们更担心有关争端解决的条款。"

另外一个法律障碍与争端解决的法律适用有关。中津和中尼协定的9（7）款规定，如果一项投资争端被提请特别仲裁庭解决，特别仲裁庭应该根据投资所在的缔约国的法律解决该争端。这些法律包括缔约国冲突法的规定，促进和保护投资协定的条款和缔约国接受的一般公认的国际法准则。9（7）款带来了一个法律问题。当中国成为仲裁之地时，适用法律成为投资合作的一个明显的法律障碍。这是因为在中国进行仲裁时，中国法律成为适用法律。在中国，仲裁由中国国际经济贸易委员会仲裁庭执行，而笔者认为大部分非洲律师对该机构并不熟悉。考虑到促进和保护投资协定的国际性以及国际商事仲裁程序的存在，选择适用自己并不熟悉的中国法律来进行仲裁将给自己带来风险。国际商事仲裁程序根据联合国国际贸易法委员会或国际商会的准则制定，缔约双方可以商定选择其中一种。通过颁布《投资争端（裁决执行）法案》，马拉维将 1965 年《关于解决国家与他国国民之间的投资争端公约》上升为国家法律。该公约是除了基于联合国国际贸易法委员会或国际商会的准则制定的国际商事仲裁程序外的另一个选择。上述准则和公约均制定了一套完整的、国际社会公认的规则。促进和保护投资协定的缔约方可以采取上述规则，解决由协定产生的任何争端。

三 进一步便利中非投资合作的建议

（1）区域化而非每个非洲国家单独参与的中非投资合作。中国国务院的报告指出，截至 2013 年 8 月，中国与非洲区域组织的合作不断加强，且日趋机制化。自 2011 年以来，中国政府宣布与东非共同体和西非国家经济共同体签订了经贸合作框架协议。该合作旨在扩大中国与这些地区的直接投资。除签订框架协议外，中国政府还表示计划与非洲联盟和其他非洲次区域组织密切合作，支持非洲经济一体化。中非投资合作走这种区域化道路是比每个国家"单打独斗"更好的策略，有助于高效地执行协议。而南部非洲发展共同体采取的似乎就是每个国家"单打独斗"的策略。

（2）建立一致、透明的中非投资合作制度框架。一致、透明的中非投资合作制度框架迟迟没有建成。中非合作论坛是一个相对松散的组织，没有正式的组织架构和具有法律约束力的文件。本篇文章多次引用的中国-津巴布韦和中国-尼日利亚促进和保护投资协定就证明了中非投资合作法律框架的不完善。

（3）对非洲投资法律、政策和制度进行快速、同步、战略化改革（以南部非洲发展共同体案例为例）。作为一个区域，南共体制定了《金融和投资协定》。该协定于 2006 年颁布，但直到 2010 年 4 月 16 日才正式生效。这项协定是南共体在区域层面帮助 15 个成员国实现投资政策一体化的工具。事实证明，就实现上述目标而言，南共体在推进快速、同步和战略化改革方面取得的进展并未达到人们的预期。据称，到 2010 年 10 月，南共体仍然在收集那些表明其成员国有不同投资体制的数据。南共体秘书处的执行秘书长在 2011~2012 年的报告中称，一个关于南共体投资环境和机会的数据库——南共体投资门户网站——已建立。报告还指出，南共体投资促进机构论坛建成，论坛旨在使这些机构分享信息，相互学习改善投资环境和促进整个地区投资的好做法。这些事实令人遗憾。这表明南共体并没有通过对其投资政策和制度进行战略化、针对中国的改革，来使其从中非投资合作中可能获得的利益最大化。相比南共体，东非共同体和西非国家经济共同体与中国合作得更好。

（4）中非法学法律界人士更加积极地、定期参加中非合作论坛的活动。中非法学法律界人士通过"中非合作论坛—法律论坛"来参与中非合作论坛，这已是公认的事实。他们的参与在继续，但很难评定他们对中非合作论坛所做的准确和具体的贡献。律师在中非合作论坛中的作用很明确。他们需要起草投资交易的初步框架（一般被称"暂定协议"），为一些关键的法律问题提供法律建议，在使投资协定最终敲定的谈判中起主导作用。考虑到这些明确的职责，毋庸置疑，中非法学法律界人士必须更加积极地、定期参加中非合作论坛的活动。相关人士也必须考虑如何促进开展一个项目，使非洲律师更加熟悉相关的中国投资法、政策和制度，提升他们在这些领域的业务能力。

四 结语

中非投资合作面临一些法律障碍。本文指出了其中一些法律障碍，强调并进行了详细的讨论。本文还提出了有助于更好地开展中非投资合作的建议。这些建议包括就非洲而言要走区域化道路，对非洲投资法律、政策和制度进行快速的、战略化的改革，建立一致、透明的中非投资合作制度框架，以及中非法学法律界人士更加有针对性地、积极地参与中非合作论坛活动。

责任编辑：黄立志

三联书店 "海外东南亚研究译丛" 简介

　　为促进中国与海外在东南亚研究方面的交流，促成中国东南亚研究早日与世界接轨，发掘、培养一批优秀翻译人才，并逐步提高学术界对翻译重要性的认识，现特筹备出版 "海外东南亚研究译丛"。译丛下设顾问团（包括国际顾问团与国内顾问团）和编委会。国际顾问团由国际上东南亚研究领域的著名学者组成，负责推荐海外优秀、经典、重量级的著作；国内顾问团则由国内东南亚研究领域的著名学者组成，负责确定出版方向、推荐优秀翻译人才等。编委会由国内外精通中外文（外文包括东南亚非通用语种与其他通用语种）、热爱翻译、善于翻译、富有学术献身精神的学者组成。编委会成员根据各方面专家（包括编委会成员）的推荐，审查、确定需要翻译的著作目录，负责物色优秀翻译人才，确定翻译人员，审定翻译作品，保证翻译质量，等等。所有上述三组人员都将尽心尽力、献计献策，促成早日设立 "中国东南亚翻译基金会"。译丛于 2014 年 7 月 12 日正式在云南大学启动，并挂靠在云南大学。此外，译丛在美国康德基金会的鼎力协助下设立 "姚楠翻译奖"，第一届 "姚楠翻译奖" 已于 2015 年评选颁发完毕，第二届评选将于 2017 年举行。

　　"海外东南亚研究译丛" 的信念：中国东南亚研究亟须振兴与国际化，而翻译海外精品著作则是实现该目的的重要途径之一。

　　"海外东南亚研究译丛" 座右铭：翻译精品，精品翻译；精益求精，宁缺毋滥。

　　"海外东南亚研究译丛" 目标：出版一批精品译著，开拓一块学术净土，造就一批优秀译才，建设一座通向世界的桥梁。

译丛由三联书店出版。本编委会特别感谢国内外顾问团成员、三联书店常绍民和朱利国先生以及云南大学的的鼎力支持。

国际顾问团

王赓武（新加坡国立大学）

詹姆斯·斯科特（James Scott，美国耶鲁大学）

埃里克·塔利欧科佐（Eric Tagliocozzo，美国康奈尔大学）

安托尼·瑞德（Anthony Reid，澳大利亚国立大学）

李塔娜（澳大利亚国立大学）

通猜·维尼差恭（ThongchaiWinichakul，美国威斯康辛大学）

苏尔梦（Claudine Salmon，法国国家科学研究中心）

桃木至郎（日本大阪大学）

小泉顺子（日本京都大学）

刘仁善（韩国首尔国立大学）

潘辉黎（越南社科院历史研究所）

国内顾问团

周南京（北京大学）	梁志明（北京大学）
梁英明（北京大学）	梁立基（北京大学）
李　谋（北京大学）	张玉安（北京大学）
裴晓睿（北京大学）	戴可来（郑州大学）
贺圣达（云南社会科学院）	朱振明（云南社会科学院）
范宏贵（广西民族大学）	古小松（广西社会科学院）
孙福生（厦门大学）	庄国土（厦门大学）
陈佳荣（香港现代教育研究社）	

"海外东南亚学术译丛"编委会

主　编：孙来臣（加利福尼亚州立大学富乐屯分校）

副主编：李晨阳（云南大学）　　　傅聪聪（北京外国语大学）

　　　　张振江（暨南大学）

编　委：薄文泽（北京大学）

　　　　金　勇（北京大学）　　　杨保筠（北京大学）

　　　　史　阳（北京大学）　　　夏　露（北京大学）

　　　　杨国影（北京大学）　　　吴杰伟（北京大学）

　　　　包茂红（北京大学）　　　于向东（郑州大学）

　　　　孙衍峰（洛阳外国语学院）　易朝晖（洛阳外国语学院）

　　　　陈红升（广西社科院）　　易　嘉（云南民族大学）

　　　　林明华（广东外语外贸大学）牛军凯（中山大学）

　　　　毕世鸿（云南大学）　　　范宏伟（厦门大学）

　　　　邓仕超（暨南大学）

秘书处：李晨阳（cyli_dny2002@126.com）

　　　　傅聪聪（johanikhwan@aliyun.com）

　　　　陈红升（574343199@qq.com）

"海外东南亚研究译丛"第一批翻译书目（计划 2015 年完成）

1.〔美〕维克多·李伯曼:《形异神似》（Victor Lieberman, *Strange Parallels: Southeast Asia in Global Context*, 两卷，李晨阳等译）

2.〔美〕大卫·斯坦伯格:《缅甸解析》（David Steinberg, *Burma/Myanmar: What Everyone Needs to Know*）（李晨阳等译）

3.〔日〕山本达郎:《安南史研究 I：元明两朝的安南征略》（毕世鸿、瞿亮译）

4.〔美〕威廉·戴克:《胡志明传》（William J. Duiker, *Ho Chi Minh: A Life*）（夏露译）

5.〔越〕保宁:《战争哀歌》（夏露译）

6.〔泰〕集·普米萨:《泰国封建主义的真面目》（金勇译）

7.〔泰〕集·普米萨:《暹泰老孔各民族名称考》（黎道纲译）

8.〔英〕格拉汉姆·桑德斯:《文莱史》(Graham Saunders, *A History of Brunei*)（傅聪聪等译）

9.〔缅〕第二纳瓦德:《华使莅缅记》（易嘉译）

旧译重印:

10.〔英〕哈威:《缅甸史》（姚楠译，商务印书馆 1947~1948 年初版，1957 及 1973 年再版，获首届"姚楠翻译奖"荣誉奖）

11.〔越〕陈重金:《越南通史》（戴可来译，商务印书馆 1992 年初版，获首届"姚楠翻译奖二等奖）

其他拟翻译出版的著作（待补充）
海外东南亚当代名著（1900 年以后著作）

（1）M.C. Ricklefs, ed., *A New History of Southeast Asia*, Hampshire, United Kingdom: Palgrave Macmillan, 2010.（优秀东南亚通史，踵迹霍尔的《东南亚史》，但完全重新构架并增加理论部分）

（2）Keith Taylor, *A History of the Vietnamese*, Cambridge: Cambridge University Press, 2013.（美国越南史研究领军人物的力作）

（3）Norman Owen, ed., *The Emergence Of Modern Southeast Asia: A New History*, Honolulu, Hawaii: University of Hawaii Press, 2004.（西方当代东南亚史的力作，也是集体合作的典范）

（4）Michael Aung-Thwin, *Pagan: The Origins of Modern Burma*, Honolulu, Hawaii: University of Hawaii Press, 1985.（充分利用缅甸碑铭材料、研究缅甸早期历史的力作）

（5）Alexander Barton Woodside, *Vietnam and the Chinese Model: A Comparative Study of Vietnamese and Chinese Government in the First Half of the Nineteenth Century*, Cambridge, Massachusetts: Council on Eastern Asian Studies, 1988.（中越政治制度比较的力作）

（6）O. W. Wolters, *Early Indonesian Commerce: A Study of the Origins of Srivijaya*, Ithaca, New York: Cornell University Press, 1967.（美国东南亚研究的拓荒者研究早期印度尼西亚史的力作）

（7）O. W. Wolters, *History, Culture, and Region in Southeast Asian Perspective*, Ithaca, New York: Southeast Asian Programs, Cornell University, 1999.（对东南亚进行整体研究的力作）

（8）Eric Tagliocozzo, ed., *Producing Indonesia: The State of the Field of Indonesian Studies*, Ithaca, Cornell: Southeast Asia Program Publications, Cornell University, 2014.（本书集中体现了西方学者研究印度尼西亚的视野与方法）

（9）Eric Tagliocozzo, *The Longest Journey: Southeast Asians and the Pilgrimage to Mecca*, Oxford: Oxford University Press, 2013.（美国新一代东南亚研究领军人物的力作）

（10）Denys Lombard, *Le Carrefour Javanais: Essaid'HistoireGlobale*, 3 vols, Paris: Editions de l'École des HautesÉtudesen Sciences Sociales, 1990.（论述爪哇历史的年鉴派代表作）

（11）Pierre Chaunu, *Les Philippines et le Pacifique (XVIe, XVIIe, XVIIIe siècles)*, 2 vols, Paris: S.E.V.P.E.N., 1960-1966.（计量历史的开山之作）

（12）Hà Văn Tấnand PhạmThịTâm, *Cuộckháng chiếnchốngxâmlượcNguyên Môngthếkỷ 13 (The Resistance against the Mongol Invasion in the 13th Century)*, Hanoi: Social Science Publishing House, 1975.（越南学者研究蒙古入侵的经典之作，与山本达郎的《安南史研究》交相辉映）

（13）岩生成一.『新版朱印船贸易史的研究』.東京：吉川弘文館，1985.（利用丰富的日本、欧洲史料，系研究 17 世纪初日本与东南亚贸易的经典著作）

（14）石井米雄.『傣近世史研究序説』東京：岩波書店，1999.（大量利用暹罗、中国、西方与日本史料，系研究近世泰国历史创新之作）

（15）池端雪浦.『比律賓革命和天主教』.東京：劲草書房，1987.（系研究以宗教思想为旗帜、反对西班牙殖民统治的力作）

（16）高谷好一.『東南亜細亜的自然和土地利用』.東京：劲草書房，1985.（京都东南亚生态与农业史研究的代表作）

（17）NithiEosiwong, *Pakkailaebairua*, Bangkok: Amarin, 1984;

translated by Christopher John Baker, Benedict Anderson, et al., *Pen and Sail: Literature and History in Early Bangkok including the History of Bangkok in the Chronicles of Ayutthaya*, Chiang Mai, Thailand: Silkworm Books, 2005.（尼提·姚西翁为 20 世纪后半期泰国史学界的领军人物，曾于 2000 年获日本福冈奖；该书曾多次再版）

（18）Nithi Eosiwong, *Kanmu'ang Thai SamaiPhrachao Krung Thon Buri*, [Bangkok] Samnakphim Matichon: Chatchamnaidoi Borisat Ngan Di, 1993.（尼提·姚西翁又一部杰出而且具有划时代意义的著作，从非民族主义的角度来审视华裔暹罗国王郑信）

（19）Chris Baker and PasukPhongpaichit, *History of Thailand*, Cambridge: Cambridge University Press, 2005.（新版优秀泰国通史）

（20）桃木至朗.『中世大越国家の成立と変容』. 大阪：大阪大学出版会，2011（系日本东南亚研究的领军人物桃木至朗研究越南早期历史的力作）.

（21）Greg Bankoff, *Cultures of Disaster: Society and Natural Hazard in the Philippines,* London and New York: Routledge Curzon, 2003.（挖掘了菲律宾人应对自然灾害的文化，有助于反思欧洲中心论和西方现代性）

（22）Peter Boomgaard, *Southeast Asia: An Environmental History*, ABC-Clio Inc., 2007.（唯一的东南亚环境通史，是东南亚环境史研究的开山之作）

（23）James Francis Warren, *Rickshaw Coolie: A People's History of Singapore, 1880–1940*, Oxford University Press, 1986.（东南亚研究中下层历史的代表作；原作者提供部分翻译资助）

（24）James Francis Warren, *The Sulu Zone, 1768-1898: The Dynamics of External Trade, Slavery, and Ethnicity in the Transformation of a Southeast Asian Maritime State*, National University of Singapore,1981 年初版，2007 年再版。（研究苏禄海域的开山之作；原作者提供部分翻译资助）

（25）Pierre Huard & Maurice Durand, *Connaissance du Viêt-Nam*, Paris, ImprimerieNationale; Hanoi, Ecolefrançaised'Extrême-Orient, 1954.（1990 年英文版：*Viet-Nam, Civilization and Culture*; 法国学者论述越南文化的经典

著作）

（26）Anthony Reid, *A History of Southeast Asia: Critical Crossroads*, Hoboken, New Jersey: Wiley-Blackwell, 2015.（东南亚史学家瑞德的首部东南亚通史）

（27）Brantly Womack*, China and Vietnam: The Politics of Asymmetry*, Cambridge: Cambridge University Press, 2006.（政治学家吴本立有关中越关系的重要著作）

（28）James George Scott, *The Burman: His Life and Notions*, London: Macmillan and Co., 1882.（该部生动描写刻画缅甸人的经典著作曾多次再版，日译本《ビルマ民族誌》也至少于 1943 和 2008 年出版两次）

（29）David Marr, *Vietnamese Anticolonialism 1885-1925*, University of California Press, 1971.（第一部西方学者运用越南文资料研究越南近代史的重要著作，影响了整整一代学者）

（30）Carl Trocki, *Opium, Empire and the Global Political Economy: A Study of the Asian Opium Trade 1750-1950*, Routledge: 2009.（对鸦片与新加坡华人上层社会和英国殖民政府之间千丝万缕的联系有细致的研究和深刻的分析，是 19 世纪东南亚史与华人史的杰出著作）

（31）Twang Peck Yang（庄迪扬）, *The Chinese Business Elite in Indonesia and the Transition to Independence, 1940-1950*（《印度尼西亚历史转折中的华人精英，1940-1950》）, Oxford University Press, 1998.（作者关于华人对印尼独立运动的贡献做了极为翔实的研究。就眼光和功力而言，至今尚无出其右者）

（32）Barbara Watson Andaya and Leonard Y. Andaya, *A History of Early Modern Southeast Asia, 1400–1830*, Honolulu: University of Hawaii Press, 2015.（第一部有关"近世"东南亚的专著，系安达雅夫妇多年精心深入研究的结果）

此外，编委会热诚欢迎感兴趣的译者选择翻译下列尚未翻译出版过的著作：

（1）获"美国亚洲研究协会东南亚研究哈里·班达奖"的著作
(1977~2014)（http://www.asian-studies.org/publications/book-prizes-benda.htm；
如果打不开该网页，请另见附件）；

（2）由新加坡 *SOJOURN: Journal of Social Issues in Southeast Asia* 国际
顾问团于 2009 年评出的"东南亚研究中最有影响的著作"（见附件）。

其他学者推荐原著程序

译丛编委会竭诚欢迎学者 / 译者推荐其他著作。请学者 / 译者对所推
荐著作的出版情况、内容提要、章节目录、学术价值、特别贡献以及有关
书评或其他形式的评论进行详细说明。有意翻译者，请附简历，包括是否
有翻译经验以及曾翻译作品样页。如果编委会同意译者翻译此书，译者将
试译二到三页原文，并将原文以及试译部分提交编委会，编委会（尤其是
该语种编委）将最后决定译文质量，并最后通知译者编委会的决定。编委
会委员向译丛推荐著作时也请照此程序推荐。除了既懂专业又精通外语的
译者外，编委会也建议、鼓励精通语言者与精通专业者合作，联袂进行翻
译，以保证翻译质量。

出版稿酬问题

有关出版费用、稿费等问题，原则上出版社负责版权与出版费用，但
没有翻译稿酬。对再版译著和畅销译著出版社则会酌情考虑给予译酬。所
以请译者积极向所在单位或其他机构申请翻译经费。

译著单位署名

出版译著除了标示"海外东南亚研究译丛"外，可酌情按译者意愿加
上"xxxx 大学东南亚研究丛书"等字样。

其他详情请向秘书处询问。

海内外学者对译丛的肯定

北京大学教授梁英明："我十分赞赏你们的创意。我一直认为，中国大
陆对东南亚的研究还很差，除了观念上受意识形态的束缚外，资料的欠缺
和对国外学术成果的了解太少，也是重要原因。因此，认真翻译国外的
学术名著（包括重要史料），对推动国内东南亚研究，具有重要意义。
我也认为，翻译的困难其实并不亚于创作。这是惠及后人的工作，功德

无量。"

北京大学教授梁立基："你们创办的'海外东南亚研究译丛'很有意义，对促进中国与东南亚的文化交流将起重大作用。"

北京大学教授周南京："关于'海外东南亚研究译丛'，我举双手赞成。这也是我多年梦寐以求的，可惜因诸种原因，这方面的成果似乎并不太多。此项工程有赖诸位少壮派的群策群力方能完成。"

广西民族大学教授范宏贵："你的创意我双手赞成。"

泰国华裔学者黎道纲："我十分欣赏这么一个译丛，一个文化大国是应该有此类译丛的。"

广西大学教授范祚军："'海外东南亚研究译丛'的启动具有开创性与划时代意义。"

姚楠先生家属及国内学者对"姚楠翻译奖"的肯定

孙伟（又名姚忻，姚楠先生之子）："'姚楠翻译奖'的设立，以促进大陆与海外的东南亚研究事业发展为宗旨，是一项正能量的举措，它既是对老一辈东南亚学术研究成果的肯定，也是对现实东南亚（研究）工作的积极推动，我们为之十分欣慰。"

厦门大学教授、中国东南亚研究会庄国土会长对设立"姚楠翻译奖"的评价："利在当代，功在千秋。"

北京大学教授李谋："这无疑是我国东南亚学界的一大利好消息。肯定会促使我国东南亚学有个更大的发展，使我国的东南亚研究工作与世界东南亚研究对接，立于这一领域的前列，获得更多更好的成绩。期盼咱们的翻译事业越搞越红火，出更多的精品，帮助咱们东南亚的研究工作更上一层楼。"

北京大学教授裴晓睿："相信这一奖项的设立一定会为推动我国的翻译事业和东南亚研究做出积极贡献。"

北京大学教授张玉安："非常感谢秘书处公正、高效的工作。非常感谢译丛编委会多年来为开创这一伟业所付出的令人钦佩的艰辛和努力。也非常感谢康德基金会的慷慨捐助。我们将以此为新的起点，更加努力地为东南亚著作的翻译做出我们应有的贡献。"

附：当代东南亚研究中最有影响的著作

最具影响的前十四本著作

Furnivall, J.S. *Colonial Policy and Practice: A Comparative Study of Burma and Netherlands India*. Cambridge: Cambridge University Press, 1948.

Reid, Anthony. *Southeast Asia in the Age of Commerce, 1450–1680*. 2 Volumes. New Haven: Yale University Press, 1988–1993.

Scott, James C. *The Moral Economy of the Peasant: Rebellion and Subsistence in Southeast* Asia. New Haven: Yale University Press, 1976.

Anderson, Benedict R.O'G. *Imagined Communities: Reflections on the Origin and Spread of Nationalism*. London, New York: Verso, 1991 (1983).

Geertz, Clifford. *Agricultural Involution: The Process of Ecological Change in Indonesia*. Berkeley and Los Angeles, California: University of California Press, 1963.

Ileto, Reynaldo Clemeña. *Pasyon and Revolution: Popular Movements in the Philippines, 1840–1910*. Quezon City: Ateneo de Manila University Press, 1979.

Leach, Edmund Ronald. *Political Systems of Highland Burma: A Study of Kachin Social Structure*. London: G. Bell & Sons, Ltd., 1954.

Scott, James C. *Weapons of the Weak: Everyday Forms of Peasant Resistance*. New Haven: Yale University Press, 1985.

Geertz, Clifford. *The Religion of Java*. Glencoe, Ill.: Free Press, 1960.

Kahin, George McTurnan. *Nationalism and Revolution in Indonesia*. Ithaca, N.Y.: Cornell University Press, 1952.

Roff, William R. *The Origins of Malay Nationalism*. New Haven: Yale University Press, 1967.

Leur, J.C. van.*Indonesian Trade and Society: Essays in Asian Social and*

Economic History. The Hague: W. Van Hoeve, 1955.

Wertheim, W.F. *Indonesian Society in Transition: A Study of Social Change*. Bandung: Sumur Bandung, 1956.

Wertheim, W.F. *East-West Parallels: Sociological Approaches to Modern Asia*. The Hague: W. Van Hoeve, 1964.

其他著作

Abdullah, Taufik. *Schools and Politics: The KaumMuda Movement in West Sumatra, 1927–1933*. Ithaca, N.Y.: Cornell Modern Indonesia Project, Cornell University, 1971.

Andaya, Barbara Watson. The Flaming Womb: Repositioning Women in Early Modern Southeast Asia. Honolulu: University of Hawaii Press, 2006.

Bateson, Gregory & Margaret Mead. Balinese Character: A Photographic Analysis. New York: The New York Academy of Sciences, 1942.

Bellwood, Peter S. Prehistory of the Indo-Malaysian Archipelago. New York; Sydney: Academic Press, 1985.

Benda, Harry Jindrich. *Continuity and Change in Southeast Asia: Collected Journal Articles of Harry J. Benda*. New Haven: Yale University Southeast Asia Studies, 1972.

Chua, Beng Huat. *Communitarian Ideology and Democracy in Singapore*. London and New York: Routledge, 1995.

Coedeès, George. *Les étatsHindouisésd'Indochineetd'Indonésie*. Paris: E. de Boccard, 1948.

Dhofier, Zamakhsyari. *The Pesantren Tradition: The Role of the Kyai in the Maintenance of Traditional Islam in Java*. Tempe, Arizona: Monograph Series Press, Program for Southeast Asian Studies, Arizona State University, 1999. (*TradisiPesantren: StuditentangPandanganHidupKyai*. Jakarta: LembagaPenelitian, Pendidikan, danPeneranganEkonomidanSosial, 1982)

Firth, Raymond. *Malay Fishermen: Their Peasant Economy*. London: K. Paul, Trench, Trubner & Co., 1946.

Gombrich, Richard & Gananath Obeyesekere.*Buddhism Transformed: Religious Changes in Sri Lanka*. Princeton, New Jersey: Princeton University Press, 1988.

Gourou, Pierre. *The Peasants of the Tonkin Delta: A Study of Human Geography* [*Paysans du Delta Tonkinois: Étude de GégraphieHumaine*]. New Haven, Conn.: Human Relations Area Files, 1955.

Hall, D.G.E. *A History of South-East Asia*. London: Macmillan; New York: St. Martin's Press, 1955.

Hefner, Robert W., ed. *Market Cultures: Society and Values in the New Asian Capitalisms*. Singapore: Institute of Southeast Asian Studies, 1997.

Hooker M.B., ed. *Islam in South-East Asia*. Leiden: E.J. Brill, 1983.

Jomo K.S. *A Question of Class: Capital, the State, and Uneven Development in Malaya*. Singapore; New York: Oxford University Press, 1986.

Kartodirdjo, Sartono. *The Peasants' Revolt of Banten in 1888: Its Conditions, Course and Sequel — A Case Study of Social Movements in Indonesia's*-Gravenhage: MartinusNijhoff, 1966.

Keyes, Charles F. *The Golden Peninsula: Culture and Adaptation in Mainland Southeast Asia*. New York: Macmillan, 1977.

Lieberman, Victor B. *Strange Parallels: Southeast Asia in Global Context, 800–1830*. Cambridge; New York: Cambridge University Press, 2003.

Lombard, Denys. *Le Carrefour Javanais: Essaid' Histoire Globale*. Paris: Editions de l' École des Hautes Étudesen Sciences Sociales, 1990.

Majul, Cesar Adib. *Muslims in the Philippines*. Quezon City: Published for the Asian Center by the University of the Philippines Press, 1973.

McCoy, Alfred W. & Ed. C. de Jesus. *Philippine Social History: Global Trade and Local Transformations*. Quezon City, Manila: Ateneo de Manila University Press; Sydney: Allen & Unwin, 1982.

Mortimer, Rex. *Indonesian Communism under Sukarno: Ideology and Politics, 1959–1965*. Ithaca, N.Y.: Cornell University Press, 1974.

Ong, Aihwa. *Spirits of Resistance and Capitalist Discipline: Factory Women in Malaysia*. Albany: State University of New York Press, 1987.

Popkin, Samuel L. *The Rational Peasant: The Political Economy of Rural Society in Vietnam*. Berkeley: University of California Press, 1979.

Purcell, Victor. *The Chinese in Southeast Asia*. London; New York: Oxford University Press, 1951.

Riggs, Fred Warren. *Thailand: The Modernization of a Bureaucratic Polity*. Honolulu: East-West Center Press, 1966.

Robison, Richard. *Indonesia: The Rise of Capital*. North Sydney, NSW, Australia: Allen & Unwin, 1986.

Schrieke, B.J.O. Indonesian Sociological Studies: Selected Writings. Two Volumes. The Hague: W. van Hoeve, 1955–57.

Steinberg, David Joel et al. *In Search of Southeast Asia: A Modern History*. New York: Praeger, 1971.Thongchai, Winichakul. *Siam Mapped: A History of the Geo-Body of a Nation*. Honolulu: University of Hawaii Press, 1994.

Wolters, O.W. *The Fall of Srivijaya in Malay History*. Ithaca, N.Y.: Cornell University Press, 1970.

HUI Yew-Foong, editor

图书在版编目(CIP)数据

亚非研究. 总第九辑：2016年第一辑 / 孙晓萌主编
. -- 北京：社会科学文献出版社, 2016.7
ISBN 978-7-5097-9347-3

Ⅰ.①亚… Ⅱ.①孙… Ⅲ.①亚洲－研究－丛刊 ②非
洲－研究－丛刊 Ⅳ.①D73-55 ②D74-55

中国版本图书馆CIP数据核字（2016）第135106号

亚非研究（总第九辑）

主 编 / 孙晓萌

出 版 人 / 谢寿光
项目统筹 / 高明秀 许玉燕
责任编辑 / 许玉燕 卢敏华

出 版 / 社会科学文献出版社·当代世界出版分社（010）59367004
地址：北京市北三环中路甲29号院华龙大厦 邮编：100029
网址：www.ssap.com.cn
发 行 / 市场营销中心（010）59367081 59367018
印 装 / 三河市尚艺印装有限公司

规 格 / 开 本：787mm×1092mm 1/16
印 张：16.25 字 数：232千字
版 次 / 2016年7月第1版 2016年7月第1次印刷
书 号 / ISBN 978-7-5097-9347-3
定 价 / 69.00元

本书如有印装质量问题，请与读者服务中心（010-59367028）联系

▲▲ 版权所有 翻印必究